『東大講義　東南アジア近現代史』正誤表

ページ	行／註／図表	誤	正
8	第7章目次	2. マレーシア連邦、シンガポール共和国の誕生とASEANの結成	2. マレーシアの成立とシンガポールの分離・独立を経てASEANの結成へ
8	第7章目次	2-2. マレーシア連邦の形成とシンガポールの独立	2-2. マレーシアの形成とシンガポールの分離・独立
20	註12	「上部仏教」	「上座仏教」
21	上から10行目	シャフィー学派	シャーフィイー学派
62	上から3行目	1913年のパナマ運河開通	1914年のパナマ運河開通
101	上から15行目	国民党に加わり	ナショナリズムを掲げ
102	上から4〜5行目	ロシアとの戦争に勝利した日本	日本海海戦でロシアを破ったばかりの
102	上から8行目	トンズー運動	ドンズー運動
110	下から3行目	1つの国としてのマレーシア連邦	1つの連邦国家としてのマレーシア
147	上から8行目	マレーシア連邦（Federation of Malaysia）	新しい連邦国家マレーシア
150	上から9行目	1981年のいわゆる…	1986年のいわゆる…
165	下から8行目	飢えに	上に
167	下から6行目	Bimbingan missal	Bimbingan massal
168	上から3行目	Intensifikasi missal	Intensifikasi massal
185	上から2行目	アブラカシ	アブラヤシ
241	年表1963年の項	…マレーシア連邦を結成	…新連邦国家マレーシアを結成

発行　めこん

加納啓良 Kano Hiroyoshi

東大講義
東南アジア
近現代史

まえがき

　本書は、政治・経済の動きを中心に、主に19世紀半ばから現在にまで至る東南アジア全域の歴史を概観したものである。現在の東南アジアは全部で11の国から成り、民族、言語、宗教、風俗などきわめて多様な要素を抱えた地域である。このように多彩な内容を持つ地域の歴史を1つにまとめて記述しようとするのは、大きくは次の理由からである。

　第1に、民族的に多様であるといっても、東南アジアの大半の住民が人種的にはモンゴロイドに属し、主な農業の形態は稲作で米が最も重要な作物であり、熱帯の自然環境のもとで生活様式や基層文化に多くの共通点を持っている。歴史的に見ても、古い時代には隣接するインドや中国の文化、文明から強い影響を受け、17～20世紀には大半の地域が欧米の植民地支配またはその強い政治経済的影響のもとに置かれ、その中で現在の国家、社会の原型が形成されたという経験を共有している。

　このような意味で大づかみに1つの地域としてとらえうる東南アジアの歴史のうち、特に最近150年前後の時期を「近現代史」として本書で取り上げるのは、さらに次の理由からである。まず、19世紀後半までの時代に東南アジアの全域が資本主義世界経済のシステムに編入されるとともに、東南アジアと世界の他地域、および東南アジアの中の諸地域の間に、それまでとは次元の違う強い分業関係が形作られ、東南アジアの各地における経済・社会の変動が共通の脈動に従って進むようになった。さらに、20世紀に入ると、植民地支配を覆して新しい国民国家を創造しようとする政治的動きが展開し、この点でも共通の脈動を持って東南アジア全体の歴史が動く様子が強まった。本書では、この脈動に注目しながら、各国、地域の個別の歴史の動きをまとめて叙述することを試みる。

　初期の段階では植民地支配をも伴いながら、資本主義世界経済の分業体制への編入が決定的になり、さらにその拡大と深化が現在に至るまで進んできた時

代の全体を「近現代」(modern age)と考えることにすると、東南アジアの場合、おおよそ19世紀半ばから後半にかけての時期が近現代の幕開けの時代と言ってよいように思う。なお、英語では一括してmodernと呼ばれるが、日本語では「近代」と「現代」の用語の区別がある。この区別には明確な普遍的定義があるわけではないので、本書では両者を一括して「近現代」と呼ぶが、東南アジアの欧米植民地支配体制が崩れる1940〜50年代を分水嶺として、それ以前を「近代」、以後を「現代」と呼び分けることも可能であろう。

　本書はまた、近現代史を理解する前提として知っておくことが最低限必要と思われる東南アジアの前近代史の概略について、第2章で簡単にまとめておくことにした。この部分について立ち入った知識を求める読者は、東南アジアの前近代史についてより詳しく記述された概説書や研究書を別にひもといて頂きたい。

　最後に、東南アジア近現代史の学び方と叙述方法について一言述べておく。東南アジア各国の近現代史についての基本的史・資料はそれぞれの国の言葉に加え、英語、フランス語、オランダ語など旧植民地宗主国の言語でも記されており、その全部を1人の研究者が独力で参照し利用することは、およそ不可能である。そのため、1人で東南アジア全体の歴史像をつかみ叙述するためには、各国、各地域について主に英語や日本語で書かれた概説書や二次資料を頼りにするしかない。本書もこの方法に従って執筆されたことをお断りしておきたい。東南アジア各国の近現代史について、定番的な、あるいは良く書かれていると思われる概説書については、巻末の参考文献リストに掲げておいたので、より詳しい知識を求める読者はそれらを参照されるようお願いする。

東大講義　東南アジア近現代史

目次

まえがき………3

第1章　東南アジアの概況と近現代史の時代区分………11

1. 東南アジアの地理的範囲………11
2. 東南アジアの自然環境………12
3. 民族と言語………16
4. 人口………18
5. 食物………19
6. 宗教………20
7. 東南アジア近現代史の起点………22

第2章　近代以前の東南アジア史………25

1. 先史時代の東南アジアと初期の国家形成………25
2. 初期の海洋交易国家………26
3. 稲作を基盤とする王国群………30
4. 大陸部における上座仏教の拡大と諸王朝………32
5. 島嶼部におけるイスラムの拡大と諸王朝………33
6. 中国化したベトナムの諸王朝………34
7. ヨーロッパ勢力の到来と19世紀初めの東南アジア………34

第3章　欧米植民地支配の拡大………39

1. オランダによる東インド支配の拡大………39
   1-1. ジャワ戦争と強制栽培制度／1-2. 外島諸地域へのオランダの進出／1-3. アチェ戦争と東インド全域支配の確立
2. イギリス植民地支配の拡大………46
   2-1. イギリス・ビルマ戦争とビルマの植民地化／2-2. 海峡植民地の直轄植民地化と英領マラヤの形成／2-3. 北ボルネオ、ブルネイの保護領化とサラワクのブルック王国
3. 交通・運輸・通信の発達と世界市場への編入………50
   3-1. 定期郵便汽船航路の開設と拡張／3-2. 海底電線網の展開／3-3. フィリピンの開港／3-4. バウリング条約とタイ（シャム）の世界市場編入／3-5. マラヤの錫鉱山開発と華僑社会の形成

4. タイの近代化とフランス領インドシナの形成 ……… 55
     4-1. タイ（シャム）の近代化改革と独立保全／4-2. フランス領インドシナの形成
  5. フィリピンのアメリカ植民地化 ……… 58
  6. 鉄道の建設と太平洋貿易の増加 ……… 59
     6-1. 鉄道の建設／6-2. パナマ運河の開通と太平洋貿易の発展

第4章　後期植民地国家の形成と経済発展 ……… 63

1. 後期植民地国家の形成 ……… 63
   1-1. 前期植民地国家から後期植民地国家へ／1-2. 通貨の国別統一／1-3. 人口センサス（国勢調査）
2. 1910年代までの経済発展 ……… 70
   2-1. 投資と労働力の移入／2-2. 地域間分業の形成／2-3. 蘭印（インドネシア）の経済発展／2-4. 英領マラヤの経済発展／2-5. 大陸部3地域の米作フロンティア／2-6. フィリピンの経済発展
3. 1920年代から1941年までの経済発展 ……… 78
   3-1. 第1次世界大戦を転機とする変動／3-2. 英領マラヤと蘭印（インドネシア）のゴム栽培／3-3. 1929〜30年恐慌を転機とする変動

第5章　植民地支配の帰結とナショナリズムの台頭 ……… 91

1. ナショナリズムの台頭 ……… 91
2. フィリピンにおけるナショナリズムの展開 ……… 92
   2-1. フィリピン・ナショナリズムの誕生とフィリピン革命／2-2. フィリピン・コモンウェルスの成立と社会革命運動の台頭
3. インドネシア・ナショナリズムの誕生と成長 ……… 96
   3-1.「インドネシア」の起源／3-2. 倫理政策と近代学校教育の導入／3-3. ナショナリズムの登場
4. インドシナにおけるナショナリズムと社会主義運動の展開 ……… 101
   4-1. 反仏復古運動／4-2. 新しいナショナリズムの登場／4-3. 社会主義運動の発展
5. ビルマにおけるナショナリズムの展開 ……… 105
   5-1. ナショナリズムの芽生え／5-2. インドからの分離とタキン党の結成
6. タイの立憲革命 ……… 108
   6-1. 教育の近代化／6-2. 人民党と立憲革命
7. 英領マラヤにおけるナショナリズムと共産主義運動 ……… 110
   7-1. 複雑な民族構成と近代学校教育の発展／7-2. 2つのナショナリズム

第6章 植民地支配の終わりと国民国家の誕生………115

1. 第2次世界大戦と欧米植民地支配の崩壊 ………115
   1-1. 日本による占領と現地社会の反応／1-2. フィリピン／1-3. マラヤ／1-4. インドネシア／1-5. ビルマ／1-6. インドシナ
2. ベトナム8月革命と第1次インドシナ戦争 ………122
3. インドネシアの独立戦争と単一共和国の成立 ………125
4. フィリピンの独立とフク団の反乱 ………129
5. ビルマの独立と内戦 ………131
6. マラヤ連邦の形成と内戦、独立 ………132

第7章 ナショナリズム革命の終結と強権政治の展開………137

1. スカルノ体制からスハルト体制へ（1960年代末までのインドネシア）………138
   1-1. 1950年暫定憲法体制／1-2. 外島反乱と1945年憲法復帰／1-3. スカルノの失脚とスハルト政権の成立
2. マレーシア連邦、シンガポール共和国の誕生とASEANの結成 ………144
   2-1. シンガポール自治政府の発足／2-2. マレーシア連邦の形成とシンガポールの独立／2-3. ASEANの結成
3. マルコス政権の成立と戒厳令体制 ………149
4. サリット政権と軍部独裁体制下のタイ ………150
5. ビルマ式社会主義の成立と展開 ………152
6. 第2次インドシナ戦争とベトナムの統一 ………153

第8章 製造工業の発展と緑の革命………157

1. 工業化の始動と民族・種族間対立 ………157
   1-1. 工業化の始動／1-2. マレーシアのブミプトラ政策／1-3. インドネシアのプリブミ優先政策
2. 「緑の革命」と稲作農業の変貌 ………162
   2-1. 背景と経過／2-2. フィリピンにおける「緑の革命」／2-3. インドネシアにおける「緑の革命」／2-4. 東南アジア全体における稲生産と米貿易の推移
3. 貿易統計から見た1970年代のASEAN5カ国経済 ………175

第9章　1980年代からの東南アジア………179

1. フィリピンの「ピープルズ・パワー革命」とマルコス政権の崩壊 ………179
2. インドネシア・スハルト体制の長期化 ………181
3. マレーシア・マハティール政権の成立とブミプトラ政策の推進 ………183
4. ブルネイの独立とシンガポールの経済高度化戦略 ………186
5. ミャンマーの民主化運動と軍事政権 ………188
6. ベトナムの新路線（ドイモイ）と市場経済化の開始 ………189
7. カンボジアの悲劇と内戦 ………190
8. 経済発展の新段階へ ………192
    8-1. 石油ブームとその終焉／8-2. 構造調整、規制緩和と輸出指向工業化
9. プラザ合意、円高と新産業投資ブーム ………195

第10章　20世紀末以降の東南アジア………201

1. 貿易自由化とASEAN地域統合 ………201
2. アジア経済危機（1997〜98年）と東南アジア ………203
    2-1. 背景と序曲／2-2. 危機の波及／2-2. 危機からの回復
3. リーマン・ショック（2008年）後の東南アジアの経済成長 ………208
4. 最近の貿易統計から見た東南アジア経済 ………211
5. スハルト体制の終わりとインドネシアのレフォルマシ ………214
6. 市民社会の目覚めと強権政治の後退 ………216
    6-1. マレーシア／6-2. シンガポール／6-3. ミャンマー
7. フィリピン──アロヨ政権から新アキノ政権へ ………221
8. タイの政治抗争──黄色派と赤色派の死闘 ………223
9. おわりに──21世紀世界と東南アジア ………226

あとがき ………230
東南アジア近現代史　参考文献 ………232
写真出典 ………235

東南アジア近現代史略年表 ………237
索引 ………252

【地図1】東南アジアの国境（2011年末）と主要都市

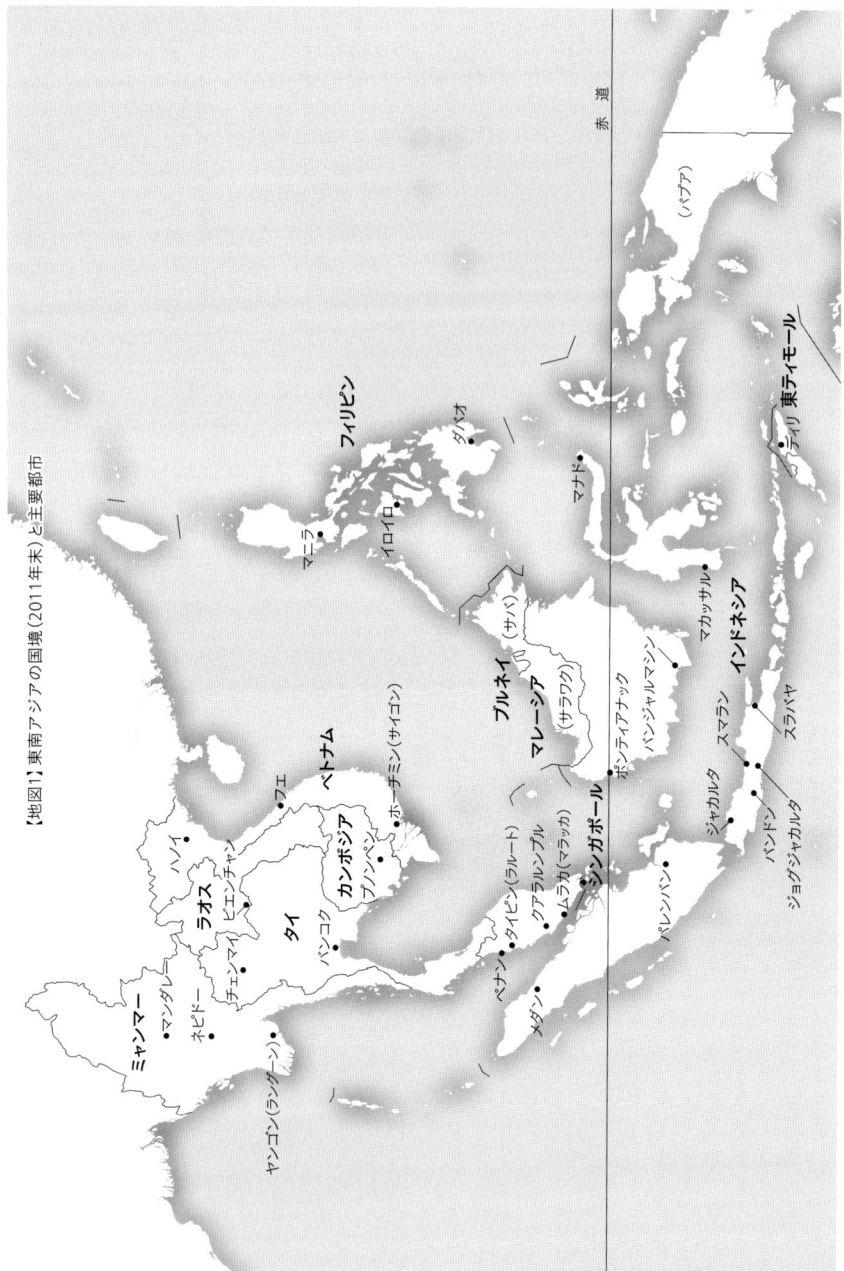

東南アジアの概況と近現代史の時代区分

第1章

1. 東南アジアの地理的範囲

　アジアの東南部、中国より南、インド亜大陸より東に位置する地域を、ふつう「東南アジア」（Southeast Asia）と呼んでいる。現存する国の名で言うと、ベトナム・ラオス・カンボジア・タイ・ミャンマー（ビルマ）・フィリピン・ブルネイ・マレーシア・シンガポール・インドネシア・東ティモールの11ヵ国を包含する地域である[1]（地図1を参照）。

　英語の Southeast Asia という言葉が最初に公に用いられたのは、ふつう、第2次世界大戦中に日本軍が占領または統制下に収めたこの地域への軍事作戦を統一的に行なうため、連合国軍が1943年にセイロン（現スリランカ）のコロンボに「東南アジア司令部」（第6章参照）を設置した時からであると言われている。日本では既に1910年代末までに一部で「東南亜細亜」という言葉が使われていたという指摘もあるが、一般には「南方」または「南洋」という呼び名が使われ、戦時中にこの地域を管轄する日本軍（陸軍）の司令部も「南方派遣軍総司令部」（正式には「南方軍」司令部）と呼ばれた（当初はシンガポールに置かれたが、戦争末期にはベトナムのダラトに移転）。いずれにせよ、「東南アジア」

---

1) この地域を指すのに、日本の外務省の公式用語では「南東アジア」という呼称が使われている。

という地理概念と呼び名が広く普及したのは第2次大戦後のことであった。

インドシナ半島、マレー半島、インドネシア諸島、フィリピン諸島などから成るこの地域はまた、しばしば大陸部東南アジア（mainland Southeast Asia または continental Southeast Asia）と島嶼部東南アジア（insular Southeast Asia または maritime Southeast Asia）とに二分される。やはり国名で言うと、ベトナム・ラオス・カンボジア・タイ・ミャンマーの5ヵ国が大陸部に、フィリピン・ブルネイ・マレーシア・シンガポール・インドネシア・東ティモールの6ヵ国が島嶼部に数えられる[2]。

2. 東南アジアの自然環境

地形的に見ると東南アジアは、ユーラシア・プレート上の比較的地形が安定した地域と環太平洋火山帯に沿う変動帯の両方から成り立っている。英語では「火の輪」（the ring of fire）とも呼ばれる環太平洋火山帯（または造山帯）は太平洋を取り巻く陸地を北側から馬蹄形のように取り囲んでおり、西側では日本列島から台湾、フィリピン諸島を経てインドネシアのスラウェシ島、ヌサテンガラ諸島（別名小スンダ列島）へつながっている。ヌサテンガラ諸島のスンバワ島[3]のあたりでこの火山帯は、東へパプア（ニューギニア）島[4]を経て南太平洋諸島からニュージーランドへ続く列と、西へバリ島、ジャワ島、スマトラ島へ続く列とに分かれる。太平洋西岸地域に連なるこれらの島々の沖には深い海溝が

---

[2] マレーシアの国土はユーラシア大陸の一部であるマレー半島とボルネオ島の双方にまたがるが、自然環境、歴史、文化の共通性から島嶼部に分類するのがふつうである。

[3] スンバワ島には、1815年に地球上で有史以来記録された最大規模の火山爆発を起こしたタンボラ（Tambora）山がそびえている。

[4] この島は、東経141度の線を境に西側がインドネシア領、東側がパプアニューギニア領に分かれている。インドネシアではかつてこの島をイリアン（Irian）と呼んだが、現在はパプア（Papua）という呼び名の方が公式に用いられるようになっている。なお、国家としてのパプアニューギニアは、ふつう、東南アジアではなくオセアニア地域に分類される。

[5] 2011年3月の東日本大震災（マグニチュード9.1）に勝るとも劣らぬ規模の地震（マグニチュード9.3）が、2004年12月にスマトラ島北端アチェ州のインド洋側沖合で発生した。この地震によりインド洋沿岸を大津波が襲い、インドネシア、マレーシア、タイ、ミャンマー、インド、スリランカ、モルディブなどの国々が被害を受け、死者・行方不明者数は推定22.6万人（うちインドネシアが16.5万人）に及んだ。

並行しているが、そこでは地殻を構成するプレートどうしが衝突して沈み込んでおり、地震や津波[5]が多発する原因になるとともに、海溝に並行して造山運動と火山活動を引き起こしてきた。

【写真1】噴煙を上げる中部ジャワのムラピ(Merapi)山[2925m]

　しかしまた、ジャワ、バリ、そしてスマトラの一部などの火山は農耕に適した肥沃な土壌（酸性が強く大半が農耕に不適な日本の火山灰土とは異なる）と地下の貯水機能により乾季も涸れることがない水源を人々に提供し、古代から水田稲作の発達を促す原因ともなった。
　火山を連ねた環太平洋造山帯が島嶼部東南アジアを貫通しているのに対して、大陸部のインドシナ半島にはアルプス・ヒマラヤ造山帯に連なる山脈が幾筋にも分かれて南北に走っている。しかし、こちらには火山はほとんど見られない。
　これらの山脈は北へ向かって高度を上げ、今日の中国・雲南省を通って遠くチベット高原へとつながっている。それらの間にはいくつかの大きな川が並行する峡谷を作って南へ流れ、下流では次第に行き先を変えてインド洋から南シナ海に至る海域へと注いでいる。西から数え上げると、ミャンマーの国土を貫流するエーヤーワディ（イラワジ）川、サルウィーン川、タイのチャオプラヤー川、ラオス北部を通過しタイとの国境を経てカンボジア、ベトナムへ流れるメコン川、ベトナム北部を流れてトンキン湾に注ぐホン川（紅河）がそれに当

る。豊かな水量を持つこれらの大河の最下流には広大なデルタが形成され、古くから水運が開けるとともに、今日ではいずれも延々と水田が広がる米作地帯となっている。また、これらの河谷の上流には川沿いに南北に走る陸上交通路が形成され、有史以前より北から南への民族移動の通路になり、のちには中国にまでつながる通商路として機能してきた（地図2を参照）。

　大半が火山列島から成る島嶼部には、大陸部に見られるような大河は少ない。しかし、それぞれ世界で（グリーンランドに次ぎ）2番目、3番目、5番目に面積が大きい島であるパプア、ボルネオ（インドネシアではカリマンタンと呼ぶ）、スマトラには、長さ数百kmから1000kmに及ぶかなり大きな川が流れ、最下流部では広大な湿地やデルタを形成している。またさほど長大ではなくても降雨量の多い赤道直下の島々の川は水量が豊かで、下流部では傾斜がわずかなため船による遡行が可能であり、やはり古くから水運が発達した。さらに、ジャワやバリのような火山島では、火山麓に水源を持つたくさんの中小河川が水田の造成を可能にした。

　よく用いられるケッペンの気候区分（植生分布に注目し、気温と降水量に基づく区分）によれば、熱帯に位置する東南アジアの大半の地域は、最少雨月降水量が60mm以上の熱帯雨林気候（Af）、弱い乾季を伴う熱帯モンスーン気候（Am）[6]、明瞭な乾季を伴うサバナ気候（Aw）の3つの気候区に分類される。赤道近くに位置するマレー半島南部やスマトラ、ボルネオ、スラウェシ（セレベス）、パプア、ミンダナオなどの島々の大部分は熱帯雨林気候に属する。熱帯モンスーン気候の地域はマレー半島北部からタイの西部、ミャンマー西部、ベトナムの中・北部、フィリピン諸島の北・中部、ジャワ島、バリ島などに見られる（フィリピン、ジャワの熱帯モンスーン地域でサトウキビの栽培が盛んになったのは、その収穫作業に必要な乾季があるからだった）。他方、ミャンマー中部から中部タイを経てカンボジアに至る地域や、インドネシアのヌサテンガラ諸島はサバナ気候に属している。しかし、ミャンマーやタイのこの地域は乾季も水量があまり減らない大河の流域に位置するため、河川灌漑を利用した水田稲作が広く行なわれている（ヌサテンガラは稲作適地が少なく、畑作や牧畜が行なわれ

---

6) ただし創案者であるケッペン自身の気候区分には元来存在しなかったため、最近の日本の高校地理教科書では「弱い乾季がある熱帯雨林気候」として記述する場合が多い。

第1章●東南アジアの概況と近現代史の時代区分　　15

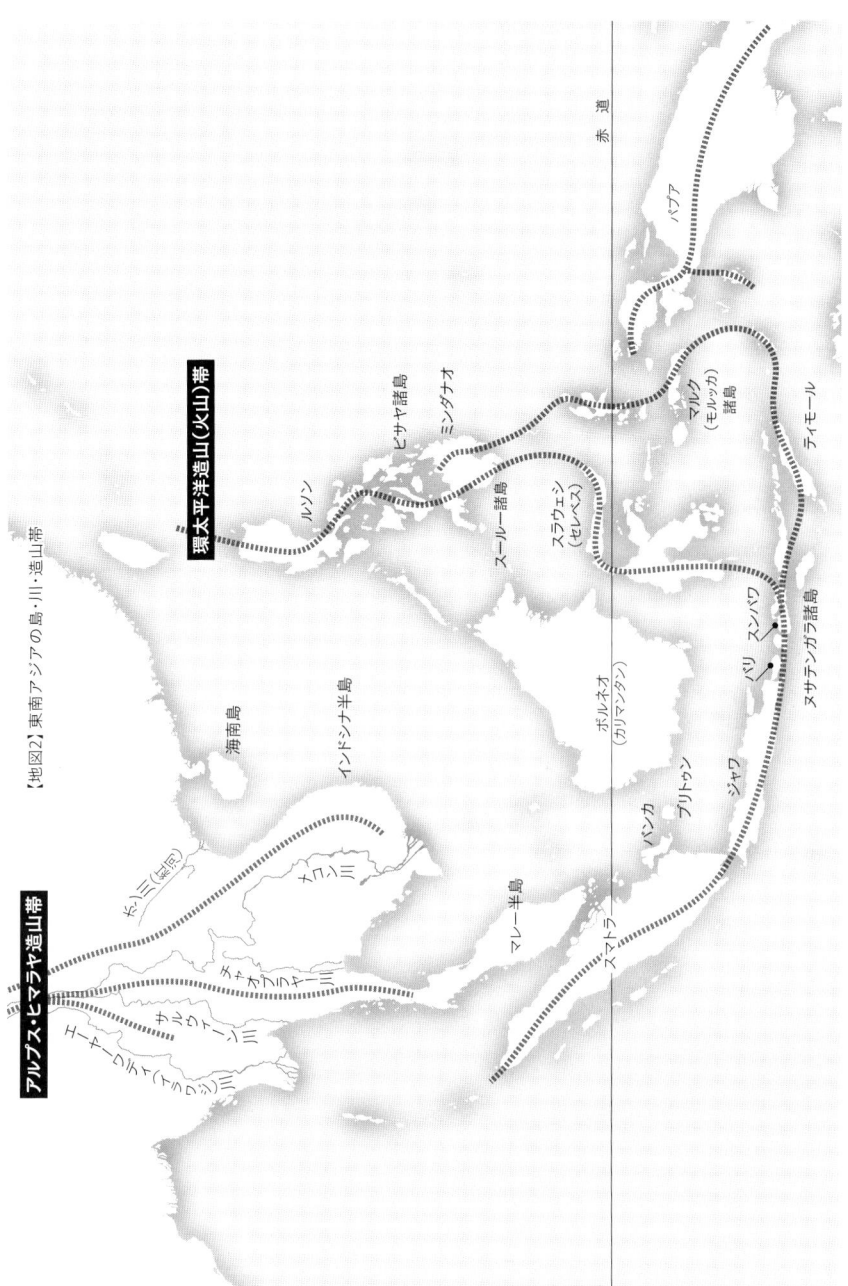

【地図2】東南アジアの島・川・造山帯

ている)。

3. 民族と言語

　東南アジアの住民の多くは、人種的には南方系モンゴロイドに属しているが、中国、インド、アラビア半島などからの移住者の系譜の人々も少なくない。また、マレー半島、スマトラ、フィリピンなどにはネグリトと総称される先住民の少数民族がおり、パプアとその周辺地域にはメラネシア系の血を引く地元民が多い。

　東南アジアのすべての国が多民族国家のため、その言語は非常に多様で、多数の民族・種族がそれぞれ異なる言語を持っている。大きく分類すると、オーストロネシア（Austoronesian）語族[7]、オーストロアジア（Austroasian）語族、シナ・チベット（Sino-Tibetan）語族、タイ・カダイ（Thai-Kadai）語族の4つの語族のいずれかに分類される言語が大半を占める。マレー語（マレーシア、ブルネイの国語）、インドネシア語（マレー語が母体だが独自の国語として発達）、ピリピノ語（フィリピンの国語）、ジャワ語（インドネシアで最も話者数が多い地方語）などがオーストロネシア語族の代表的言語である。ベトナム語やクメール語（カンボジアの国語）は、オーストロアジア語族に区分される。ビルマ語、カチン語（ミャンマーの少数民族の言語）や東南アジア全域に居住する華人系住民の中国語諸語（福建語、広東語など）はシナ・チベット語族に区分されている。タイ・カダイ語族には、タイ語、ラオ語（ラオス、東北タイで用いられる）の他、ミャンマーのシャン語など、インドシナ半島北部の山地少数民族の諸言語が属している。

　東南アジアの国々の民族構成と国語の関係は、次のようになかなか複雑である。島嶼部から見ると、まずフィリピンには百数十の異なる言語集団があるが、そのうち主にルソン島中部で用いられるタガログ語が国語（ピリピノ語）の母体になっている。しかしタガログ語を母語とする人口の全人口に対する比率は、推定3割弱に過ぎない。インドネシアには言語を異にする種族集団が数百ある

---

[7] 日本では「南島諸語」という呼び名が用いられることもある。

が、そのうちスマトラ島の東海岸、カリマンタン島の沿海部などに居住するムラユ族の言語（ムラユ語またはマレー語）を母体に国語としてのインドネシア語が形成された。しかし、ムラユ族の人口比率はおそらく5％前後に過ぎず、人口最大のジャワ族(全人口の約4割)に遠く及ばない。マレーシアの国語もマレー語であるが、発達の歴史的経緯の差からインドネシア語とは語彙や語法、発音にかなりの違いがある。華人系、インド系などの人口を多数抱えるため、マレー人（ムラユ族）の人口比率は多く見積もっても6割程度である。ブルネイの国語もマレー語だが、マレー人以外の少数民族が複数存在する。シンガポールの人口の7割以上は華人系だが、歴史的事情から憲法上の国語はマレー語であり、実際には英語、中国語（華語）、マレー語、タミル語の4つが公用語として平等に扱われている。

　大陸部のベトナムでは全人口の9割近くが、国語であるベトナム語を母語とするキン族だが、他に50を超える少数民族を抱える。カンボジアの人口のやはり約9割はクメール族から成るが、人口比約5％のベトナム人の他に、30を超える少数民族が住んでいる。ラオスの人口の多数はラオ族だが、ここでも他に数多くの少数民族グループが存在する。タイでは、タイ族が人口の7割以上を占めるとされるが、実際はその3割近くが東北タイ出身のラオ族から成る。また華人の人口が10％を超え、その他マレー系、インド系、モン族、カレン族などの少数民族を抱えている。ミャンマーでは人口の約3分の2がビルマ族であるが、100を優に超えると言われる少数民族を抱え、シャン族、カレン族のような集団は人口比でそれぞれ9％、7％にも及ぶ。そのほか、人口比は国により違うが、東南アジアのすべての国に多くの華人が住むことも広く知られているとおりである。

　異なる民族・種族間の関係をどう保つかは、やはり程度の差はあれ、どの国においても文化的、社会的、そしてしばしば政治的に難しい、あるいは微妙な問題となってきた。少数民族グループの分離主義的運動を抱えている国も少なくない。

4. 人口

　かつて東南アジアは、世界屈指の大人口を抱える中国とインドにはさまれながら、それらとは対照的に人口密度が低い「小人口世界」と特徴づけられた[8]。
　しかし、最近半世紀ほどの著しい人口増加の結果、この特徴は次第に失われつつある。国連の世界人口予測 2011 年 4 月改訂版によって見ると、2010 年における東南アジア各国の推定人口は表1のようになっている。この年の東南アジア全体の推定人口は 5.9 億人であり、これは南アジアの 17.0 億人、東アジアの 15.7 億人に比べれば確かに少ないとはいえ、西アジア（2.3 億人）や北アメリカ（3.4 億人）を優に上回り、ロシアを除く全ヨーロッパ（6.0 億人）、ラテンアメリカとカリブ海諸国の合計（5.9 億人）に匹敵する。また国別で見ても、域内で最大のインドネシアの人口 2.4 億人は、中国（13.4 億人）、インド（12.2

【表1】東南アジア各国の人口（2010年の推計値）

国・地域	人口（千人）
ベトナム	87,848
カンボジア	14,138
ラオス	6,201
タイ	69,122
ミャンマー	47,963
大陸部東南アジア 小計	225,273
フィリピン	93,261
マレーシア	28,401
ブルネイ	399
シンガポール	5,086
インドネシア	239,871
東ティモール	1,124
島嶼部東南アジア 小計	368,142
東南アジア 計	593,415

United Nations, Department of Economic and Social Affairs, Population Division (2011), *World Population Prospects: The 2010 Revision*, CD-ROM Edition のデータから計算。

---

8) 坪内良博『小人口世界の人口誌――東南アジアの風土と社会』京都大学学術出版会, 1998.

億人)、アメリカ（3.1億人）に次ぎ世界で4番目に位置する[9]。

5. 食物

　東南アジアで最も重要な主食作物は、日本と同じく稲である。米の他に、トウモロコシ、キャッサバ、サツマイモ、サゴヤシなどが主食の地域もあるがその人口はわずかであり、それらの地域でも主食を米に変える傾向が強まっている。正確な統計はないが、東南アジア全体の1人あたり米消費量は50年ほど前までの日本のように多く、たとえば米の生産量が最も多いインドネシアでは、つい最近まで1年に1人あたり平均およそ150キログラム前後が消費されていた。これは日本の約3倍である。したがって、東南アジアの食糧農業の基幹は稲作であり、そのあり方が農村社会の仕組みと人々の暮らしに、またひいては国全体の社会の特徴に大きな影響を及ぼしてきた。

　しかし、東南アジアで栽培される稲の大半は、日本とは異なりインディカ系の長粒種である[10]。また、一般に東南アジアの伝統的稲作の方法は日本に比べて粗放で労働投入量が少なく、単位面積あたり収量も低い。もっとも1960年代後半から広がった「緑の革命」による農業技術の革新の結果、労働投入量が増えて機械化も進み単位面積あたり収量も増加したので、この違いはかつてほど顕著ではなくなってきている。また、マレーシアやタイ、そして今やインドネシアなどでも、経済発展と所得の上昇とともに食生活の多様化が進みだし、1960年代以降に日本が経験したのと同じように1人あたり米消費量が減少する傾向にある。

　東南アジアの伝統的食生活における主なタンパク源は、日本と同じように大豆と魚である。中国起源の豆腐類はほぼ東南アジア全域に普及しており、インドネシアのテンペのように独特の大豆発酵食品を発達させた例も見られる。反面、牛乳や乳製品はあまりなじまれていない。この点では、東南アジアの食生

---

[9] 2010年時点で日本のほぼ2倍に達したインドネシアの人口が、かつて日本のそれを追い抜いたのは、1950年代前半のことだった。
[10] ただし、ジャワ島などインドネシアの一部の地域では、インディカ種とジャポニカ種の中間の特質を持つジャバニカ（Javanica）種の在来品種が栽培されている。

活は南アジアよりも東アジアとの共通点が多い。しかし、各種の香辛料を多用する点は南アジアに近い[11]。獣肉の消費は少なかったが、近年は増加の傾向が目立つ。特にベトナムやフィリピンでは、中国と同じように豚肉の消費量が多い。反面、イスラム教徒の多いインドネシアなどでは豚肉の消費はわずかで、そのかわりに鶏肉の消費の増加が目立っている。

6. 宗教

　次章で説明するように、近代以前の東南アジアでは宗教が社会の統一と国家の形成に大きな役割を演じてきた。しかし今の東南アジアには、東アジアの仏教、中東のイスラム、欧米のキリスト教のように、全域の人口の多数が信仰する単一の宗教はない。複数の宗教が並存している。

　歴史的に見ると、古代の東南アジアの諸王国が最初に受け入れた宗教はインド起源のヒンドゥー教と大乗仏教（Mahayana Buddhism）だった。これらの国家が登場するのは紀元後2世紀からである。ジャワとカンボジア（アンコール）の壮大な石造寺院遺跡は、かつて大乗仏教が厚く信仰されたことを何よりも雄弁に物語っている。しかし、14～16世紀までにアンコール王朝とジャワのマジャパヒト王朝が衰え滅ぶと、東南アジアの大半の地域で大乗仏教は姿を消していった。唯一の例外はベトナムで、ここでは中国経由で伝わった大乗仏教が現在まで広く信仰されている。かつて大乗仏教以上に東南アジアのほぼ全域で広く受け入れられていたヒンドゥー教も、同じように衰退した。マジャパヒト王朝の落人たちが渡来し地元の支配者たちと混交してヒンドゥー教の伝統を守り続けたバリ島は、数少ない例外である。なお、もっと後の時代に中国から移住した華人系住民の中には、大乗仏教の信者も現存している。

　大陸部東南アジアでは、ヒンドゥー教と大乗仏教に代わり、上座仏教（Theravada Buddhism）[12]が優勢になっていった。おそらくそれは最初今のビルマ

---

11) この点、フィリピンは例外である。塩、砂糖、醤油、酢、胡椒、ニンニク以外の調味料はあまり用いられず、トウガラシを使った辛い料理も少ない。
12) かつては「上座部仏教」という訳語が用いられ、今でもこの語を用いる専門研究者もいるが、本書では最近の仏教学研究の趨勢に従い、「上部仏教」と記すことにする。

の南部に王国を建てたモン族によりスリランカ経由で受容されたが、じきに現在のタイにあたる地域へも伝わり、13世紀までに大陸部全域に広がっていった。モン族に続き上座仏教を受け入れた主な民族は、クメール族、ビルマ族、そしてシャム族、シャン族、ラオ族などタイ系の諸民族だった。こうしてミャンマー、タイ、ラオス、カンボジアでは今日まで上座仏教が多数派の宗教となった。

しかし、島嶼部東南アジアでは13世紀初めからイスラムを受け入れた王国が現れ、次第にヒンドゥー教、仏教を圧倒していった。最初にイスラムを奉じたのはスマトラ北部に興ったサムドラ・パサイ（Samudra Pasai）王国である[13]。東南アジアのイスラム教徒の大半は、スンナ（またはスンニ）派に属する4法学派のうちシャフィー（Syafi'i）学派の教理に従っている。イスラムへの改宗は、初めは西方との海上交易の拡大と深く結びついていた。14世紀からジャワの北海岸に興りマジャパヒトと競い合った複数の港市国家がイスラムを受容し、マジャパヒトが滅んだ16世紀にはインドネシア諸島の主な島々の内陸部にまでイスラム化の波が及んでいった。また、マレー半島では15世紀初めに興ったマラッカ（ムラカ）王国がイスラムを受け入れ、マラッカ海峡とその周辺地域のイスラム化が進んだ。こうして、フィリピンの北・中部とバリ島などを除く島嶼部のほぼ全域で、イスラムは優勢な宗教となっていった。

東南アジアに最後に伝播した世界宗教はキリスト教である。それは、主に欧米の征服者と植民者の手でもたらされた。今日キリスト教が最も優勢なのは、国民の85％前後がカトリック教徒から成るフィリピンだ。フィリピンのキリスト教化は、16世紀から3世紀に及んだスペインによる植民地支配下での一貫した政策の結果である。スペインは地方住民の統治と教育をカトリックの聖職者たちの手に委ね、教会と布教にとって著しく有利な政策を進めた。フィリピンの他にも、インドネシアの一部や、大陸部、山間部を問わず山地の少数民族の中にはかなりの数のキリスト教徒が見られる。また、ベトナムには少数派ながら目立つカトリック教徒の一群が存在する。けれども、フィリピンとは違って、これらの地域でのキリスト教への改宗は、特に19世紀後半以降の布教活動によるものだった。

13）スマトラという島名は、この国の名前に由来する。

7. 東南アジア近現代史の起点

　ある国や地域の歴史を、近現代（modern age）と近代以前（pre-modern age）とに二分することを試みる場合、その境目をどこに認めるかは歴史観によって異なってくる[14]。本書では、その地域と世界の他の地域との政治的、経済的、社会的、文化的つながりがそれ以前に比べて飛躍的に濃密になった時代を「近現代」と考えることにしたい。その場合、「近現代」とそれ以前の時代を分かつ最も重要な指標は、交通・通信手段の革命的発達であろう。とりわけ重要だったのは、動力機関による交通・輸送手段の登場と電気通信の普及である。東南アジアでは、それは19世紀後半に起きた。すなわち、帆船に代わる蒸気船による遠距離定期船航路の開通と海底電線の敷設である。

　それはまず、東南アジアとヨーロッパの間の最初の蒸気船による定期郵便輸送の開始（1845年）によって口火を切られ、次いで1869年にスエズ運河が開通することによりヨーロッパと東南アジアを結ぶ航路が大幅に短縮されていっそう進展した。さらに1871年には東南アジアとヨーロッパの間に最初の海底電線が敷設され、通信事情も大幅に改善された。蒸気船航路と海底電線は東南アジアとヨーロッパの間の人と貨物、さらに情報と資本の移動とやりとりを飛躍的に増加させただけではない。1870年代のうちに、蒸気船航路と海底電線はアジアの東の果ての日本にまで到達し、アジアの域内の往来と連絡をもかつてない規模で増加・拡大させた。それは最近数十年の間に、大型ジェット機やコンテナ船による交通・輸送と光ファイバーケーブルによる通信の拡大が世界にもたらしたそれにも匹敵する革命的変化であった。

　同じ変化は幕末から明治維新を経た同時代の日本でも進行した。すなわち近代日本の幕開けである。それは、全アジアいやおそらく全世界的な規模と広がりで起きた歴史の変動であった。しかし、東南アジアが日本と決定的に異なっていたのは、王制下で独立を維持したタイ（当時の国名はシャム）を唯一の例外とし、他のすべての地域でこの変動が欧米による植民地支配の進展と並行し

14）日本語の「近代」と「現代」に当たる区別は英語にはなく、modernという用語で一括される。「近代」と「現代」をどこで区切るかも歴史観により違ってくる。本書では、その区別を論じるのを避け「近現代」という言葉で一括りにする。

て展開されたことである。だから、東南アジアの近代の幕開けは、同時に植民地支配の拡大とそれに伴う社会経済の変化と不可分の関係にあった。だがその過程を概観する前に、次章ではその前提として、近代以前の東南アジアの歴史の歩みと特徴をごく大づかみに述べておくことにしよう。

近代以前の東南アジア史

第2章

1. 先史時代の東南アジアと初期の国家形成

　有史以前からつい数十年前まで東南アジアの広い地域が深い森に覆われていた。鉄器のない時代に樹木を伐採することは不可能で、おそらく原始時代の東南アジアでは狩猟採集民だけが森で生存可能であった。最初の定住集落は海岸、河岸、洞窟または沖積台地に、石器を用いて形成された。北ベトナムのホアビン (Hoa Binh) では約1万年前の石器文化を示す遺跡が発掘されている。しかし一般に東南アジアでは、大量の雨や洪水、そして湿潤な熱帯性気候による腐植や分解のために先史時代の遺物はほとんど残されていない[1]。

　現在の東南アジアの人々の祖先が最初に定住したのは4000〜5000年前と考えられている。中国の江南地方または東南アジア北部から陸路または台湾経由の海路で南下した南方モンゴロイドの人々が今の大多数の東南アジア人たちの祖先である。考古学的遺跡から、紀元前3000〜2000年前には既に稲が栽培され、土器が用いられていたことがわかっている。青銅器と鉄器の使用が大陸部では紀元前2000〜500年の間のいつかに、島嶼部でも紀元前500年までに開始され、やはり紀元前500年までに中国、インドとの交易が既に増加

---

1) 以下、本章の前半部分の記述は、主に次の文献を参考にした。Mary Somers Heidhues, *Southeast Asia: A Concise History,* London: Thames & Hudson, 2000, p.15-64.

し始めていたと考えられている。

　近代以前の東南アジアの人々の暮らしは、①狩猟・採集、②漁労、③移動耕作（焼畑）、④水田農業、の4つの生業形態によって支えられ、これら生存基盤の異なる局地的コミュニティが、交換と商業を通じて物資を融通し合い相互補完的に連携することによって、より大きな社会のまとまりを構成していた(図1)。そして、このような伝統的経済システムの中で、もっぱら遠隔地との中継商業を基盤とする河川・沿海の港市国家と、水田稲作の農業生産力とそれを資源とする商業の双方に基盤を置く内陸型国家という、2つの異なるタイプの小国家が、ともに王や首長をいただくミニ君主国として形成されていった。そしてこれら小国家の間に緩やかで柔軟性に富んだハイアラーキーによる国家連合が作られ、その頂点により強大な権威・権力の中心が生まれた時に、遺跡や史書の記述によって歴史に残る古代東南アジアの諸王国が成立したと考えられる。

　これらの王国の支配者たちは、インドの芸術、宗教、語彙を文化的装備に取り入れ、彼らの先祖をインドの神々と同一化させることによって、支配秩序の安定化を図った。このことを、歴史家たちは古代東南アジアの「インド化」(Indianization)と言い習わしている（ただしインド人による東南アジアの植民地化が行なわれたわけではない）。インド化の起源については諸説がある。一般に、早ければおそらく紀元前2000〜1000年の間に東南アジアの商人たちが最初にインドを訪れ、紀元後数世紀の間に東南アジアの支配者たちがサンスクリット語の術語とインド式の文字表記のシステム、そしてヒンドゥー教と時には仏教（この時代は大乗仏教）をも取り入れて彼らの名声と権力を補強し、初期の国家形成を実現したと考えられている。

2. 初期の海洋交易国家

　初期の東南アジアの諸王国朝貢貿易については、中国歴代王朝史書の記録からその名前がわかっていた。記録された最古の海洋交易国家は「扶南」(Funan)である。1940年代にフランスの考古学者たちが行なった発掘により、ベトナム南部のメコン川デルタの最西端に位置するオケオ (Oc-eo) で、陶器、宝石、硬貨（ローマ帝国製を含む）、神像などの遺物とともに、張り巡らされた運河の

【図1】東南アジアの伝統的経済システム

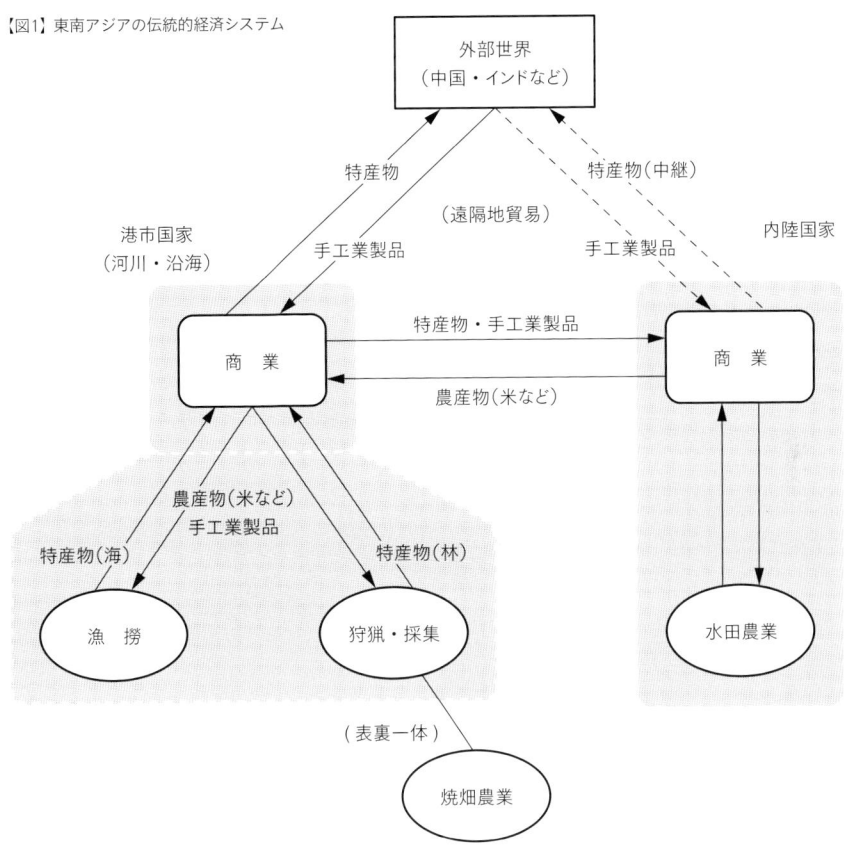

遺構が発見された。紀元3世紀のものと推定されるこれらの遺物が、今の南部ベトナムからカンボジアにかけての地域に存在したと考えられる扶南のものと推定されている。オケオは2～6世紀の中国とインドを結ぶ交易の中継港であり、クラ (Kra) 地峡[2]でマレー半島を横断する「海のシルクロード」上の戦略的要所を占めていたと考えられる（扶南をはじめ近代以前の東南アジアの主な国家の都が置かれた場所については、地図3を参照）。

扶南の次に、8世紀の中国の史書に現れる交易国家はチャンパ（Champa, 漢

---

[2] クラ地峡はマレー半島の付け根の一番細くなっている部分の呼び名で、現在シャム湾に面する東側はタイの領土に、アンダマン海に面する西側はミャンマーの領土になっている。

【地図3】近代以前の東南アジアの主要国家首都所在地（カッコ内は都市名）

字では「占城」)である。これはオーストロネシア語族の言語を話すチャム族が建てた国で、インドの宗教と文化の強い影響を受けた。大陸部に位置するが、マレー語、ジャワ語などやはりオーストロネシア語族の言語を話す民族が建てた島嶼部の諸王国と文化的共通点が多く、王家どうしの婚姻も含めて交流が盛んだった。その中心地は複数あり、それぞれ異なる時代に特定の地域に拠りつつ国全体に及ぶ覇権を確立していたと考えられる。後背地をなす山岳地域の諸民族と物資を交換し、おそらく彼らをも国家組織の中に統合していた。チャンパの最盛期は9～10世紀ごろであったが、15世紀後半からは南下するベトナムの圧迫を受けて衰え、17世紀末からはベトナムの支配下に入った[3]。

　古代東南アジアを代表する第3の海洋交易国家は、インドネシア諸島のマレー人（ムラユ族）航海者たちが建てたと考えられている王国シュリヴィジャヤ（Srivijaya）である。彼らは芳香性樹脂、樟脳、白檀、ニクズクや丁字などの香料のような特産物を携えて扶南を訪れ、やがて中国、インドとも直接交易を行なうに至った。その結果、6世紀までにマラッカ海峡を経由するマレー人の船舶による交易がクラ地峡経由の従来のそれに代わって優勢になり、扶南とその近隣諸国の勢力は海ではスマトラのシュリヴィジャヤ王国に、陸では初期クメール諸国にとって代わられたと考えられている。

　シュリヴィジャヤは当初、7世紀末に海路でインドへ渡った中国僧の義浄が著した『南海寄帰内法伝』に「室利仏逝」国として記述したことによってのみ知られていたが、19世紀以来サンスクリットからの借用語を用いた7～8世紀の古代マレー語碑文などが南スマトラのパレンバンからタイのナコンシタマラートに至る広い地域で発見されたことにより、フランスのジョルジュ・セデスに代表される歴史家たちがその実在を確信し、その支配者たちの名前や国の仕組みを記述するに至った[4]。シュリヴィジャヤの中心がどこにあったかはいくつかの説があるが、南スマトラのパレンバン付近であったという説がこれま

---

3) カンボジアからベトナムにかけて現存するチャム族は、古代チャンパ以来のヒンドゥー教を護持する人々とおそらく14世紀以降にイスラム教に改宗した人々とに分かれているが、後者は今も出稼ぎ、イスラム寄宿塾への留学などを通じてマレーシアのマレー人社会と深い関係を保っている。

4) George Coedés, *Les etats hindouises d'Indochine et d'Indonesie*. Paris: E. de Boccard, 1964; G. Coedés, *The Indianized States of Southeast Asia*, edited by W. F. Vella, translated by Susan Brown Cowing, Honolulu: The University Press of Hawaii, 1968.

でのところ最も有力である。インドへ旅した義浄はシュリヴィジャヤに数年滞在し、王の庇護下に仏教が栄え1000人を超す僧侶がいたことなどを伝えている[5]。シュリヴィジャヤの勢力は7世紀から10世紀まで持続したが、1025年南インドのチョーラ (Chola) 王国の海軍がパレンバンを襲撃してから衰退に向かった。このシュリヴィジャヤの支配下でマレー語 (bahasa Melayu) が、スマトラ、マレー半島とその周囲の群島全域に広まり、今日のマレーシア、インドネシア、ブルネイの国語の基礎が形成された。

3. 稲作を基盤とする王国群

大陸部東南アジアの低地地域や肥沃な火山島であるジャワでは、遅くとも5世紀までに人口扶養力の大きい稲作特に水田稲作に基づく諸王国が勃興した。

ジャワではまず8〜10世紀初めに中部ジャワの南部、今のジョグジャカルタ市に近い地域に、仏教、ヒンドゥー教を奉じる王国が栄えた（古マタラム〈Mataram〉王朝およびシャイレンドラ〈Sailendra〉王朝）。ボロブドゥール (Borobudur) の（大乗）仏教寺院遺跡、プランバナン (Prambanan) のヒンドゥー

【写真2】ボロブドゥールの仏教寺院遺跡

---

[5] 義浄が立ち寄ったシュリヴィジャヤの都はパレンバンではなく、南タイのチャイヤーだと唱える論者もある。たとえば次を参照。鈴木峻『シュリヴィジャヤの歴史――朝貢体制下における東南アジアの古代通商史』めこん、2010年。

【写真3】プランバナンのヒンドゥー教寺院遺跡

教寺院遺跡は、その遺構である。10世紀前半にジャワの王朝の中心は中部ジャワから東部ジャワへ移動し、クディリ（Kediri）、シンガサリ（Singhasari）王国のあと、インドネシア史上最大のヒンドゥー王朝であるマジャパヒト（Majapahit）王国が成立した。この国は14世紀に最盛期を迎え、その影響力は今のインドネシアのほぼ全域とフィリピンの一部にまで及んだ。

一方、大陸部では6世紀になると扶南の属国であったクメール族の真臘（チェンラ〈Zhenla〉）が勃興し、7世紀には扶南を滅ぼして現在のカンボジアとラオス南部にあたる地域を支配して強大化した。しかし、8世紀には陸真臘と海真臘に分裂し、ジャワのシャイレンドラ朝の侵攻を受けて弱体化した。しかし、9世紀に入るとジャワの支配を退けてアンコール（Angkor）王朝が勃興し、12世紀末から13世紀初めにかけて最盛期を迎えた。アンコールワット（Angkor Wat）に代表される壮大な（大乗）仏教・ヒンドゥー教石造寺院の遺跡はこの時代の産物である。しかしその後は、まず元、次いでタイのアユタヤ王朝から侵攻を受けて次第に衰え、15世紀にはアンコールを放棄して転々と都を代え、アンコール王朝の歴史に幕を閉じた。またエーヤーワディ（イラワジ）川上流の上ビルマでは、ビルマ族のパガン（Pagan）王国が勃興し、それまでの大乗仏教に代わり上座仏教を受け入れて栄えたが、13世紀後半に侵入した元によって滅ぼされた。

4. 大陸部における上座仏教の拡大と諸王朝

　パガンの滅亡後ビルマでは14世紀にタウングー（Taungoo）王朝が興り、16世紀には競合するモン族、シャン族の勢力を圧倒して強大化し、1556年にはタイに攻め込んで王都のアユタヤを陥落させた。17世紀にもその繁栄は続いたが、18世紀に入るとモン族の攻撃などにより衰え、1752年に滅んだ。これに代わりコンバウン（Konbaung）朝が勃興しやがてマンダレーに首都を構えて強大となったが、19世紀になるとイギリスの圧迫を受け1885年に滅亡する。

　一方、13世紀になると南中国からインドシナ半島へのタイ族の南下が進み、それまでアンコール王国の支配下にあった今のタイの地域に最初の王朝スコータイ（Sukhothai）を建国した。14世紀半ばまで続いたこの王国の時代にタイ文字が完成し、上座仏教がスリランカから伝来したと言われている。14世紀半ばにスコータイに代わって台頭したのがアユタヤ（AyutthayaまたはAyudhya）王朝である。この王朝のもとで上座仏教が国教として確立された。インド、中国そしてのちにはポルトガルなどとも貿易を行なって400年にわたり栄えたこの国には、山田長政のように日本から渡来、定住した者もいた。1767年にビルマのコンバウン朝の攻撃を受けてアユタヤ王朝が滅ぶと、1769年にチャオプラヤー川の下流のトンブリーに新しい王国が興ったが、1782年にチャクリー将軍がこれに代わって国を建て対岸のバンコクに遷都した。これが現在まで続くラッタナコーシン（Rattanakosin）朝またはチャクリー（Chakri）朝の始まりである。

　15世紀にタイのアユタヤ王朝に圧迫されてアンコールを放棄したカンボジアは、17世紀に今のプノンペンの北西に位置するウドンに新都を築き、上座仏教を奉じて河川交易により栄えた。しかしやがて内紛に苦しみ、また18世紀にはベトナムの進出により勢力圏を削られた。19世紀半ばになるとフランスがベトナム南部に進出し、カンボジアは1863年にその保護国となり、1867年には王都もウドンからプノンペンに移された。

　ラオスでは14世紀半ばまでにラオ族によりやはり上座仏教を奉じるラーンサーン（Lan Xang）王国が建国され、その勢力は現在のタイ北東部やカンボジ

ア北部にまで及んだ。しかし、18世紀には北部のルアンパバーン、中部のビエンチャン、南部のチャンパーサックの3国に分裂し、それぞれタイやカンボジアの影響下に置かれ、両国の争いに巻き込まれる形で戦乱が続いた。1860年代にはフランスが進出を始め、1880年代にはラオスの支配権をタイと争うようになり、後で見るように1890年代に今日のラオスにあたる地域全体がフランス領となった。

5. 島嶼部におけるイスラムの拡大と諸王朝

14世紀末にマラッカ海峡に面するマレー半島のムラカ（Melaka, 欧米語ではマラッカ〈Malacca〉）にシュリヴィジャヤ王国の末裔とされる人物が王国を建てた。ムラカ王国は1410年代ごろにイスラム化し、香辛料などの東西貿易における重要な中継港としておおいに繁栄した。しかし1511年にはポルトガルに占領され、ムラカの王族はマレー半島最南端のジョホール（Johor）に移動してここに新たな王国を建てることになる。

他方、ジャワでは15世紀に入ると北海岸の港湾都市のイスラム化が進み、これら新興都市国家の圧迫によってヒンドゥー教を奉じてきたマジャパヒト王国は16世紀前半のうちに滅亡し、その後裔たちはバリ島に逃れた。1580年代になると中部ジャワ南海岸のマタラム（現在のジョグジャカルタ）の故地にイスラム化した新しい王朝が台頭し、北海岸の諸国を征服して17世紀初めにはジャワの全域と近隣の島々に勢力を拡大した。これを新マタラム王朝、またはイスラム・マタラム王国と呼ぶ。新マタラム王国は新たに進出してきたオランダとの角逐で勢力を失い18世紀半ばにはスラカルタとジョグジャカルタの2国に分裂して、19世紀にはオランダ支配下の「王侯領」に再編されたが、両王家はインドネシア共和国独立後の今日まで存続し、ジャワの伝統文化の中心としての象徴的地位を保っている。

スマトラ北部では13世紀にこの地域で最初にイスラム化したサムドラ・パサイ王国が登場し、15世紀末になるとスマトラ島北端のアチェ（Aceh）王国の勢力が台頭した。アチェ王国はスマトラの胡椒貿易を独占し、オスマン・トルコと結んでポルトガルと対抗し、ポルトガル支配下のマラッカをしばしば攻

撃した。スマトラではアチェの他にも、今のリアウ州にシアク（Siak）、南スマトラ州にパレンバン（Palembang）など、いずれもスルタンを名乗る小イスラム王国が成立したが、1870年代ごろまでにはいずれもオランダの支配下に入った。最後まで独立を保ったアチェ王国も、1870年代から始まったオランダの軍事的攻撃により20世紀初めには滅亡しオランダ領となった。

6. 中国化したベトナムの諸王朝

　今のベトナムの北部には紀元前3～2世紀に「南越」（Nam Việt）と呼ばれる国が成立したが漢の武帝の時代に中国に征服され、以後10世紀に至るまで中国の支配下に置かれた。10世紀にベトナムは中国から次第に自立し、11世紀に成立したリー（Lý, 李）王朝のもとで「大越」（Dại Việt）という国号を名乗った。ただしこの時代の領土は、まだ首都ハノイを中心とする北部にとどまっていた。リー朝の歴代皇帝は寺院を建立し、大乗仏教を保護した。その後ベトナム人による歴代王朝が19世紀に至るまで連綿と続いたが、漢字、儒教、大乗仏教など中国から多くの文化的政治的要素を取り入れた国づくりが行なわれた点で、他の東南アジアの諸国とは異なる歴史を経験することになる。

　13世紀にリー朝に代わったチャン（Trần, 陳）朝は元の攻撃を退けることに成功し、中国式の科挙と儒教に基づく国家官僚体制を整えた。14世紀後半に内乱によってチャン朝は滅び、15世紀初めには南からチャンパ、北から明による侵攻を受けたが、レー（Lê, 黎）朝が興って明を駆逐し、チャンパに攻め込んでその勢力を衰退に追い込んだ。16世紀から18世紀までは分裂と内乱の時代が続いたが、19世紀初めにグエン（Nguyễn, 阮）朝のザーロン（Gia Long = 嘉隆）帝が中部のフエに都を置いて全土の統一を達成した。グエン朝のもとで中国式の集権的官僚国家が建設されたが、1858年以降次第にフランスの侵略を受け、後述するフランス領インドシナの形成によってその歴史に幕を閉じた。

7. ヨーロッパ勢力の到来と19世紀初めの東南アジア

　15世紀末にバスコ・ダ・ガマが喜望峰経由のアジア航路を開拓してから、ヨー

ロッパ勢力の東南アジアへの進出が始まった。まずポルトガルが1511年にマラッカ（ムラカ）を占領し、これを東南アジアにおける商業活動の拠点とした。ポルトガルはまた、一時期今日のジャカルタにあたるスンダ・クラパ（Sunda Kelapa）を占拠したこともある[6]。さらに16世紀中には東ティモールを植民地化した。海上商業が発達した16〜17世紀にはポルトガル語が島嶼部東南アジアの共通商業用語として広く用いられたこともある。しかし、1641年にマラッカがオランダに奪われてからはポルトガルの勢力は衰え、東ティモールの植民地支配を細々と続けるばかりになった。

　他方、スペイン王国の派遣したマゼラン（彼自身はポルトガル人）の艦隊は南米大陸を周回して太平洋を横断し1521年にフィリピンに到達したが、マゼランはそこで現地住民との衝突で戦死し、残った部下たちが地球一周に成功してスペインに帰国した。その後、1571年に初代総督として派遣されたレガスピ（Miguel López de Legazpi 1502-1572）がマニラを占領し、ここを拠点にフィリピンの植民地化を開始した。スペイン支配の進展とともに、フィリピンではカトリック教団によるキリスト教化が進められたが、19世紀に至るまで南西部のスールー諸島やミンダナオ島ではイスラム教を奉じる王国が存続した。

　次いで16世紀末に行なわれたハウトマン（Cornelis de Houtman 1565-1599）による東インド諸島の航海を皮切りに、オランダの東南アジア進出が始まる。1602年に世界最初の株式会社として設立されたオランダ東インド会社（Vereenigde Oost Indische Compagnie: VOC）は、喜望峰以東の貿易の独占権を当時のネーデルランド共和国から得て、1610年に獲得したジャワのジャヤカルタ（スンダ・クラパ）に商館兼要塞を築き、バタビア（Batavia）と改名して商業活動の拠点とした。一方ではマルク（Maluku）諸島（英語ではモルッカ〈Molucca〉諸島または香料群島〈Spice Islands〉）特産の香料の貿易をポルトガル

---

[6] ポルトガルは1522年に西ジャワに残っていたヒンドゥー教王国パジャジャランからスンダ・クラパを譲り受け、ここに要塞を築いたが、1527年に中部ジャワの北海岸にイスラム教を奉じて興った港市国家デマック（Demak）とその同盟国チルボン（Cirebon）の攻撃を受けて撤退した（ちなみに、西ジャワのチルボン市に現存するスルタン王宮付属の博物館には、この時ポルトガル軍から押収した金属製のよろいが今でも保管・展示されている）。ポルトガルの駆逐に成功したイスラム軍は、それを記念してこの港町に「努力でかちえた勝利」を意味するジャヤカルタ（Jayakarta）という名前を与えた。のちのオランダ植民地時代にはバタビア（Batavia）と名を変えたが、1942年に日本軍占領下でジャヤカルタに由来するジャカルタに再び改名され、今日に至っている。

から奪って独占し、またマタラム王国との角逐を経る中で次第にジャワの領土支配を広げたが、18世紀末に経営危機に陥り会社は解散した。その後、1810年代のイギリスの中間統治を経てジャワはオランダ王国政府の植民地となり、19世紀半ばになるとその支配は現在のインドネシアの他の島々にも次第に深く及んでいった。

　前もってインドに広大な植民地を獲得したイギリスの東南アジア進出は、オランダよりもやや遅れた。まず1610年代の後半にイギリスはジャヤカルタにおける通商拠点の獲得をめぐってオランダと争ったが敗れて退いた。そののちスマトラ南西部のブンクル（Bengkulu, 英語ではベンクーレン〈Bencoolen〉）に1685年に胡椒貿易のための中継港として商館兼要塞を建設し東南アジア進出の拠点にしたが、東インド諸島でのオランダの優位を覆すには至らなかった。

　18世紀後半になるとインドに隣接するビルマとその地続きであるマレー半島へのイギリスの関心が深まった。1786年にイギリス東インド会社のフランシス・ライト（Francis Light）はマレー半島のクダー（Kedah）王国のスルタンからペナン（Penang）島を割譲させてここに植民都市を建設した。

　次のきっかけは、ヨーロッパにおけるナポレオン戦争の勃発によってもたらされた。オランダがフランスの軍門に下ったため、イギリスはその対抗措置としてオランダの海外領土を占領した。その一環として東南アジアでは、まずマラッカが1806年に、次いでジャワが1811年にイギリス東インド会社の遠征軍により占領された。この時、東インド会社副総督（Lieutenant-Governor）としてジャワの統治に当たったのがスタムフォード・ラッフルズ（Thomas Stamford Raffles 1781-1826）である。ナポレオン戦争終了後の1816年に両植民地はオランダに返還されたが、1819年にラッフルズはジョホール王国のスルタンからシンガポールの割譲を受け、ここに植民都市を建設した。

　1824年にイギリスとオランダはアジアにおける両国の勢力圏の境界を定めた条約（英蘭条約またはロンドン条約）を締結した。これに基づき、オランダはインドとマレー半島にあった商館と領土を放棄、イギリスはスマトラの領土と商館を放棄して、マラッカ海峡がほぼ両国の勢力範囲の境界として確定された。その結果、マラッカ（ムラカ）はイギリスに、ブンクルはオランダに帰属することになった。そしてイギリスは、1826年にペナン、マラッカ、シンガポー

ルを直轄植民地である「海峡植民地」(The Straits Settlements）にまとめ、その中心をシンガポールに置くこととなった。ここに東南アジアにおけるイギリスの強固な拠点が確立されたのである。

【写真4】シンガポールの旧船着き場付近に建てられたラッフルズ像

欧米植民地支配の拡大

第3章

1. オランダによる東インド支配の拡大

1-1. ジャワ戦争と強制栽培制度

　ジャワの（新）マタラム王国は17世紀前半、第3代の国王スルタン・アグン（Sultan Agung　在位 1613-1646）の治下で版図を広げ強大になったが、1620年代の末にオランダ東インド会社の拠点となったバタビアの攻略に失敗してからは勢いが衰えて王位継承問題などをめぐる内紛が頻発し、オランダの加勢により内乱を鎮圧し報酬として領地の一部を手放すことを繰り返して次第に痩せ細っていったが、1755年にはスラカルタ（ソロ）を都とするススフナン候領とジョグジャカルタを都とするスルタン候領の2つに分裂した。

　1825年にスルタン候領の王位継承問題もからんだ反乱が起こり、大規模な反オランダ武力抵抗に発展した。ディポヌゴロ侯（Pangeran Diponegoro 1785-1855）を指導者とする反乱軍は中・東部ジャワ全域で一時優勢に立ったが、1827年ごろから形勢は逆転し、1830年にディポヌゴロがとらえられてスラウェシのマカッサルに流刑になり鎮圧された。これをジャワ戦争と呼ぶ（ディポヌゴロは、独立後のインドネシアでは民族英雄と称えられている）。ジャワ戦争後オランダの領土支配は、2つの王侯領の直轄地を除くジャワ全域に拡大した。

　同じころ西スマトラでも後で述べるイスラム改革主義勢力による対オランダ

武装抵抗（パドゥリ〈Padri〉戦争）があり、またオランダ本国では1830年に工業化が進んだ南部諸州がベルギーとして分離独立した。これらの出来事のため、オランダ政府の財政はおおいに窮迫した。

【写真5】ディポヌゴロ候の肖像画

　この窮状打開のため、1830年以降ジャワとスマトラ、スラウェシの一部に、住民に特定作物の栽培を義務づけその輸出で得られた収益をオランダ本国財政に繰り入れる「強制栽培制度」が導入された（オランダ語では単に栽培制度〈Cultuurstelsel〉と呼ぶが、英語ではしばしば forced cultivation system とも呼ばれる）。コーヒー、サトウキビ、藍がその3大主要作物で、後の2つはもともと住民が稲を栽培していた水田で輪作された。砂糖や藍の加工の一部が政庁と契約したヨーロッパ人、華人経営の工場で行なわれたほかは、栽培、収穫、政庁の倉庫への納品は住民により、外国への輸送と販売は官許独占会社であるネーデルランド商事会社（Nederlandsche Handelsmaatschappij: NHM）によって行なわれた。
　強制栽培制度のもとで作物の栽培は村単位で管理され、作物の種類と量、栽培用地の選定と労働力の調達はオランダ人官吏から現地人首長、次いで村長へと指令、執行された。現地人首長、村長には生産量と地位に応じた栽培歩合、住民には栽培賃金が支払われたが、栽培賃金のうちかなりの部分が地租などの税金として政庁に還流した。

この制度によりオランダの国家財政は莫大な収益をあげ、オランダ国内の産業革命も進んだ。しかし、民間企業家が台頭し自由主義の思想が広まるとともに強制栽培制度を批判する声も高まった。またミュルタトゥリ（Multatuli）の筆名で元植民地官吏のダウエス・デッケル（Eduard Douwes Dekker 1820-1887）が著した小説『マックス・ハーフェラール』（*Max Havelaar*, 1860）[1]によりコーヒー強制栽培の苛酷さが告発されたり、中部ジャワの一部で農村の疲弊のために飢饉が起きたりしたこともオランダ世論による批判を強めるきっかけになった。その結果、1870年以降政府による強制栽培を漸次廃止し、民間企業による農園経営に切り替えていくことが決まり、サトウキビの強制栽培は19世紀のうちに、またコーヒーのそれも1910年代までに廃止された。

1-2. 外島諸地域へのオランダの進出

　19世紀末までにはまた、スラウェシ、スマトラ、カリマンタンなどいわゆる外島[2]諸地域へのオランダ支配の拡大が進んだ。以下、各地方ごとにその経過を簡単に述べる。

　丁字（クローブ）、ニクズク（ナツメグ）などの原産地であるマルク諸島には、15～16世紀にイスラム教を奉じるテルナテ（Ternate）とティドレ（Tidore）の2つの小王国が栄えたが、17世紀初めに香料貿易の利益を求めて進出したオランダ東インド会社（VOC）は、まず1605年にテルナテを保護下に置き、次いで1654年にティドレを征服、さらに1683年にはテルナテを直接支配下に収めた。以来、この地域にはジャワとともに最も早くからオランダの支配が浸透することになった。

　スラウェシ（セレベス）では東北端の港湾都市マナド（Manado）を中心とするミナハサ（Minahasa）地方に最も早くオランダの支配が及んだ。1658年にオランダ東インド会社がマナドに要塞を建設し、数年後に北側のフィリピンから進出していたスペイン勢を駆逐したのがその始まりである。1679年にオ

---

1) 次の翻訳がある。ムルタトゥーリ著、佐藤弘幸訳『マックス・ハーフェラール──もしくはオランダ商事会社のコーヒー競売』めこん、2003年。
2)「外島」Outer Islandsとは、オランダ植民地時代にジャワ以外の東インド植民地領土を「外領」Buiten Bezittingenと呼んだことに由来すると思われる表現で、インドネシア語にはこれにあたる用語はない。本書では、あくまで便宜上この慣用的表現に従う。

ランダ東インド会社はその宗主権を認めさせる条約をミナハサ族の首長たちと締結した。18世紀末にオランダ東インド会社が解散したのち、1801年から1816年までこの地方はイギリスの占領下に置かれたが、以後はオランダ支配が復活した。1820年ごろからオランダのカルヴィン派プロテスタント教会がこの地方に布教を開始し、1860年ごろにミナハサ全域のキリスト教化が完了した。1881年にはマナドにインドネシアで最初のミッションスクールが開校され、この地方はオランダ支配の強固な拠点となっていった[3]。

　一方、現在はジャワ以東の東部インドネシア地域で人口最大の都市となっているマカッサル（Makassar）市付近の南スラウェシ地方西海岸では、16〜17世紀に香料の中継貿易を基盤とするマカッサル族のゴワ（Gowa）王国が栄えた。一方、東海岸にはブギス（Bugis）族のボネ（Bone）王国があったが、17世紀の中ごろには一時ゴワ王国の支配下に入った。しかし、1667年にオランダ東インド会社が再独立を目指したボネの軍とともにゴワ王国を攻撃し、これを破った。ゴワはブンガヤ（Bungaya）条約によって東インド会社に降伏し、以後その勢力は衰えた。ボネはいったん南スラウェシ地方の覇権を握ったが、のちにオランダにより徐々に力をそがれ、1858〜60年のオランダ軍遠征によりついに降伏した。以後、マカッサル市を拠点に、オランダの支配がスラウェシ全島に及んでいった。

　カリマンタン（ボルネオ）では、島の南東部（今日の南カリマンタン州）のバリト（Barito）川下流域にあるバンジャルマシン（Banjarmasin）に16世紀ごろ存在したバンジャル（Banjar）族の王国がイスラム化し、ジャワのマタラム王国と結んで17世紀に繁栄したが、1787年にはオランダ東インド会社に服属した。その後、1857年にアンタサリ侯（Pangeran Antasari 1809?-1862）が指導する対オランダ反乱（バンジャルマシン戦争）が起きたが、オランダは1860年にバンジャルマシン王国の消滅を宣言、20世紀初めまでに抵抗を完全に鎮圧した。一方、島の西側の赤道直下、カプアス川の下流域のポンティアナック（Pontianak）で1771年にアラブ系のアブドゥルラフマン・アルカドリー（Abdurrahman Alkadrie 1730?-1808）が都を開き、1779年にオランダ東インド

---

[3] 今日でもマナドを州都とする北スラウェシ州住民の約65%がプロテスタント教徒である。

会社からスルタンとしての地位を認められた。その後、この国はオランダの保護下に入り、19世紀に入るとオランダはポンティアナックを拠点に西カリマンタンにおける支配を広げていった。

【写真6】18世紀に建立されたポンティアナックのアルカドリー・モスク

　南スマトラでは16世紀末、(シュリヴィジャヤの故地と考えられている)ムシ川沿岸の港町パレンバンに、ジャワ最初のイスラム王国デマック(Demak)の末裔が王国を建設した。1625年ごろパレンバン王国はジャワのマタラム王国に服属し、1642年にはオランダ東インド会社に胡椒貿易独占権を認める協定を結んだ。1671年ごろからパレンバンの王はスルタンを名乗るようになりオランダと対峙しながらその支配は18世紀を通じて存続した。しかし、1812～16年にはジャワと同様イギリスの占領下に置かれた。1821～23年からの戦争によりオランダはパレンバン王国を滅ぼし、1825年からこの地方はオランダの直轄支配下に編入された。

　一方、シュリヴィジャヤ王国の滅亡後、西スマトラの高原地域には14世紀ごろからミナンカバウ(Minangkabau)族の王国が存続したが、17世紀後半にはパダン(Padang)を中心とするインド洋沿岸地域がオランダ東インド会社の支配下に入った。19世紀初めにアラビアのワッハーブ派によるイスラム改革運動の影響がメッカ巡礼経験者を経て在地の宗教指導者たち——パドゥリ(Padri)と呼ばれた——による宗教改革運動が広がり、彼らは旧来の王国支配

層に対して戦いを挑んだ。パドゥリ派に攻撃された王国支配層がオランダに救援を要請し、1821年からパドゥリ派とオランダとの間に戦争が勃発した（パドゥリ戦争と呼ぶ）。1837年にパドゥリ派の指導者イマム・ボンジョル（Imam Bonjol 1772-1864）が捕らえられて戦争はようやく終結し、この地方におけるオランダの支配が確立されていった。

　またスマトラ東海岸（今日の北スマトラ州）では、17世紀後半にアチェ王国の属国としてデリ（Deli, 現在のメダン市内）のスルタン王国が成立した。また、18〜19世紀初めには　今日のリアウ州にあるシアク（Siak）にも小スルタン王国が栄えた。しかし、オランダは1858〜65年にシアクなどスマトラ東海岸中部地域を制圧し、これらのスルタン王国を服属させた。

　バリでは、16世紀初めにジャワ最後のヒンドゥー王国マジャパヒトが滅びると、その王族、貴族、僧侶、文人らが身を寄せ、バリ族と融合して独自のヒンドゥー・バリ諸王朝と文化を形成・温存した。しかし、20世紀に入るとオランダはバリへの侵攻を開始して1908年に軍事的制圧を完了し、この島をオランダ領東インド政府の行政下に編入した。

1-3. アチェ戦争と東インド全域支配の確立

　19世紀後半のオランダのスマトラ東海岸進出以降、その脅威を感じたアチェ王国は、オスマン・トルコ、アメリカ、イタリアと外交的接触を持ってこれを牽制しようとした。これら列強の介入を恐れたオランダは、1873年にアチェ王国に宣戦を布告し侵入を始めた。1878年までに王国中心部の大アチェ地方のほぼ全域がオランダの制圧下に入り、オランダの宗主権を認めた王国の支配層は抵抗をやめた。しかし、1880年代になると民衆に影響力をもつ宗教指導者（ウラマー）たちが中心となった武装抵抗運動が再開され、およそ10年間にわたりオランダ軍を圧倒した。1896年以降オランダはようやく攻勢に出て、1903年にスルタンが降伏、1912年までに宗教指導者たちによる散発的抵抗も鎮圧された。

　アチェ戦争の終わった1910年代までにオランダの東インド（現在のインドネシア）全域に対する実効支配がようやく確立された（地図4を参照）。

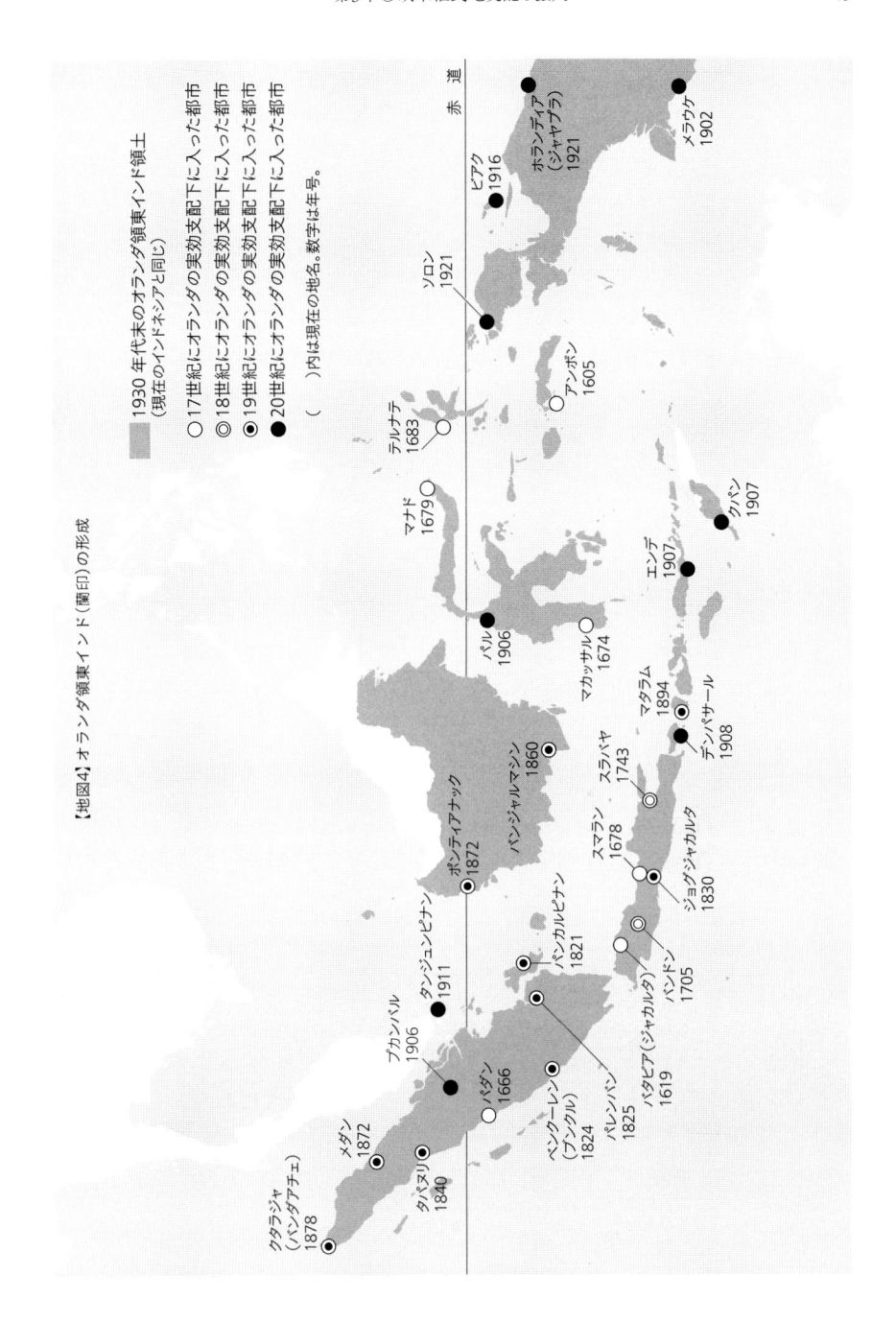

第3章●欧米植民地支配の拡大　45

【地図4】オランダ領東インド（蘭印）の形成

■ 1930年代末のオランダ領東インド領土（現在のインドネシアと同じ）
○ 17世紀にオランダの実効支配下に入った都市
◎ 18世紀にオランダの実効支配下に入った都市
◉ 19世紀にオランダの実効支配下に入った都市
● 20世紀にオランダの実効支配下に入った都市

（　）内は現在の地名。数字は年号。

赤道

クタラジャ（バンダアチェ）1878
メダン 1872
パダン 1666
タパヌリ 1840
ブカンバル 1906
タンジュンピナン 1911
ベンクーレン（ブンクル）1824
パレンバン 1825
バタビア（ジャカルタ）1619
バンテン 1705
バンジャルマシン 1860
ポンティアナック 1872
マナド 1679
テルナテ 1683
アンボン 1605
ソロン 1921
ビアク 1916
ホランディア（ジャヤプラ）1921
メラウケ 1902
クパン 1907
エンデ 1907
デンパサール 1908
マタラム 1894
バリ 1906
マカッサル 1674
スラバヤ 1743
スマラン 1678
ジョグジャカルタ 1830

2. イギリス植民地支配の拡大

2-1. イギリス・ビルマ戦争とビルマの植民地化

　19世紀中の3回にわたる「イギリス・ビルマ戦争（英緬戦争）」の結果、ビルマのコンバウン王朝は滅亡し、ビルマはイギリス領インド帝国に編入された。

　まず、18世紀末から19世紀初めにかけてアラカン、アッサム、マニプールなどインド北東部の地域に進出したコンバウン朝に対し、イギリスは1824年に宣戦を布告した。敗北したビルマは1826年の条約で、西部インド洋沿岸のアラカン（Arakan）[4]と南東部のテナセリム（Tenasserim）[5]の両地方をイギリスに割譲し、アッサム、マニプールへの請求権を放棄した（第1次イギリス・ビルマ戦争 1824～26年）。次いで1851年に2人のイギリス人船長がビルマの国内法を犯して逮捕されると、英領インド政府は強硬な対抗策に出て1852年中にプローム（Prome）[6]、タウングー（Toungoo）以南の地域を占領し、ペグー（Pegu）[7]地方の併合を宣言して下ビルマ全体を支配下においた（第2次イギリス・ビルマ戦争）。

　この後、1878年に即位したビルマのティーボー（Thibaw）王はフランスと結んでイギリスに対抗する政策をとった。だがイギリスは、自国民が経営する会社に対してビルマが課した懲罰的課税をめぐる紛争を口実に戦争をしかけ、1885年11月に王都マンダレーを陥落させて、ついにコンバウン朝を滅ぼした（第3次イギリス・ビルマ戦争）。そして翌1886年1月に上ビルマ併合を宣言し、ビルマ全土を英領インド帝国の1州として編入した（地図5を参照）。

2-2. 海峡植民地の直轄植民地化と英領マラヤの形成

　1826年に形成され、1832年にシンガポールに首都が置かれた「海峡植民地」は、最初はイギリス東インド会社の統治下にあったが、1858年の同会社の解散後はまずイギリス政府インド省の管轄に、ついで1867年に植民省に移され

[4) 現在はヤカイン（Rakhine）と呼ばれている。
[5) クラ地峡へ向かって南へ細長く突き出たこの地域は、現在はタニンダーリ（Tanintharyi）と呼び名を変えている。
[6) ヤンゴンの北280km余りにあるこの町は、現在ビルマ語ではピャイ（Pyay）と呼ばれる。
[7) ヤンゴンのすぐ北にあるこの地方は、現在はバゴー（Bago）と呼ばれている。

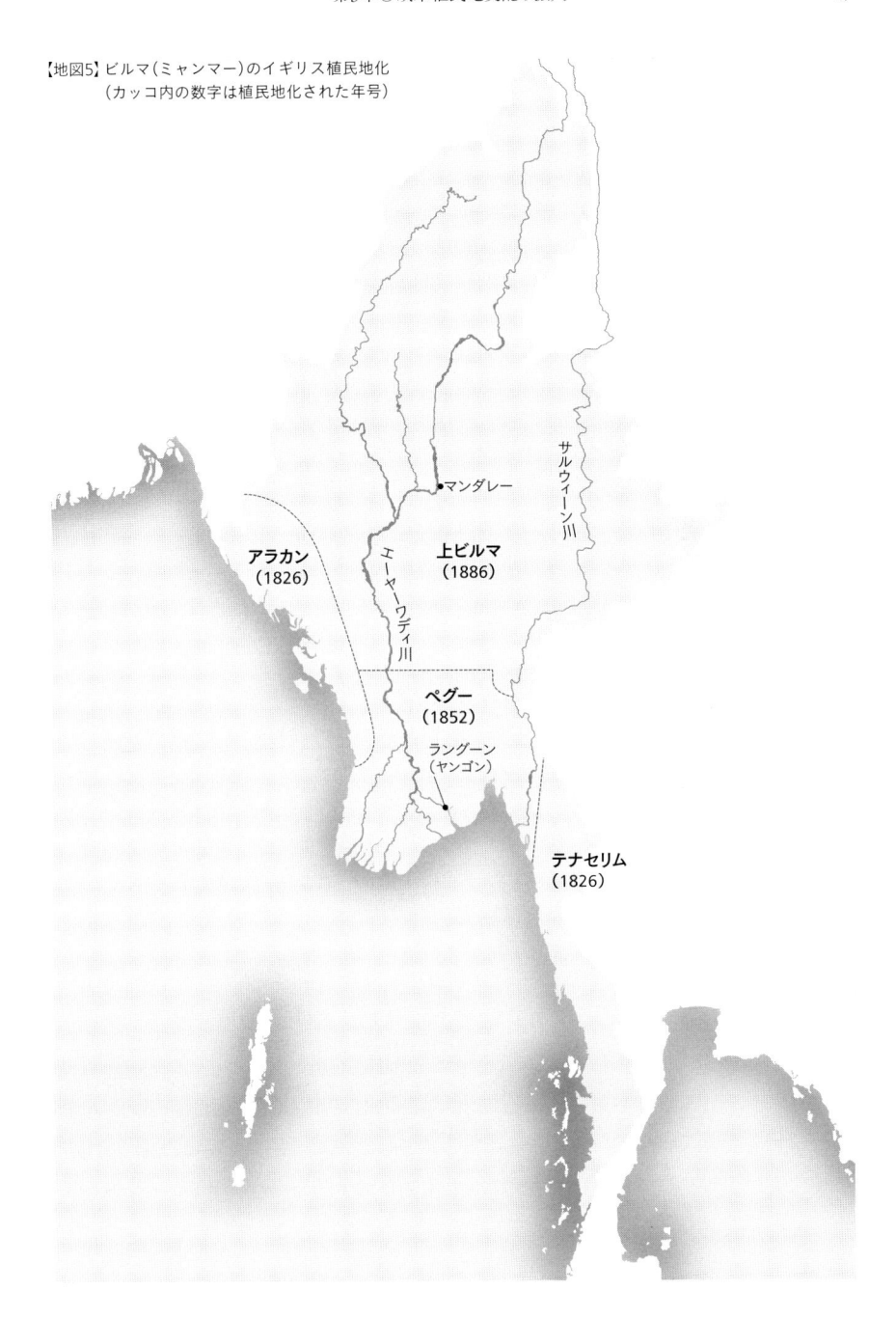

第3章●欧米植民地支配の拡大　　47

【地図5】ビルマ（ミャンマー）のイギリス植民地化
　　　　（カッコ内の数字は植民地化された年号）

- マンダレー
- サルウィーン川
- アラカン（1826）
- エーヤーワディ川
- 上ビルマ（1886）
- ペグー（1852）
- ラングーン（ヤンゴン）
- テナセリム（1826）

て直轄植民地（crown colony）となった。海峡植民地は関税を賦課されない自由港として国際貿易の拠点になるとともに、マレー半島全体にイギリスの支配を及ぼす基地としての役割も担うようになった。

一方マレー半島には複数の小さなマレー人スルタン王国が割拠していたが、そのうちペラ（Perak）、スランゴール（Selangor）、パハン（Pahang）、ヌグリ・スンビラン（Negeri Sembilan）の4つが1896年に連合マレー諸州（Federated Malay States: FMS）としてイギリスの支配下に入った。

FMSに編入されなかった5つのスルタン王国のうち、タイの属国であったプルリス（Perlis）、クダー（Kedah）、クランタン（Kelantan）、トレンガヌ（Terengganu）の4つは1909年に締結されたイギリス・シャム協定によりイギリスの保護領となり、マレー半島最南端のジョホール（Johor）とともに非連合マレー諸州（non-Federated Malay States: non-FMS）としてやはりイギリスの実効支配下に入ることとなった。こうしてFMSとnon-FMSの計9州から成る英領マラヤ植民地が形成された（地図6を参照）。

2-3. 北ボルネオ、ブルネイの保護領化とサラワクのブルック王国

ボルネオでは、1878年に3人のイギリス人がブルネイとスールーのスルタンから北西部海岸地域の主権を獲得し、1881年にロンドンで設立された北ボルネオ会社（North Borneo Chartered Company）がその管理に当たることになった。北ボルネオ（今日のマレーシア連邦サバ〈Sabah〉州）は1888年にブルネイとともにイギリスの保護領となったが、北ボルネオ会社による統治権の行使は太平洋戦争中の日本占領期を経て1946年に会社が解散するまで続いた。

一方、ブルネイの南側のサラワク（現サラワク〈Sarawak〉州）では、ブルネイ王国への反乱の鎮圧に協力したイギリス人ジェームズ・ブルック（James Brooke 1803-1868）が1841年にブルネイのスルタンからサラワク王の称号を認められ、翌1842年に正式に国王として即位し「白人王」（white rajah）と呼ばれるようになった。ブルック家によるサラワクの支配は3代にわたり1941年まで続いたが、太平洋戦争中は日本の占領下に入り、終戦後はイギリスの直轄植民地となる。

第3章●欧米植民地支配の拡大　　49

【地図6】英領マラヤの形成

- 連合マレー諸州(FMS)
- 非連合マレー諸州(non-FMS)
- 海峡植民地

＊アルファベットは都市名

3. 交通・運輸・通信の発達と世界市場への編入

　定期蒸気船航路と海底電線による電気通信網の形成など19世紀後半の交通・通信革命により、東南アジアは初めて本格的に資本主義的世界市場に編入されていった。以下、その過程を追ってみよう。

3-1. 定期郵便汽船航路の開設と拡張

　1842年にイギリスのP&O汽船会社（Peninsular and Oriental Steam Navigation Company）がエジプトのスエズとインドのカルカッタを結ぶ航路を開設したことにより、アジアとヨーロッパが初めて蒸気船航路で結ばれた。P&O汽船会社は、イギリスとイベリア半島の間の定期蒸気船航路運航のために1835年に設立された半島汽船会社（Peninsular Steam Navigation Company）を母体として1840年に国王の勅許に基づいて発足した会社で、この年からエジプトへの航路の運航も開始した。翌1843年に同社によるアジアへの航路は早くもシンガポールと香港にまで拡張された。なおこの時代の航路は、スリランカ経由であった[8]。

　また当時の航路は、既に喜望峰経由ではなくスエズ地峡経由に変わっていた。その通過方法は次のようであった。まず地中海側のアレキサンドリア港を経て蒸気船でカイロまでナイル川を遡行する。次にカイロからスエズまでは、ラクダの隊商（キャラバン）により砂漠を横断して貨客を運ぶ。しかし、1854年にはアフリカで最初の鉄道がアレキサンドリアとカイロの間に開通し、さらに1858年にカイロからスエズまでこの鉄道が延長されるとラクダは用いられなくなった。さらに、P&O社は1852年にはシンガポールを経由しオーストラリアのシドニーにまで至る定期郵便汽船航路を開拓した[9]。

　1859年4月に着工したスエズ運河の建設が完了し、1869年11月下旬から開通すると、ヨーロッパからアジアに向かう定期蒸気船の便数も飛躍的に増加

---

[8] 当初はゴール（Galle）、のちにはコロンボが中継港として使われた。
[9] 以下のwebサイトの記述を参考にした。
　http://www.environment.gov.au/heritage/ahc/publications/commission/books/linking-a-nation/chapter-7.html http://www31.ocn.ne.jp/~ysino/briship/page019.html
　http://en.wikipedia.org/wiki/Peninsular_and_Oriental_Steam_Navigation_Company

していった。当初、遠洋の海運はイギリス系資本が支配した（東南アジア域内の局地的海運では、華人系、土着系の帆船が生き残り、その一部は現在まで存続している）。しかし、じきにフランス系、ドイツ系、オランダ系が進出し、熾烈な競争が展開されたあげく、19世紀末までにシンガポールを拠点とする各社間のカルテル的協調体制（the Conference System）が完成する[10]。

3-2. 海底電線網の展開

　1839年にイギリスで電線を用いた通信、つまり電報が発明された。また、1840年代にアメリカ人サミュエル・モース（Samuel F. B. Morse 1791-1872）によって、短音と長音を組み合わせた符丁により文字を電報で送る方法すなわちモールス信号（Morse Cord）が考案された。同じころ海底電線用ケーブルの被覆に不可欠な材料だったガタパーチャ（Gutta-percha）[11]という名のマレー半島原産の特殊な天然ゴムがシンガポールを経てヨーロッパにもたらされたことにより、海水にも腐植しないケーブルの敷設が可能になった。これら3つの技術革新を前提に世界最初の海底電線が1850年に英仏海峡に設置され、1860年代には大西洋を横断する海底電線が敷設された。他方1863年にはインドのボンベイとアラビア半島を結ぶ海底電線が敷かれ、1870年にボンベイとロンドンが通信ケーブルでつながった[12]。

　東南アジアでも1870年代から海底電線の敷設が進み、1876年にはシンガポールを経て中国まで海底電線が届いた。ちなみに日本では1871年にデンマークの会社が長崎と上海およびウラジオストックに最初の海底電線を敷設した。また、アメリカ西海岸からグアム島を経てフィリピンに太平洋横断ケーブルが届いたのは1903年である。同じころ日本にもアメリカから海底電線が到達した[13]。

---

10) Francis E. Hyde, "British Shipping Companies and East and South-East Asia 1860-1939", in C. D. Cowan (ed.), *The Economic Development of South-East Asia,* London: George Allen & Unwin Ltd., 1964, p.27 - 47.
11) マレー語のグタ・プルチャ（getah perca）が語源である。「グッタ・プルカ」と表記されることもある。海底電線の被覆材にはのちに合成樹脂が使われるようになるが、ゴルフボールの外皮や歯科医療の根管充填剤原料として、この特殊な天然ゴムは今でも用いられている。
12) http://en.wikipedia.org/wiki/Submarine_communications_cable
13) http://home.att.ne.jp/sea/upi/newpage20.htm

同時に郵便事情も大幅に改善した。たとえば1830年代まで、ヨーロッパからインドへ郵便が届くには希望峰回りで5～8ヵ月かかった。しかし1850年代には、汽車と蒸気船で、ロンドン－カルカッタ間の郵便配達に必要な時間は30～50日に短縮された。さらに1870年代までには、インド、東南アジア各地とは電報により、即日通信が可能になった。このことはヨーロッパにおける植民地物産の国際商品市場（多くはロンドン）の形成と大衆投資家による植民地産業への投資を可能にした。こうして、東南アジアの産品が、それまでのように一部の上流階級のための奢侈品や香料のような希少財ではなく、大量消費される日常的消費財やその工業原料として資本主義的世界市場に連結されていった。

3-3. フィリピンの開港

スペイン支配下のフィリピンでは、18世紀後半からイギリス系のいわゆる「地方貿易商人」（country traders）[14]の商活動が活発になった。初めその主な交易対象は、インド南東部のコロマンデル地方で製造された綿製品の（スペイン政府の貿易独占の裏をかいた）マニラへの輸出であったが、19世紀に入ると彼らは次第にフィリピン産作物の輸出に関心を示すようになった。これに対し、外国人商人の地方での商活動を禁じた1828年の布告に代表されるように、当初スペイン政庁は抑圧的態度で臨んだが、自由貿易の原則を掲げるイギリス政府の国際的圧力（いわゆる自由貿易帝国主義）に抗しきれず、1834年にマニラを、次いで1855年に中部フィリピン・ビサヤ地方の商業中心地であったパナイ（Panay）島のイロイロ（Iloilo）を開港することとなり、これをきっかけにイギリス主導の世界貿易体制への編入が進んだ。すなわち、イロイロ駐在のイギリス総領事をも兼ねた商人ニコラス・ローニー（Nicholas Loney 1826-1869）などの活動により、砂糖、コプラ、コーヒー、マニラ麻などの農産物の買い付けのための前貸金提供や、その生産・加工のための機械類の売り込みにより、これらの新種の農産物の輸出が急増していった。そして、1859年までにマニラで営業する非スペイン系欧米企業の数は15社（うちイギリス系7社、アメリ

---

[14] 16～19世紀にインド洋から、東南アジア、中国に至るアジア沿岸交易に従事した欧米人民間商人を指す。東インド会社の官許独占貿易に対し、私貿易としてのアヘンを含むアジアの物産の中継貿易で利益を上げた。

カ系3社）を数えるに至った[15]。

3-4. バウリング条約とタイ（シャム）の世界市場編入

　1820年ごろからスペイン支配下のフィリピンに加えられた自由貿易へのイギリスの圧力は、ラッタナコーシン王朝治下のタイ（当時の国号はシャム）にも及んだ。時の国王ラーマ3世（在位1824-1851）は既に欧米個人商人の操業を許可していたが、1826年にバンコクを訪れたイギリス東インド会社のヘンリー・バーニー（Henry Burney 1792-1845）の使節団に対して、制限付きの貿易自由化を認めるという譲歩を行なった。

　さらに1855年4月、イギリスの香港総督ジョン・バウリング（John Bowring 1782-1872）[16]がバンコクを訪問し英タイ友好通商条約を締結した。これを「バウリング条約」と呼んでいる。バウリング条約は12条の友好条規、通商細則および税率表から成り、

(1) イギリス国民に対する領事裁判権
(2) イギリス国民による居住と通商の自由
(3) （アヘンと金塊を除き）一律3％の輸入関税

などが定められた。この条約とその後に欧米各国と結ばれた同種の条約により、タイは近代国際法秩序を前提とする世界貿易体制に組み込まれた。同時代の日本が受け入れ後にその改正のために苦しむことになったのと同類のこの不平等通商条約により、旧来のタイ王室による独占貿易の仕組みが解体され、タイの伝統的権力機構の再編が必至となった。また、この条約をきっかけとして、世界市場に向けたタイの米輸出が飛躍的に拡大していく（なお、その後の条約改正の努力により、タイは1910年代に関税自主権を回復したが、領事裁判権が撤廃されたのはそれより遅く1935年であった）[17]。

---

[15] J. Kathirithamby-Wells, "The Age of Transition: The Mid-eighteenth to the Early Nineteenth Centuries", Nicholas Tarling (ed.), *The Cambridge History of Southeast Asia, Vol. 1: From Early Times to c. 1800*, Cambridge University Press, 1992, p.608-611.
[16] ボーリングと表記されることもあるが、実際の英語の発音はバウリングに近いようである。
[17] 次を参照。西澤希久男「タイ民商法典編纂史序説——不平等条約改正と法典編纂」『名古屋大学法政論集』177、1999年。
　http://ir.nul.nagoya-u.ac.jp/jspui/bitstream/2237/5832/1/HH017704223.pdf

【写真7】ジョン・バウリングの肖像画

3-5. マラヤの錫鉱山開発と華僑社会の形成

　マレー半島では、ペナン（1786年）、シンガポール（1819年）の建設とマラッカの領有（1824年）、既に述べた海峡植民地の形成（1826年）を経て、自由貿易体制の拡大を目指すイギリスの地歩が着々と固められていった。

　そのマレー半島の西部では錫の採掘と主に中国への輸出がマレー人スルタンたちの手で早くから行なわれていたが、19世紀初めからこの地域への華人の流入が増えるにしたがい、彼らの手による錫の採掘が活発になっていった。そして、1848年にペラのラルート（Larut）で豊富な鉱床が発見されたことにより、マレー半島の錫鉱山ブームに火が付いた[18]。折しもヨーロッパでは、長らく錫の需要をまかなってきたイギリス・コーンウォール地方の錫鉱山が枯渇し始めており、イギリスへの錫輸出が急増し始める。そして急増する錫鉱山労働力の大半が、シンガポールを経由して華南から流入し、出身地別の秘密結社に組織された華人労働者によって供給された。

　既に1780年代にマレー半島東海岸のトレンガヌからは（主にインド産のアヘンと交換に）胡椒の輸出がイギリス系地方貿易商人によって行なわれていたが、1820年代からはシンガポールおよび隣接するジョホールでも華人移民による胡椒やガンビル（阿仙）の栽培が盛んに行なわれるようになった。さらにシン

18）ラルートはのちに、中国語の「太平」が起源のタイピン（Taiping）に改名されて今日に至っている。なお、タイピンをはじめ、マレー半島の錫鉱山のほとんどが現在では枯渇し廃止されている。

【写真8】タイピン（旧ラルート）の錫鉱山跡。露天掘りによりできた池が美しい公園に変わっている。

ガポールで発見されたガタパーチャのような林産物、周辺海域から買い集められたツバメの巣（燕巣）、ナマコ、ベッコウなどの海産物の（主に中国への）輸出も盛んになり、この地域の商業センターとしての自由貿易港シンガポールの急速な成長と、海峡植民地およびマレー半島における華僑社会の形成が進んでいった。

4. タイの近代化とフランス領インドシナの形成

4-1. タイ（シャム）の近代化改革と独立保全

　バウリング条約によって自由貿易体制に移行したタイ（シャム）では、1868年に即位したラーマ5世（Rama V, 王子名チュラーロンコーン〈Chulalongkorn〉1853-1910）のもとで1873年ごろから近代化を目指した諸改革が推進された。内閣制度の導入、地方行政組織の整備と領土支配を可能にする統治機構の確立、徴税請負制度の廃止と一元的な税制による国家財政制度の導入、法制近代化、徴兵制導入、国民教育、郵便電信、近代医療などの諸制度の導入などが行なわれて近代国家への衣替えが推進された。これを日本では「チャクリー改革」と総称している。近代化を進め国力を充実させる一方で英仏の勢力拮抗の間隙を利用した巧みな外交政策を繰り広げた結果、タイは東南アジアで唯一植民地化を免れることに成功した（1896年の協約により、イギリスとフランスはタイを両勢力の緩衝地帯とすることを公式に決定した）。しかし、チャクリー改革でも憲

法制定や議会開設の政治的要求は受け入れられなかったため、のちの立憲革命（1932 年）への余地を残すことになった。

【写真9】ラーマ5世

4-2. フランス領インドシナの形成

　フランスとベトナムの交渉は 17 世紀にイエズス会のフランス人宣教師がベトナムを訪れたことから始まるが、その関係が深まるのは 19 世紀に入ってからであった。1858 年にフランスは、ナポレオン 3 世の命により、カトリック宣教師の殺害への抗議と布教の自由の確保を理由に、ベトナムへ出兵し、サイゴンを占領した。殺害された宣教師の中にはスペイン人も含まれていたので、フィリピンから支援のために派遣されたスペイン軍もこの攻撃に参加した。1862 年に結ばれた第 1 次サイゴン条約により、南部ベトナムの東 3 省を獲得し、1864 年には仏領コーチシナの成立を宣言した。さらに、1867 年には西 3 省も併合して南部ベトナム全域の支配を達成した。

　フランスはさらに 1870 年代に入ると、中国内陸部への商業ルートとしてのホン川（紅河）に着目し、その通行権獲得のため 1873 年に海軍大尉フランシス・ガルニエ（Francis Garnier 1839-1873）を派遣した。ベトナム側がこれを拒むとハノイなど北部ベトナムの要所を占領したが、ベトナム側の反撃を受けてガルニエは戦死した（ガルニエ事件）。普仏戦争敗北直後のフランスはいったん

武力侵略を止めたが、1874年に結ばれた第2次サイゴン条約でホン川の航行権と主要都市の駐在権を獲得した。しかし、在地勢力（黒旗軍）や中国人に活動を阻まれた。さらに1882年にホン川を遡行していたフランス人がラオカイ（老開）で黒旗軍に阻止される事件が発生したため、アンリ・リビエール（Henri L. Rivière 1827-1883）海軍大佐がハノイに派遣された。リビエールはハノイを占領したが、黒旗軍に反撃されて戦死した（リビエール事件）。これを機にフランスはベトナムへの全面攻撃を決意し、1883年に中部ベトナムのフエに都を置く阮朝を攻め、フエの外港ホイアン（順安）を占領した。その結果、まず第1次フエ条約を結んで北部ベトナム（トンキン）を保護領とし、さらに翌1884年の第2次フエ条約により中部ベトナムに残されていたグエン（阮）朝そのものをアンナン王国として保護国化した。1885年には清仏戦争の講和条約である天津条約により、フランスへの抵抗を試みるグエン朝の後ろ盾となっていた中国（清）にも宗主権の放棄とベトナムのフランス保護領化を承認させて、ここにベトナム全土が実質的にフランスの植民地と化した。

　フランスはまた、コーチシナ支配の安定化のため、1863年にカンボジアと条約を結んでこれを保護国化した。さらに翌1864年にプノンペンの王宮を占領して保護強化条約を結び、統治の全般に監督権を拡大した。1887年にはそれまでフランス本国で植民省管轄であったコーチシナ、カンボジアと外務省管轄であったアンナン、トンキンを一括して植民省に移管し、フランス領インドシナ連邦として単一の総督支配下に置いた（コーチシナがフランスの直轄領であるのに対して、アンナンとトンキンは保護国とし、前者には統治の実権を失った阮朝の宮廷を存続させるという体裁がとられた）。

　一方、18世紀に3王国に分裂したラオスは、19世紀半ばまでにシャム（タイ）の支配下に入った。王族たちはシャムの支配に対抗するためにフランスとの提携を求めた。これを受けてフランスはシャムへの軍事的圧力を強め、1893年に「フランス・シャム条約」を締結してメコン川東岸のラオス全域を保護国とすることに成功した。さらに1899年にはラオスをインドシナ連邦に編入し、中部のビエンチャンを首都に定めフランス人理事官を置いて植民地としての実質支配の体制を整えた。こうして今日のベトナム、カンボジア、ラオス3国にまたがるフランスの植民地支配が確立する。

5. フィリピンのアメリカ植民地化

　マニラとイロイロの開港を画期とする自由貿易体制への移行後のスペイン領フィリピンでは、砂糖、マニラ麻など商品作物生産と民間貿易の拡大により、華人系メスティーソ（主に中国系移住民と先住民の混血によって生まれた人々を指す）を中心に、富を蓄え高等教育を受けた新興エリート層が台頭した。19世紀末までにこれらエリート層からスペイン支配に異議申し立てを行なう知識人たちが登場してきた。こうした社会変化を背景にスペインからの独立を目指したフィリピン革命（1896年〜20世紀初め）が勃発した。
　一方、やはりスペインの植民地支配下にあったキューバでも、同じ頃に武装独立運動が展開された。アメリカでも反スペイン感情が生まれ、特にキューバに介入すべきだとする空気が高まった。1898年2月、ハバナ湾で起きた米海軍の戦艦爆発・沈没事件をきっかけにスペインに対する主戦論が一気に台頭、同年4月に米連邦議会はスペインへの宣戦を布告する決議を採択した。
　1898年5月、香港を出発したアメリカ太平洋艦隊がマニラ湾でスペイン艦隊を撃滅し、8月にはマニラ入城を果たした。また、キューバでも5月にサンティアゴ湾への上陸作戦を敢行し、7月までにスペイン軍を駆逐してプエルトリコをも占領した。また、6月にはグアム島のスペイン軍駐留部隊をも降伏させた。1898年8月上旬ですべての戦闘は終結し、同年12月にパリで調印された和平条約によってアメリカはフィリピン、グアムおよびプエルトリコを含むスペイン植民地のほとんどすべてを獲得し、キューバを保護国として事実上の支配下に置いた。
　フィリピンでは米軍は当初革命軍と連携してスペイン攻撃に当たったが、1898年8月1万人を超える米軍地上部隊がフィリピンに上陸するにおよび両者の関係は決裂、1899年2月からフィリピン革命政府とアメリカの間で戦闘（「米比戦争」または「フィリピン・アメリカ戦争」と呼ばれる）が開始された。圧倒的に優勢な武力を持つ米軍の攻撃により革命軍は敗走を重ね、1901年3月に革命政府大統領アギナルド（Emilio Aguinaldo 1869-1964）が降伏することによって戦争は終結した。
　他方、フィリピン南部のスールー（Sulu）諸島とミンダナオ島西部では14

世紀末以降イスラム化が進み、15世紀後半から19世紀前半にはホロ（Jolo）島を中心とするスールー王国、また16世紀から18世紀にかけてミンダナオのマギンダナオ（Maguindanao）王国が、海洋貿易などを基盤に繁栄した。19世紀後半にはこれらの国々は衰亡に向かっており、スペインは繰り返しその制圧を試みたが完遂には至らなかった。スペインに代わってフィリピンの支配権を得たアメリカは、1903年6月に南部イスラム教徒地域に「モロ州」（Moro Province）を設置し、米軍人を州知事として派遣してその平定に当たった。その結果、1910年代前半までにイスラム教徒の抵抗は鎮圧され、1915年3月にスールーのスルタンが主権を最終的にアメリカに委譲する協定に調印して退位することにより、この地域の植民地支配への統合が完了した。

6. 鉄道の建設と太平洋貿易の増加

　19世紀後半からはまた東南アジアの各地で鉄道の建設が進み、陸上交通が大きく改善された。また、20世紀に入ると、パナマ運河の開通と第1次世界大戦中のヨーロッパとの海上交通の一時的断絶を転機に、太平洋を横断する貿易が拡大を始めた。

6-1. 鉄道の建設

　1864年に東南アジアで最初の鉄道が中部ジャワの中心都市で港町のスマラン（Semarang）とタングン（Tanggung）の間に開通した。砂糖など輸出産品の輸送を主な目的とするこの鉄道を建設したのは蘭印鉄道会社（Nederlandsch Indische Spoorweg Maatschappij: NISM）というオランダの民間企業で、軌間（ゲージ）は1435ミリの標準軌を採用した。しかし、1869年の法律で以後蘭印に建設する鉄道は、日本の旧国鉄（1872年に新橋・横浜間で開業）と同じ1067ミリゲージに変更・統一されることになった。1871年、NISM社はバタビア、バイテンゾルフ（Buitenzorg＝今のボゴールBogor）間でも営業を開始した。次いで1878年に最初の蘭印国鉄（Staatsspoorweg: SS）路線が、バタビアに次ぐ蘭印第2の大都市で当時最も重要な貿易港だった東ジャワのスラバヤとパスルアン（Pasuruan）の間で営業を開始した。やがて1894年にバタビアとスラ

バヤの間が鉄道で連結され、ジャワ島内の陸路による高速の東西移動が可能になった。

インドネシア（蘭印）以外の国々における鉄道開通の歴史は次のとおりである。

まずミャンマーでは、1877年に下ビルマのヤンゴン（ラングーン）とピャイ（プローム）の間の163マイル（261km）に最初の鉄道が開通し、1889年にはヤンゴンから上ビルマの中心地マンダレーまで鉄道が貫通した[19]。

ベトナムでは1881年にサイゴン（現ホーチミン）とその南西70km余りに位置するミトー（My Tho）の間に最初の鉄道が開通した。1898年にはインドシナ全域での鉄道建設と中国との鉄道連結を目指したプロジェクトをフランス政府が決定し、1936年までに全長2600kmの鉄道が建設された[20]。

英領マラヤでは、1885年にラルート（現在のタイピン）とその西にある港町ポート・ウェルド（Port Weld）[21]の間に錫鉱石輸送のための鉄道が敷かれたのが鉄道建設の始まりである。翌1886年にクアラルンプルとその外港ポート・スウェッテナム（Port Swettenham）[22]の間にも鉄道が敷設され、1909年にマレー

【写真10】旧蘭印国鉄がジャワで用いた蒸気機関車（1920年稼働、ドイツ製。元来の型番はSS1506だったが、第2次大戦中に日本軍政府により日本式のD5106に改められ、インドネシア国鉄に引き継がれた。「デゴイチ」の愛称で知られる日本内地のD51型機関車とは異なる）。

---

19) http://en.wikipedia.org/wiki/Myanmar_Railways#History
20) http://www.vr.com.vn/English/history.htm
21) 現在はクアラスプタン（Kuala Sepetang）と改名されている。
22) 現在はポート・クラン（Port Klang）と改名されている。

半島最南端のジョホール・バル（Johor Bahru）まで鉄道が貫通した。さらにこの鉄道は、1932年にジョホール水道を越えてシンガポールまで延長され、シンガポールとマレー半島各地が鉄道で連結された[23]。

フィリピンでは、スペイン統治時代の1887年にマニラとその北方リンガエン湾の港町ダグパン（Dagupan）の間の鉄道建設が開始され、1892年に開通した（全長195km）。フィリピンの鉄道は、アメリカ支配下の1916年に国有化された[24]。

最後にタイでは、1891年にバンコクと東北タイのナコーンラーチャシーマー（Nakhon Ratchasima）の間の鉄道建設が開始され、1894年にバンコクとアユタヤの間が開通した。1920年に費用のかかる標準軌の採用を止め、全区間を英領マラヤと同じく軌間1000ミリのメートルゲージ化することを決定し、1930年までに改軌が完了した[25]。

これら鉄道の建設は、陸路による貨客の迅速輸送を可能にし、経済発展に大きく貢献することになった。

6-2. パナマ運河の開通と太平洋貿易の発展

19世紀を通じて、ハワイ、グアムを経由しフィリピンとメキシコをつなぐルートを除き、太平洋を横断して東南アジアに至る航路はほとんど利用されることがなかった。かつて16世紀にマゼランが多大な犠牲を払って通過した南米周回のルートは、この時代になってもなお補給（水、食糧、石炭）の困難のために利用が難しかった。1853年に浦賀に来航したペリーの艦隊も、アメリカ東海岸から大西洋を横断して喜望峰を回り、モーリシャス諸島、シンガポール、香港を経て、日本に至る遠く長い航路を採用している。1869年のスエズ運河開通は、それまでメキシコ経由であったフィリピンとスペインの連絡路を、

---

[23] O. S. Nock, *Railways of Asia and the Far East (Railways of the World 5)*, London: Adam and Charles Black, 1978, p.131-141.
http://www.geocities.co.jp/SilkRoad-Lake/3811/ktm/ktm-hist.htm
[24] http://en.wikipedia.org/wiki/Philippine_National_Railways#History
[25] O. S. Nock, *op. cit.*, p.121-130.
http://en.wikipedia.org/wiki/Philippine_National_Railways#History
なおタイの鉄道史について、日本では柿崎一郎氏による詳細な研究がある。柿崎一郎『王国の鉄路——タイ鉄道の歴史』京都大学学術出版会、2010年。

インド洋経由のそれに変えた。マニラに至る最初の海底電線も、香港から敷かれたのである。

　だが、1913年のパナマ運河開通は、この状況を大きく変えた。同運河開通により、19世紀末からアメリカ領となったフィリピンの対米貿易は飛躍的に増大した。やはり1910年代に、ハワイ、グアムを経てフィリピンや蘭印に至る海底電線も敷設され、東南アジアは太平洋を経てアメリカに連結された。あとで見るように、第1次世界大戦を転機として、蘭印や英領マラヤの対米貿易もいちじるしく増加する。東南アジアの経済は、ほぼ第1次世界大戦を画期として、太平洋の彼方のアメリカと深く連結されはじめるのである。

後期植民地国家の形成と経済発展

第4章

1. 後期植民地国家の形成

1-1. 前期植民地国家から後期植民地国家へ

　1910年代半ばごろまでに、東南アジアのほぼ全域で国境線が確定され、その国境線によって排他的に区分された領域を統治する近代的国家権力の実効的支配が確立されていった。東南アジアの場合、国民的独立を維持したタイ（シャム）を唯一の例外として、これらの国家権力は欧米列強を宗主国とする植民地政府であった。だからこの変化は、16世紀以来の「点と線」のみを部分的に支配する「前期植民地国家」から、領域全体を包括的に支配する「後期植民地国家」への進展であった、と言い換えることもできる[1]。この後期植民地国家のもとで、国民、領土、単一国家主権という近代国家の3要素の原型が準備され、現在の東南アジアの国民国家（nation-states）の前身が形成されたと言ってもいい。そして、チャクリー改革を経て近代化を進めつつあった独立国家タイにおいても、これと同質の変化が19世紀後半から進んでいったのである。

---

[1] ここで「前期植民地国家」「後期植民地国家」というのは欧米の研究者たちがアジア・アフリカ諸地域の歴史についてしばしば用いている "early colonial states" および "late colonial states" という用語を借用し、日本語に訳したものである。必ずしも明確な概念規定に基づいて使われている用語ではないが、ここでは本文で説明したような意味で使うことにする。

ちなみに、一国の政府が国外に渡航しようとする国民に公布し、その国籍およびその他身分に関する事項に証明を与えて外国官憲に保護を依頼する公文書としてのパスポート（旅券）の制度が世界に広く普及したのも19世紀後半から第1次世界大戦にかけての時期であり、国際連盟の主催する会議によってその標準化が始まったのは1920年代からであった。東南アジアにおける後期植民地国家支配の確立も、このような国際的趨勢に合致するものであったと言えよう。

1-2. 通貨の国別統一

　後期植民地国家の形成は、各国における統一通貨の確立を促した。19世紀前半まで東南アジアで用いられていた貨幣は多種多様であり、各国領土内で排他的に通用する統一的国民的通貨というものはまだ存在していなかった。幣制改革による通貨の国民的統一は、19世紀後半から20世紀にかけて後期植民地国家の形成とともに進んだのである。以下、国別にその過程を概観する。

　まずフィリピンから見よう。現代フィリピンの通貨ペソは、17～18世紀に南北アメリカ大陸と東南アジアで広く用いられたスペイン銀貨（real de a ocho またはスペイン・ドル〈Spanish dollar〉）から派生した。1852年に「イサベル2世スペイン・フィリピン銀行」（Banco Español-Filipino de Isabel II, 現在の「フィリピン諸島銀行」〈Bank of the Philippine Islands〉の前身）が発行した「強いペソ」（pesos fuertes）銀行券がその起源である。しかしこの当時はレアル（= 1/8 ペソ）、エスクード（= 2 ペソ）などメキシコで発行された硬貨がこれと混用されており、幣制の一元化はなされていなかった。1886年に1ペソ = 22 6/7 グレイン（1グレインは約64.8ミリグラム）の金と等価と法定されてから、ペソは初めてフィリピン植民地における単一通貨となった。次いでアメリカ支配下では、1903年3月に米議会が定めた「フィリピン貨幣法」（the Philippine Coinage Act）が1ペソを米ドルの金含有量の半分に等価と規定した。つまり、1ペソ = 50セントで宗主国通貨である米ドルとの交換率が固定されたのである。これが1942年の日本による占領まで続いた。独立後1967年から通貨の公式名称はスペイン語のペソ（peso）、センタボ（centavo）からピリピノ語のピソ（piso）、センティモ（sentimo）に変更され[2]、1971年のアメリカ政府によるドルと金

の交換停止に伴う世界的規模の変動相場制以降は米ドルとの固定交換率も廃止されて今日に至っている[3]。

【写真11】スペイン銀貨の一例

　次に蘭印（インドネシア）の場合。19世紀前半までの東インド植民地では多種の貨幣が混用されており、現地ではジャワのスラバヤとバタビアに造幣局があって硬貨を鋳造していたが1843年に閉鎖された。他方1826年のオランダ王国勅令により、1828年からバタビアで開業したジャワ銀行（De Javasche Bank）が同年から独占的に貨幣を発行するようになった。1854年5月から新たに十進法に基づくオランダ・ギルダーを通貨に法定し、以後ジャワ銀行が発行する蘭印ギルダー貨幣（Nederlandsch-Indische gulden, 英語では Dutch East Indies guilder）はオランダ・ギルダーと等価に固定された。次いで1875年にオランダは金本位制を導入し、1ギルダー（guilder, オランダ語では gulden）を純金604.8ミリグラムに等価と法定した。1916年と1925年の金本位制の一時的中断を除きこの体制が1936年まで継続したが、以後オランダはフランスに足並みをそろえる形で本国、植民地の双方で金本位制から離脱した。そして1942年に蘭印を占領した日本軍政府はギルダーをヒンディー語起源のルピア（roepiah、現在の綴りは rupiah）に改称し[4]、これが独立後も通貨の名称として用いられ、数次の平価切り下げ（devaluation）を経つつ現在まで継続して

2）しかし、フィリピン人の日常会話では、今日でも「ペソ」「センタボ」がふつうに使われている。
3）http://en.wikipedia.org/wiki/Philippine_peso などを参照。
4）「ルピア」は、インドの本来のヒンディー語では「銀貨」を意味する「ルピー」（rupee）の複数形である。
　　しかし、インドネシア語では単複の区別なくこの語を用いている。

いる[5]。

【写真12】蘭印ギルダー紙幣（10ギルダー札）

　英領マラヤではどうか。19世紀初めまでの東インド諸島とマレー半島の双方で最も広く通用していた貨幣はスペイン・ドルであった[6]。海峡植民地では1837年に英領インドの通貨ルピー（rupee）を単一法定通貨と定めたが、実際はその後もスペイン・ドルが流通し、1845年にはスペイン・ドル（＝メキシコ・ペソ）と等価のドル貨幣が海峡植民地でも発行された。1867年に海峡植民地がインドから離れて直轄植民地になってからは、この「海峡ドル」（Straits dollar）が標準通貨となった。さらに1898年からは、新設された通貨管理委員会（Board of Commissioners of Currency）が通貨発行権を独占するようになり、1904年には海峡ドルが単一通貨と決定された。1906年には1海峡ドル＝2シリング4ペンスの比率で金本位制下のイギリス通貨ポンド・スターリングと連結・固定（ペッグ）されるようになった。しかし、1931年9月にイギリスが金本位制を離脱したのち、1939年には新たにマラヤ・ドル（Malayan dollar）を創設し従来の海峡ドルと等価で交換された。第2次大戦後にイギリス植民地支配を脱してからも、シンガポールとブルネイはこのマラヤ・ドルをそのまま継承し、シンガポール・ドル（Sドル）、ブルネイ・ドル（Bドル）と改称して現在も使用している[7]。これに対してマレーシアは1973年に新通貨リンギッ

---

5) http://en.wikipedia.org/wiki/Netherlands_Indian_gulden などを参照。
6) その多くはメキシコで鋳造されたいわゆるメキシコ銀で、幕末から明治初期の日本にも流入し「洋銀」と呼ばれた。
7) このためSドル、Bドルは今も互換性を維持しており、両国内ではいずれも等価で使用できる。

ト（ringgit）に移行し、旧マラヤ・ドルとの関係を断ち切った[8]。

【写真13】海峡ドル紙幣(1ドル札)

　ビルマでは、1853年に即位したコンバウン朝のミンドン王（Mindon 1808-1878）の時代に1チャット（kyat）銀貨を1インド・ルピーと等価とする定めのもとに、チャット、ペー（pe）、マット（mat）、ムー（mu）などの貨幣単位から成る各種硬貨が鋳造されたが、全土がイギリス支配下に入ったのち1889年からはインド・ルピーそのものがビルマの通貨となった。その後、日本軍政下の1943年にこれを、王朝時代の貨幣名であるチャットに改称した。戦後はまたルピーに戻したが、独立後の1952年に再びチャットに変更されて現在に至っている[9]。

　フランス領インドシナでも、かつてはスペイン・ドルが最も広く用いられる貨幣であったが、フランス支配下でスペイン・ドルに等価の貨幣としてピアストル（piastre）の発行が始められてスペイン・ドルに代わっていった。ちなみにピアストルとは、16世紀に地中海東部のレバント地方でベネチアの商人たちが使用し、のちの19世紀後半にはオスマン・トルコ帝国領内で広く用いられた通貨の名称である。フランスは、インドシナ植民地の新通貨の名称にこれを借用したのである。このピアストル硬貨の発行は1885年から、紙幣は1892年以来インドシナ銀行（Banque de l'Indochine）の手で行なわれた。

---

8) http://en.wikipedia.org/wiki/Straits_dollar
　 http://en.wikipedia.org/wiki/Malaysian_ringgit などを参照。
　　なお「リンギット」という言葉は元来「ギザギザ」を意味するマレー語で、かつては縁に刻み目を入れたスペイン・ドル銀貨を指して使われた。
9) http://en.wikipedia.org/wiki/Myanma_kyat を参照。

インドシナ・ピアストルは当初 1 ピアストル = 24.4935 グラム、のちに 1895 年以降は 1 ピアストル =24.3 グラムの純銀という交換比率で、銀本位制に連結された（1935 年までの中国では銀本位制が行なわれていたが、インドシナの通貨もこれに追随したものと考えられる）。1920 ～ 21 年に一時的にフランス・フランを介して金本位制に連結されたが、1921 年以降は再び銀本位制に戻った。1930 年にようやく 1 ピアストル = 10 フランの固定交換比率で本国通貨を介し金本位制に連結されたが、1936 年にフランスは金本位制を離脱しピアストルと金の連結も解除された。太平洋戦争中は 0.976 ピアストル = 1 円の比率で円通貨に連結されたが、戦後は再びフランス・フランと連結された。しかし、フランの通貨価値が下落したため、固定交換比率は 1945 年 12 月以降 1 ピアストル = 17 フランに変更された。

けれども仏領インドシナ連邦の解体とともに、1950 年代前半にはラオス、カンボジア、ベトナムの 3 国が別個に貨幣を発行することになり、1952 年からまずラオスが新通貨キープ（kip）を、1953 年からはカンボジアとベトナムがそれぞれリエル（riel）とドン（dong）を発行するようになってピアストル通貨の歴史は幕を閉じた[10]。

最後に、独立国タイでは 19 世紀末までバーツ（baht）とティカル（tical）という貨幣単位が併用されていたが、ラーマ 5 世治下の 1897 年に 1 バーツ = 100 サタン（satang）とする十進法の通貨単位が導入され、ティカル貨幣は漸次廃止された。1857 年には 1 バーツ = 0.6 海峡ドル、5 バーツ = 7 インドルピーと定める法律が作られたが、1880 年までに 8 バーツ = 1 ポンドの比率でスターリング通貨に固定されるようになり、さらにこの比率は何度か変更されて 1923 年には 1 ポンド = 11 バーツとされた。戦時中は 1 バーツ = 1 円で日本円に連結されたが、第 2 次大戦後の 1956 年から 1973 年までは 1 ドル = 20.8 バーツで米ドルに連結された[11]。

10）次を参照。
　http://en.wikipedia.org/wiki/Piastre http://en.wikipedia.org/wiki/French_Indochinese_piastre
11）http://en.wikipedia.org/wiki/Thai_baht などを参照。

1-3. 人口センサス（国勢調査）

　国民の人口に関する統計的把握は、国民国家の形成にとって重要な前提となる。東南アジアでも 20 世紀に入ると悉皆調査による正確な人口の把握が次第に進み、人口センサスつまり日本で言う国勢調査が実施されるようになった[12]。以下、フィリピン、インドネシア、タイの 3 国についてその概要を述べる[13]。

　まずフィリピンでは、アメリカ植民地期に 3 回の全国人口センサスが実施された。その集計値によるとフィリピンの総人口は、1903 年に 763 万 5426 人、1918 年に 1031 万 4310 人、1939 年に 1600 万 303 人であった。次いで第 2 次大戦後は 1948、1960、1970、1975、1980、1990、1995、2000、2007 年の各年に人口センサスが実施された。2007 年センサスの集計値による全国総人口は 8857 万 4614 人となっている[14]。

　蘭印（インドネシア）では、19 世紀からジャワの人口推計は行なわれてきたが、悉皆調査ではなかった。悉皆調査による最初の人口センサスは 1920 年にまずジャワで実施された。全国の人口センサスはようやく 1930 年に行なわれた（その集計値は全国人口 6072.7 万人、うちジャワが 4171.8 万人）。その後は独立後の 1961 年にようやく第 2 回、1971 年に第 3 回の人口センサスが行なわれ、1980 年以降は年号の最後が 0 の年に本式のセンサスを、5 の年に略式の中間センサスを行なうようになった。2000 年センサス、2005 年中間センサスの全国総人口集計値はそれぞれ 2 億 513.2 万人、2 億 1985.2 万人となっている[15]。

　他方タイでは、戦前は 1909 年、1919 年、1929 年、1937 年の 4 回にわたって人口センサスが行なわれた。戦後はまず 1947 年に、ついで 1960 年からはゼロで終わる年に人口センサスを行なってきた。2000 年センサスによる全国人口は 6060 万 6947 人となっている[16]。

---

12) ちなみに日本では、1902 年に制定された「国勢調査ニ関スル法律」に基づき、1920（大正 9）年以来、西暦の年数が 5 で割り切れる年に実施されてきた。
13) その他の国については、国の併合・分割など複雑な事情があるので、ここでは省略する。
14) http://en.wikipedia.org/wiki/Census_in_the_Philippines
15) 2010 年 5 月 1 日から最新の人口センサス調査が実施された。その速報値によると全国人口は 2 億 3775.5 万人である。
16) http://web.nso.go.th/en/census/poph/prelim_e.htm

2. 1910年代までの経済発展

2-1 投資と労働力の移入

　植民地国家による統治体制と運輸・通信など産業インフラストラクチャーの整備を背景として、19世紀末から1910年代までの間に、東南アジアへの欧米資本主義諸国からの民間投資が急増し、植民地経済の根幹をなす部分が急速に発展した。この発展は東南アジアの域外ことに欧米からの投資により促進された。1914年についての推計値によると、この年の東南アジア全域に対する投資残高の総額は米ドル換算で11億ドル、その地域別の内訳は蘭領東インドが6.75億ドル（61.4%）、英領マラヤが1.5億ドル（13.6%）、フィリピンが1億ドル（9.1%）、仏領インドシナとビルマがともに7500万ドル（6.8%）、タイが2500万ドル（2.3%）で、プランテーションと鉱山が集中した蘭印、英領マラヤへの投資額が全体の4分の3に及んだ[17]。

　資本とともに東南アジアの植民地経済を支えたのは、労働力である。すぐ後で述べるように、東南アジアの植民地経済は、島嶼部のプランテーション農業（ここでは小農によるゴム、コーヒーなどの生産も含めてこう呼ぶことにする）と鉱業を主軸とし、大陸部大河川下流域の輸出用米作農業を副軸として構成されていた。島嶼部を中心とするプランテーションや鉱山業の発達は、他地域からの労働者の供給、とりわけ年季契約労働者の募集によって可能になった。これらの新しい産業は、それまでおおむね人口希薄であった地域に興ったので、地元での労働力調達は非常に難しかったからである。これら外来労働力の供給地域としての役割を担ったのは、東南アジアに隣接する東アジアと南アジアの大人口地域、次いで同じ東南アジア域内の人口稠密地域であった。とりわけ重要だったのは、華南、南インド、ジャワの3地域からの流入であった。また、大陸部大河川下流域の米作地域の発展もまた、他地域からの農民および農業労働者の移住によって可能になった。さらに、これらの植民地経済基軸産業の発展は、商業・金融・サービスなどの関連部門の発展をも促したから、それらの部門で働く労働者、小自営業者として他地域から流入する人口もかつてなく増加した。

---

17) J. T. Lindblad, *Foreign Investment in Southeast Asia in the Twentieth Century*, London: MacMillan Press Ltd., 1998, p.14 Table 2.1 をもとに再計算。

こうして植民地経済の発達は、かつてない大量の労働移動を、東南アジア域内およびその隣接地域との間に出現させることになった。

2-2. 地域間分業の形成

　19世紀後半からの運輸・通信革命と植民地支配の拡大によって形成された後期植民地国家群のもとで植民地経済の発展が促進された結果、東南アジアの域内には新しい国際分業の体制が形作られた。まず、マラッカ海峡周辺域を中心とする島嶼部（英領マラヤ、蘭印）の熱帯雨林地域のただなかに、タバコ、ゴムなどのプランテーションや、錫鉱山が開かれることによって、この地域にはいちやく植民地経済の成長を牽引する新産業地域が形成された。これに続き、やはりそれまで人口希薄であった大陸部のエーヤーワディ（ビルマ）、チャオプラヤー（タイ）、メコン（仏印）の三大河川の下流部デルタには、広大な水田が造成され、世界有数の輸出向け商業的米作地帯が出現した。これら2つの植民地経済新中心域の出現により、かつての「内陸国家」を支えた伝統的稲作地帯は、新興地域に労働力を供給する後背地域へと再編成され、地域間分業システムの中での役割を変えた。

2-3. 蘭印（インドネシア）の経済発展

　19世紀半ばの強制栽培制度の全盛期には、蘭印の植民地経済の中枢はジャワにあった。その最も主要な輸出産品は、西、東部ジャワのコーヒーと中、東部ジャワの砂糖であった。しかし、1910年代までにジャワ以外の地域にも隅々までオランダの実効支配が及び統一植民地国家としてのオランダ領東インド（蘭印）が確立されると、外島特にスマトラにおいてまずタバコ、次いでゴムなど新しい輸出作物を生産するプランテーション産業が勃興した。また、やはりスマトラとボルネオ（カリマンタン）を中心に錫、ボーキサイト、石油など鉱産資源の開発が進み始めた。他方、ジャワでも民間企業主導の新しい体制のもとで、砂糖、タバコ、茶などのプランテーション型産業が一層の発展をとげた。

　ジャワのプランテーション型産業の基軸となったのは、在来の農民による米作地を賃借した輪作方式によるサトウキビ、タバコなど「低地作物」と呼ばれた一年生作物、主に火山麓や丘陵地帯の森林を伐開して造成された用地におけ

る茶、コーヒーなどの「高地作物」と呼ばれた多年生作物の生産であった。これらジャワのプランテーション型産業の大多数は、オランダ企業の支配下にあった。ただし、これら産品、特にサトウキビから製造される砂糖の輸出においては、ヨーロッパ系商社と並んで華僑、印僑そして日本商社が重要な役割を演じた。また、労働力は東ジャワ対岸のマドゥラ島を含むジャワの域内から調達された。

　島嶼部東南アジアで最大の米供給地域であるジャワを擁する蘭印は19世紀半ばまで米の輸出余力を持っていたが、他地域に先行するジャワの急激な人口増加とプランテーション型産業の発達により、1870年代を境に米輸入地域に転換した。しかし、その後もジャワでは、政府主導の灌漑事業の推進によって水田の拡大が続き、旧来の自給的米作の拡大とともに、新開地における商業的米作地帯の形成が見られた。また、トウモロコシ、キャッサバ、大豆、落花生など、畑や乾季の水田で栽培されるいわゆる「二次作物」の生産の増加も著しかった。つまりジャワでは、プランテーション型産業と食糧生産農業の発展が同時並行し、当時の東南アジアでは例外的とも言うべき大人口の扶養と他地域への労働力供給が可能とされた。

　これに対して、シンガポール対岸地域のプランテーションや鉱山は、ジャワよりはるかに人口希薄な、赤道直下の熱帯雨林地域に出現した。このため、この地域の開発に必要な労働力は域外から調達され、米など食糧の大部分も輸入に依存しなければならなかった。この地域のプランテーション型産業の最も重要な産品は、当初はタバコ（スマトラ東海岸のデリ〈Deli〉地方が生産の中心）、のちにはゴム（スマトラ東海岸、西ボルネオの各地で生産）であった。また鉱業では、バンカ（Bangka）島、ビリトン（Billiton）島[18]を主産地とする錫と、アチェやスマトラ東海岸における石油が重要であった。タバコ・プランテーションや錫鉱山では華人労働者が用いられたが、この地域のプランテーション型産業への労働力の最も大きな供給元はジャワであり、多くのジャワ人農民がいわゆる刑罰制裁（poenale sanctie）つき年季契約（不履行に対して刑事罰が科せられる特殊な契約）によって調達された「契約クーリー」（contract coolie）として移

18）現在のインドネシアでは「ブリトゥン」（Belitung）と呼ぶ。

住した。この地域が必要とする米をはじめ消費財の大半は、海外から輸入された。米の主な供給元は、タイ、ビルマ、仏印の3地域である。しかしその多くは、他の消費財と同様、シンガポールを中心とする英領海峡植民地を経由して輸入された。逆に、この地域が産するゴム、石油、錫の多くも、海峡植民地へ集荷、加工されたのちに世界市場へ供給されたのである。

シンガポールやペナンとの強い商業的結びつきは、華人商業のネットワークを通じて実現された。海峡植民地から最終消費地への輸出は欧米企業の支配下にあったにせよ、生産者からの集荷や彼らへの消費財の供給は、もっぱら華人商人の手で行なわれたからである。他方、この地域でプランテーションを経営する企業には、ジャワとは異なり、イギリス、ベルギー、アメリカなど非オランダ系のものも少なくなかった。

2-4. 英領マラヤの経済発展

マレー半島では、19世紀後半から胡椒、コーヒー、サトウキビなどの栽培が試みられたが、20世紀初めまでにはいずれも衰退した。それ以後、この地域の植民地経済発展を牽引したのは、なんといっても錫鉱山とゴム農園であった。

マレー半島における錫採掘の歴史は古く、19世紀以前にはその多くが中国へ輸出された。19世紀に入ると缶詰産業の発展により、ヨーロッパでの錫の需要が急速に増加した。さらに、19世紀末以降は電気、自動車産業関連の需要がこれに加わり、東南アジアの錫生産はかつてない活況を呈するようになる。当初、その最大の産地は蘭印のバンカ島であったが、1860年代を境にマレー半島がその座を奪うようになる。1870年代まで、錫の採掘は、マレー人スルタンたちの許可を得た華人たちの独壇場であり、秘密結社が海峡植民地経由で流入する資金と労働力の調達に大きな役割を果たしていた。1890年代に、カリフォルニアの金鉱にならい水力採掘法による技術が導入され、他方で植民地政府の手で華人秘密結社の力が弱められてから、ようやくヨーロッパ系資本による錫採掘が軌道に乗った。さらに錫精錬の分野でも、1880年代にシンガポールに本拠を置く英・独合弁企業が進出してからは、ヨーロッパ企業が華人を圧倒するようになっていった。しかし採掘の分野では、総生産におけるヨーロッパ系資本のシェアは1914年に至っても26％にすぎず、1930年代に至るまで

華人が依然大きな役割を演じ続けた。

　ゴム栽培の発展は1890年代から軌道に乗り、20世紀の最初の10年間にゴムは他のすべての商品作物を圧倒し、マレー半島の最重要輸出農産物としての地位を確立する。アメリカとヨーロッパにおける自動車産業の勃興によるタイヤ原料の需要急増に刺激され、価格変動に伴う上下動を繰り返しながらも1910～20年代を通じてゴム栽培の拡大は、半島西海岸の中・南部を中心に続いた。

2-5. 大陸部3地域の米作フロンティア

　大陸部東南アジアの3地域における新米作地帯の開発は、まずビルマとタイで、1850年代から始まった。

　ビルマでは、1852年の下ビルマの英領化がその発端となった。ビルマのインドへの編入がそれに拍車をかけた。コンバウン朝支配下のビルマでは米輸出禁止政策がとられ、下ビルマの余剰米は船で上ビルマに輸送、貯蔵されるのみであった。当時の下ビルマは、マラリアが猛威をふるう未開地であった。イギリスはこの人口希薄で広大なエーヤーワディ川デルタ地域を、ベンガルのようなインド帝国内の人口稠密な飢餓頻発地帯への食糧供給の安全弁と見なし、併合直後から米作地帯としての開発に積極的な関心を示した。

　1850年代末のインド大反乱と60年代前半のアメリカの南北戦争によるカリフォルニア米の輸出の途絶がもたらした世界米市場の逼迫が、ビルマ米輸出の誘因となった。1860年代初めから1910年まで、ヨーロッパがビルマ米の最大の輸出先となった。これとともに、下ビルマのデルタ地域の精米産業と運送業へのヨーロッパ人企業家の投資が急増した。またイギリスは上ビルマから下ビルマへの移住を促進する政策をとり、デルタの開拓に必要な農民労働力の供給問題を解決しようとした。

　デルタの開拓は運河の開削と河川輸送事業の奨励、堤防の建設による氾濫原の水田への転化の促進によって進められた。開拓と農地の造成はビルマ人農民自身の手に委ねられたが、ビルマ人、インド人の双方から成る金貸したちの金融が、開拓に必要な資本の調達に早期から大きな役割を果たした。開拓とともに、インド人の移民も増加した。19世紀末の数十年間にビルマに来住したイ

ンド人の6割以上は南インドのマドラス地方出身であり、25〜30％はベンガル出身であった。彼らは金融・商業の他に、農業労働、精米所労働者、官吏、軍人・警察官など多様な職業に従事して、植民地の経済発展を支えた。

1850年代後半にはなお30万ヘクタール程度であった下ビルマの米作面積は、20世紀初めには既に200万ヘクタールを超え、1930年には350万ヘクタール近くにまで拡大した。これとともに米輸出量も、1850年代半ばの約7万トンから、1870年代前半には50万トン以上、1905年には200万トン、そして1930年には300万トンと急増し、世界一の米輸出地域を成すに至った。

タイの米輸出の拡大は、1851年に即位したラーマ4世の対外開放政策と、1855年にイギリスとの間で締結された「バウリング条約」による世界市場への編入が決定的転機となった。55年以降、タイの全輸出額の60〜70％が米から成るようになり、タイ経済は米作モノカルチャー型のそれへと転換する。精米業がヨーロッパ企業の支配下にあったビルマとは異なり、タイの精米所の多くは19世紀末以降、華人によって経営された。集荷と輸出商業もまた華人商人によって担われた。ビルマ米の多くがインドとヨーロッパに向かったのに対して、タイ米の主な輸出先は香港とシンガポールであった（後で述べるように、シンガポールに入ったタイ米の多くは英領マラヤ、蘭印へと再輸出された）。

米輸出の原動力となった中部タイ平野のチャオプラヤー川デルタ地域における水田の拡大は、下ビルマの場合と同じように、運河を開くことと並行して進んだ。米作面積は1850年の約100万ヘクタールから20世紀初めには140

【写真14】中部タイの米作地帯の脱穀風景（1980年代に撮影）

万ヘクタール、1920年代半ばには270万ヘクタールへと増加した。輸出量も1850年代末の5万トン程度から、1890年代末には50万トン弱、1920年代前半には100万トン、30年代には150万トンへと上昇した。

負債による土地喪失により、1920年代以降土地のない小作農や農業労働者が増加したビルマや、最初から地主による開拓が行なわれた仏印のコーチシナと異なり、外部からの入植が少なく余剰地が豊富であった中部タイでは、米作農業の発展はおおむね自作農中心で進んだ。しかし、米経済を支える商業と金融は全東南アジア中最大の人口流入を見た華人の支配下に置かれた。

仏印（ベトナム）には、歴史の古い北部（トンキン）のホン川デルタと、新開地である南部（コーチシナ）のメコン川デルタの、2つの米作中心地帯が存在した。しかし、輸出米を供給したのは、人口が比較的希薄で米余剰の多い後者であり、人口稠密な北部では米自給すら困難であった。メコン川デルタの輸出向け米作は、1860年代からフランスの手で灌漑工事と運河の建設が開始されてから発展した。灌漑の拡張は20世紀に入ってからも続けられた。

コーチシナの耕地拡大過程はビルマやタイと時期も様相も類似している。しかし、自作農中心の拡大が見られたタイや、少なくとも初期にはイギリス植民地政府が小農創設に努めたビルマとは異なり、ここでは最初から地主による土地集中が行なわれ、フランス植民地政府もまたそれを促進した。干拓と港湾設備の建設のための財政負担がビルマより重く、開拓地払い下げの政策がとられたのがその主な理由とされる。地主の一部にはフランス人もいたが、大多数はベトナム人であった。反面、米の集荷と加工（精米）、輸出は主に華人の支配下にあった。ベトナムの華人は全人口の1.5％程度でタイよりもはるかに少なかったが、その8割がコーチシナに居住し、特に精米所と港を擁するサイゴン・チョロン地区に集中しており、米をめぐる商業・金融活動は彼らの支配下にあったのである。コーチシナの米作は単位面積あたり収量、米の品質のいずれにおいてもビルマ、タイに及ばなかったと言われる。地主制下の小作農の困窮にその原因を見る説もある。小作農には北部からの移住者もいたが、米作労働力の多くがコーチシナ域内でまかなわれた点は、下ビルマよりも中部タイのケースに近いようにも思われる。

コーチシナからの米輸出量も、1880年に30万トン弱、1900年代前半に約

80万トン、1920年代に150万トン前後と、他の2地域と並行して拡大した。輸出先は香港・中国が多く、次いでフランス、そして一部が蘭印、シンガポールなど東南アジア島嶼部に回った。

　輸出用米作が基幹産業となった大陸部東南アジアにも、プランテーション型産業や鉱業が育たなかったわけではない。ビルマでは、米に次いで石油、木材（主にチーク）が重要な輸出産品であった。タイでは、木材（やはり主にチーク）、錫、ゴムが米に続く外貨の稼ぎ手であった。仏印からもゴム、石炭（いずれもベトナム）、トウモロコシ（ベトナム、カンボジア）、錫（ラオス）などの輸出が行なわれた。しかし、その輸出額は島嶼部地域の同種産品に比べればはるかに少額であり、1930年代のビルマにおける石油を除き、米に替わる主力輸出産品の地位を占めるには至らなかった。

2-6. フィリピンの経済発展

　世紀の変わり目に米領へと移行したフィリピンの植民地経済を支えた最も重要な輸出産品は、マニラ麻（アバカ）、砂糖、ココナツ（コプラおよびココナツ油）であった。

　フィリピン原産の特産品であり船舶用ロープの原料としてスペイン領時代から既に重要な産品であったマニラ麻は、1870年代以降はタバコに代わって首位輸出品目の地位につき、1910年代までそれを維持した。その最も重要な輸出先は1830年代以降、アメリカであった。スペイン領時代末期のマニラ麻の主産地は、南部ルソンのビコール地方であったが、アメリカ支配下では新たにミンダナオ島のダバオ周辺地域が台頭した。1920年代以降は砂糖に首位輸出産品の地位を奪われたものの、マニラ麻の栽培面積と生産量の絶対額は1930年代末まで増加し続けた。ダバオのマニラ麻の生産に携わったのは主に日本からの移民であり、1934年にはその総数は1万5000人を数えた。しかし、フィリピン全体として見ると、マニラ麻産業における最大の投資者は農業生産にかかわる土地投資においてはフィリピン人であり、またその加工にかかわる工場投資においてはアメリカ資本であった。

　輸出産業としてフィリピン砂糖産業が勃興するのは1860～70年代であり、その主産地はビサヤ地方のネグロス島と中部ルソンのマニラ周辺地域であっ

た。またこの当時の主な輸出先はイギリスであった。しかし、1880年代以降にはイギリス向け輸出が激減し、アメリカと東アジア向け輸出が増加した。この時期に、最大の産地であるネグロス島ではフィリピン人（系譜的には多くがいわゆる華人系メスティーソ）地主が所有する広大な農場（ハシエンダ）における賃労働雇用による経営が、これに次ぐ産地である中部ルソン（特にパンパンガ州）では刈分小作制[19)]による経営が、甘蔗作の主要な生産関係として形成された。アメリカ支配下の1910年代になると、遠心分蜜機を備えた近代的製糖工場が次々に設立された。この近代糖業の発展においては、当初アメリカ資本が重要な役割を演じたが、1920年代以降はフィリピン系資本の役割が増大し、その投資額はアメリカ系やスペイン系を大きく上回るに至った。他方、輸出市場においては20世紀初頭には東アジア向けが圧倒的なシェアを占めるに至ったが、1909年のペイン・オルドリッチ関税法と1913年のアンダーウッド・シモンズ関税法制定により対米「自由貿易」関係が確立された結果、特に第1次世界大戦後にはフィリピンの砂糖輸出仕向先は対米一辺倒に転換する。

3. 1920年代から1941年までの経済発展

3-1. 第1次世界大戦を転機とする変動

　東南アジアの各国・地域別貿易統計が整備されてくるのはようやく1910年代ごろからなので統計的証明は難しいが、この地域全体の対外貿易においてヨーロッパとの貿易のシェアが最も高まり、世界の他地域との貿易額を大きく上回ったのは、おそらく19世紀末のことであっただろうと推測される。20世紀に入ると、インド、中国・香港、日本の3地域から成る近隣アジアと太平洋の彼方のアメリカとの貿易のシェアが高まり、対ヨーロッパ中心の貿易構造には大きな変化が生じる。特に第1次世界大戦中の対ヨーロッパ貿易の縮小はこの傾向に拍車をかけた。

　表2は、東南アジアの5地域について、第1次大戦前後の主要貿易相手先の変化を整理したものである（英領インドに編入されていたビルマについては単独

---

19) 収穫物を一定の比率で地主と小作人の間で分ける制度。

の貿易統計が得られない)。これを見ると、輸出入ともにイギリス、オランダとの貿易額の比率が低下し、アメリカへの輸出額比率が増大したことがわかる。また、蘭印とフィリピンでは日本からの輸入額比率が増加した。さらに、仏印、タイでは、既に第1次大戦以前から輸出入ともに対中国・香港貿易が大きな割合を占めていたことがわかる。これを品目別に見ると、特に重要な役割を演じたのは、英領マラヤと蘭印(シンガポール経由)からのゴム、フィリピンからの砂糖とココナツ製品の対米輸出、仏印とタイから中国・香港への米輸出、日本と中国・香港からの各種雑貨類の輸入であったと考えられる。アメリカの重工業に輸出を、東アジアの軽工業に輸入を介してつながるという国際連関が形成されていったのである。

　東南アジアへの投資は第1次世界大戦後も拡大した。表3は、第2次大戦前の東南アジア各国・地域別の直接投資額を、第1次大戦勃発の年である1914年と1929年以降の世界大恐慌が一段落し景気がほぼ回復した1937年の2つの年について推計したものである。投資対象地域別では、プランテーションと鉱山が集中した蘭印、英領マラヤへの投資額が全体の6割を超えている。投

【写真15】1920年代のシンガポールの街角(和服を着た女性の姿が見える)

【表2】第1次大戦後の貿易相手先(上位5ヵ国)の変化

蘭印	輸出(%)	1913年	オランダ 28.1	英領マラヤ 21.0	インド 14.5	日本 5.8	香港 5.6
		1920年	オランダ 15.9	英領マラヤ 13.7	アメリカ 13.4	インド 9.7	日本 6.3
	輸入(%)	1913年	オランダ 33.3	英領マラヤ 18.7	イギリス 17.5	ドイツ 6.6	インド 5.2
		1920年	オランダ 23.6	イギリス 18.5	英領マラヤ 12.7	日本 12.3	ドイツ 3.3
英領マラヤ	輸出(%)	1913年	イギリス 28.8	蘭印 16.6	アメリカ 14.2	インド 7.9	ドイツ 5.7
		1927年	アメリカ 44.0	イギリス 14.9	蘭印 9.5	オランダ 3.9	日本 3.6
	輸入(%)	1913年	蘭印 19.2	インド 14.9	イギリス 14.5	タイ 12.8	香港 11.6
		1927年	蘭印 36.7	イギリス 13.4	タイ 11.4	インド 8.2	香港 3.6
フィリピン	輸出(%)	1913年	アメリカ 36.8	イギリス 16.9	日本 7.1	香港 5.7	スペイン 4.5
		1927年	アメリカ 74.6	イギリス 5.5	日本 5.0	スペイン 3.7	ドイツ 2.0
	輸入(%)	1913年	アメリカ 46.5	イギリス 10.0	オーストラリア 5.0	日本 4.9	ドイツ 4.9
		1927年	アメリカ 61.7	日本 9.6	中国 6.4	イギリス 4.5	ドイツ 3.1
仏印	輸出(%)	1913年	香港 32.7	フランス 26.3	シンガポール 11.1	蘭印 7.0	日本 6.1
		1926年	中国 29.2	フランス 21.4	香港 17.8	日本 9.4	シンガポール 7.7
	輸入(%)	1913年	フランス 30.1	香港 19.4	シンガポール 6.2	中国 5.9	イギリス 1.2
		1926年	フランス 48.5	香港 13.8	中国 11.1	シンガポール 4.3	蘭印 3.9
タイ	輸出(%)	1913年	英領マラヤ 38.7	香港 32.2	オランダ 7.2	ドイツ 6.4	イギリス 5.0
		1926年	英領マラヤ 45.3	香港 19.0	中国 8.8	日本 7.3	蘭印 3.7
	輸入(%)	1913年	イギリス 21.6	英領マラヤ 17.1	香港 16.0	インド 10.3	中国 9.7
		1926年	香港 22.7	イギリス 14.2	英領マラヤ 13.9	中国 10.2	インド 9.7

[注] 英領マラヤには海峡植民地を、インドにはビルマを含む。
[出典] 加納啓良「国際貿易から見た20世紀の東南アジア植民地経済——アジア太平洋市場への包摂」『歴史評論』1995年3月号(通巻539号)、47ページ表2から計算。

資元の国別比率でも、オランダとイギリスが合わせて6～7割に達し、他を圧している。また投資対象の産業部門別では、農業（大半がプランテーションと見てよい）が全体の5割近くを占め、鉱業、サービスがこれに続く。また表4は、直接投資に金利投資も加えた資本投下額全体の推計（1930年代末）である。華人とインド人の投資額も相当な比率に達していたことがわかる。特に、マラヤとフィリピンにおける華人投資、ビルマにおけるインド人の投資の役割は顕著

【表3】第2次大戦前東南アジアへの直接投資額推計

国・地域			蘭印	英領マラヤ	フィリピン	仏印	ビルマ	タイ	合計
投資額	1914年	100万ドル	675	150	100	75	75	25	1,100
		%	61.4	13.6	9.1	6.8	6.8	2.3	100.0
	1937年	100万ドル	1,261	372	315	302	228	90	2,568
		%	49.1	14.5	12.3	11.8	8.9	3.5	100.0
投資元国別比率（1937年、%）		イギリス	16	70	11	0	90	76	30
		アメリカ	7	6	52	1	0	4	11
		オランダ	71	5	0	0	0	0	36
		フランス	3	0	0	97	0	4	13
		その他	3	0	38	2	10	15	8
投資先部門別比率（1937年、%）		農業	56	70	29	32	6	na	47
		鉱業	19	18	23	16	66	na	23
		サービス	13	6	39	36	24	na	19
		その他	12	6	9	16	4	na	10

[出典] J. T. Lindblad, *Foreign Investment in Southeast Asia in the Twentieth Century*, London: MacMillan Press Ltd., 1998, p.14 Table 2.1 をもとに再計算。

【表4】1930年代末対東南アジア民間投資の投資元別比率推計

投資元		蘭印	英領マラヤ	フィリピン	仏印	ビルマ	タイ	全東南アジア
企業投資	イギリス	8	40	7	na	40	36	23
	オランダ	43	na	na	na	na	na	28
	フランス	1	na	na	80	na	na	11
	アメリカ	4	3	34	na	na	na	8
	スペイン	na	na	19	na	na	na	2.5
	華人	6	30	21	17	3	45	17.4
	インド人	na	na	na	na	50	na	6.7
	日本	0.5	na	6	na	na	na	2
	その他	2.5	13	na	3	5	4	1.2
金利投資		35	13	13	18	2	15	na

[出典] D. J. M. Tate, *The Making of Modern South-East Asia, Vol. 2: Economic and Social Life*, Kuala Lumpur: Oxford University Press, 1979, p.28.

なものがあった。全体として東南アジアの植民地経済は、イギリスとオランダを中軸とする欧米資本の支配下にあったが、華人、インド人の投資が脇からこれを支える位置にあった。

3-2. 英領マラヤと蘭印（インドネシア）のゴム栽培

　マレー半島でのゴム栽培の歴史は、あるイギリス人官吏がロンドンの王立植物園から最初は観賞用として植えるために入手したゴムノキの種子を1890年ごろに農園企業家たちに配ったことから始まり、1890年代末から20世紀初頭にゴム価格が急騰してからゴムへの関心が一気に高まって、輸出用のゴム栽培が開始されることになった[20]。

　ゴム価格が好調に推移したためイギリスを中心とするヨーロッパ系企業によるゴム栽培面積は急増した。イギリス植民地政府はこれを優遇するため、新たに100エーカー以上の土地[21]をゴム農園造成のために提供する場合は地税を免除し、それまで中国人に貸与していた土地で貸与期間の切れた土地を再貸与する場合の借地料は破格の安値としたうえ政府資金の融資も行なった。ヨーロッパ系ゴム栽培会社は、海外、特にロンドンでの資金調達力を持つイギリス系商社と資本および経営代理制度[22]を通じて深く結びつき、資金面できわめて有利な立場にあった。こうして、マレー半島のゴム生産は大きく成長し、1920年代初めには200万エーカー（80万ヘクタール）を超え、世界のゴム作付けの半分以上を占めるに至った。この時期に鉄道・道路などマレー半島の交通網が格段に整備されたことも増産に大きく寄与した。

　この時代のゴムに対する特に大きな需要は、自動車工業が成長しタイヤの製

---

20) 以下、英領マラヤについては次を参考にした。水島司「マラヤ——スズとゴム」『岩波講座　東南アジア史6　植民地経済の繁栄と凋落』岩波書店、2001年、65-88ページ。
21) 英領マラヤではエステートと呼び、それ以下の小規模土地所有とは区別された。
22) 経営代理制度（managing agency system）とは、代理商会（agency house）と総称される会社が自ら発起し出資する事業会社との間で経営全般を代行する契約を結び、そうすることによってその企業の経営権の半永久的支配と手数料名義による利潤の確実な吸収を図る仕組みのことで、主にイギリスのアジア植民地で広く行なわれた。代理商会自体の組織はパートナーシップか株式を公募しない会社とされたのに対して、事業会社の方は一般の投資家から広く資金を吸収するため株式公募会社とされた。こうすることにより、少額の出資で多数の事業会社を支配することが可能になった（この制度については、次が詳しい。小池賢治『経営代理制度論』アジア経済研究所、1979年）。

造が急増していたアメリカにあり、アメリカは一貫して世界のゴム生産の半分以上を消費していた。華人労働者が多数を占めた錫とは対照的にゴム生産に必要な労働力は、イギリス系経営者がセイロン（現スリランカ）のコーヒーや茶のプランテーションでその扱いに習熟していた南インド（主としてタミル地方）出身の移民によってまかなわれた。それらのタミル系移民労働者を基幹労働力とし、中間管理者は、英語教育が進んでいたスリランカや南インドのケーララ州出身者が就き、農園のマネージャーをはじめとする経営の中枢はイギリス人が占めるという3層から構成される生産体制が形づくられた。また経営全般については、サイム・ダービー（Sime Darby）、ハリソンズ・クロスフィールド（Harrisons and Crosfield）、ガスリー（Guthrie）などイギリス系代理商会が掌握していた。

　これら大農園（エステート）での生産と並行し農村においても、20世紀の初めからマレー人農民の手によってゴム栽培が開始されていた。そして100エーカー以下の小規模自家農園でのマレー人によるゴム栽培は、1930年代には全栽培面積の3分の1を超えるまでに拡大した（表5）。しかしエステートにおけるマレー人労働者の割合はほとんど無視できるほど小さく、その大半は南インド出身のインド人で占められたのである。

　マレー半島で生産されるゴムの多くはやはりシンガポールに運ばれ、そこで

【表5】英領マラヤにおけるゴム栽培面積の発展（1900〜1939年、1000エーカー）

年	ヨーロッパ人エステート	華人エステート	(アジア人エステート計)	小農(small-holdings)	合計
1900	2				2
1904	28				28
1907	168			2	170
1911	494			256	750
1913	646			428	1,074
1918	1,050			836	1,886
1921	1,077		(291)	858	2,226
1932	1,398	348	(479)	1,276	3,153
1939	1,573	342	(527)	1,328	3,428

［出典］W. G. Huff, *The Economic Growth of Singapore: Trade and Development in the Twentieth Century*, Cambridge University Press, 1994, p. 182.

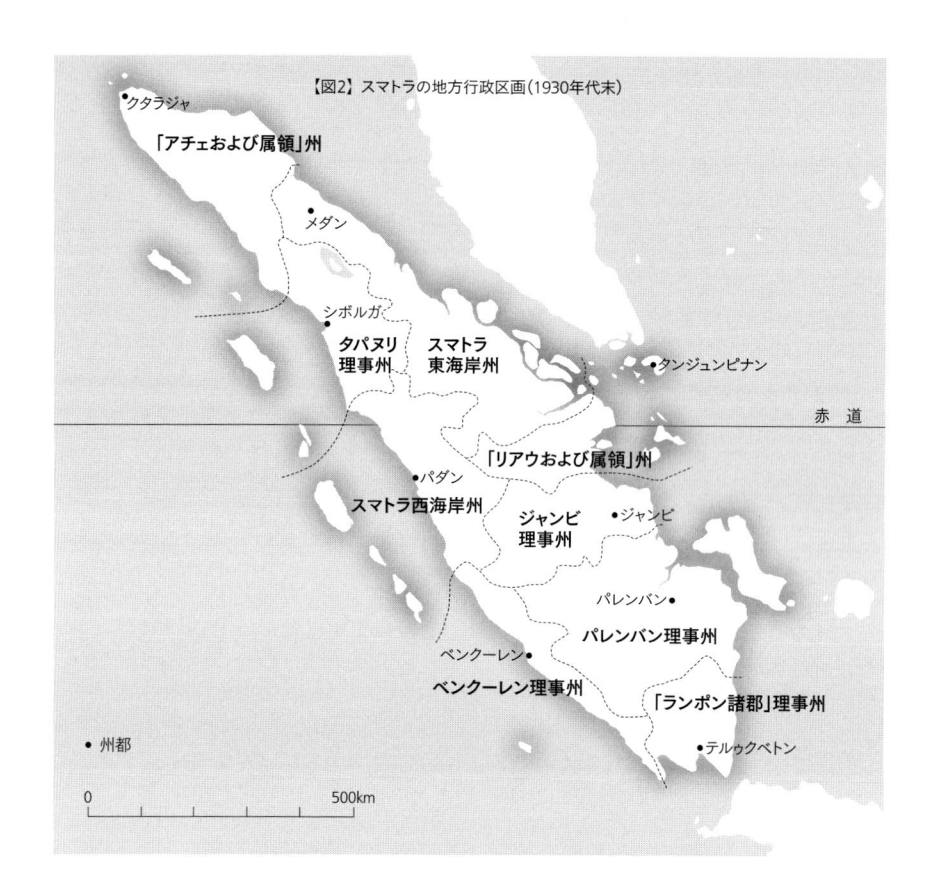

【図2】スマトラの地方行政区画（1930年代末）

・クタラジャ
「アチェおよび属領」州
・メダン
・シボルガ
タパヌリ理事州
スマトラ東海岸州
・クンジュンピナン
赤道
「リアウおよび属領」州
・パダン
スマトラ西海岸州
ジャンビ理事州
・ジャンビ
・パレンバン
パレンバン理事州
・ベンクーレン
ベンクーレン理事州
「ランポン諸郡」理事州
・テルックベトン

・州都
0　　　　500km

【写真16】スマトラのゴム農園（2005年撮影、農園が創設されたのはオランダ植民地時代である）

加工されたのちに海外へ輸出された。マレー人農民（スモールホルダーズと呼ばれた）の生産するゴムの集荷に当たったのは華人商人たちである。彼らはまた、錫やゴムの生産地への各種消費財の配給者としての役割をも演じたが、それら物資の海外からの輸入は海峡植民地とりわけシンガポールを経由して行なわれるのがふつうであった。シンガポールは、マレー半島、スマトラ、カリマンタンの3地域にまたがる一大プランテーション型産業地帯を世界につなぐ、商業・金融ネットワークの結節点として機能したのである。

　一方、蘭印におけるゴム栽培は、主にスマトラ、ジャワ、ボルネオ（カリマンタン）の3つの地域で20世紀初頭から広がったが、最も重要な生産地域はスマトラ、特に「スマトラ東海岸」州であった。ふつうこの地域のプランテーション開発の始まりとされているのは、オランダ人農園企業家のニーンハイス（Jacobus Nienhuys 1836-1927）という人物が、1863年にデリ（Deli、今日のメダン市の近く）のマレー人スルタンから99年の長期契約によってタバコ農園用地を借り入れたことである。さらに1869年にはネーデルランド商事会社（NHM）が株式の50％を出資したデリ会社（蘭印で最初に設立された有限責任会社）が設立された。1870年の土地2法（土地法〈Agrarisch Wet〉および土地令〈Agrarisch Besluit〉）の制定とこの頃から進展したスマトラにおけるオランダの実効支配の拡大を背景に、最初はタバコ農園を経営する個人プランターたちの進出が相次いだ。しかし、1891年のタバコ・ブームの崩壊とともに弱小プランターの淘汰が始まってタバコ農園数は減少し、ジャワの砂糖産業の場合と同じように20世紀に入るといくつかの有力法人企業の寡占的支配体制へと移行していく。そして20世紀に入ると、天然ゴムがタバコに代わり、この地域の最重要プランテーション作物として台頭する。スマトラで生産されるゴムのうちのかなりの部分がやはりシンガポールへ輸出され、そこから主にアメリカへ向けて再輸出された。

3-3.1929～30年恐慌を転機とする変動
　1929年10月のニューヨークにおける株価大暴落に端を発する世界恐慌が、東南アジアの経済に深刻な打撃を与えるのは1930年に入ってからであった。同年から始まった貿易額の縮小は1930年代半ばまで続き、後半に入ってから

【表6】大恐慌後の貿易相手先（上位5ヵ国）の変化

蘭印	輸出(%)	1929年	英領マラヤ 28.1	オランダ 21.0	アメリカ 14.5	インド 5.8	イギリス 5.6
		1937年	オランダ 20.1	英領マラヤ 20.1	アメリカ 18.7	イギリス 5.3	日本 4.5
	輸入(%)	1929年	オランダ 19.6	アメリカ 12.0	英領マラヤ 11.8	イギリス 10.8	ドイツ 10.7
		1937年	日本 25.4	オランダ 19.1	アメリカ 10.2	ドイツ 8.5	イギリス 8.3
英領マラヤ	輸出(%)	1929年	アメリカ 42.2	イギリス 14.3	蘭印 9.4	日本 4.2	フランス 4.1
		1937年	アメリカ 44.2	イギリス 11.1	フランス 7.7	日本 6.7	蘭印 3.9
	輸入(%)	1929年	蘭印 30.4	イギリス 16.5	タイ 11.0	インド 8.2	中国 4.6
		1937年	蘭印 32.4	イギリス 15.6	タイ 13.6	日本 5.8	ビルマ 4.2
フィリピン	輸出(%)	1929年	アメリカ 75.7	日本 4.3	イギリス 4.3	中国 1.9	フランス 1.4
		1937年	アメリカ 79.8	日本 6.6	イギリス 4.1	ドイツ 1.2	オランダ 0.7
	輸入(%)	1929年	アメリカ 62.9	日本 8.1	中国 4.8	イギリス 4.1	仏印 3.9
		1937年	アメリカ 58.1	日本 14.8	中国 3.0	イギリス 2.4	インド 2.2
仏印	輸出(%)	1929年	香港 32.1	フランス 22.1	英領マラヤ 10.8	蘭印 9.8	中国 7.2
		1937年	フランス 46.1	香港 11.4	英領マラヤ 7.5	アメリカ 6.9	中国 5.4
	輸入(%)	1929年	フランス 47.2	香港 15.9	蘭印 7.3	中国 6.7	アメリカ 5.2
		1937年	フランス 53.5	中国 9.2	香港 8.7	蘭印 4.4	英領マラヤ 3.7
タイ	輸出(%)	1929年	英領マラヤ 55.4	香港 16.8	日本 7.3	蘭印 4.8	イギリス 1.5
		1937年	英領マラヤ 66.5	香港 12.5	日本 3.5	インド 2.5	イギリス 1.6
	輸入(%)	1929年	英領マラヤ 16.9	イギリス 16.5	香港 14.9	蘭印 8.6	日本 8.1
		1937年	英領マラヤ 27.2	日本 19.8	イギリス 12.2	香港 7.6	蘭印 5.0
ビルマ	輸出(%)	1937年	インド 50.9	イギリス 16.9	英領マラヤ 5.9	ドイツ 3.8	日本 2.3
	輸入(%)	1937年	インド 49.2	日本 8.8	アメリカ 4.3	英領マラヤ 2.6	イギリス 2.0

［注］英領マラヤには海峡植民地を含む。1929年のインドにはビルマを含む。
［出典］加納啓良「国際貿易から見た20世紀の東南アジア植民地経済——アジア太平洋市場への包摂」『歴史評論』1995年3月号（通巻539号）、44ページ表1および51ページ表3から計算。

ようやく回復の局面に入った。この恐慌・不況期をはさんだ1929年と1937年の主要貿易相手先を示したのが表6である（ビルマについてはインドから分離してイギリス直轄領となった37年についてのみ掲示）。

　これを見ると、輸出先の構成については、フランス向けの比率が著しく増えた仏印（フランス領インドシナ）を除き、それほど大きな変化は見られない。注目すべきは、日本からの輸入の比率の急増である。それは特に、蘭印とタイで著しかった。日本からの輸入品目で最も大きな割合を占めたのは、綿布を中心とする繊維製品である。蘭印の場合、それまで綿布の最大の供給元はオランダとイギリスであったが、1930年以降両国からの綿布輸入は急速に減少し、ひとり日本製綿布が蘭印市場を席巻するに至った。これに危機感を抱いた蘭印政府は、一方で輸入割当制の導入によって日本からの輸入を制限するとともに、植民地史上初めて国産綿織物業の振興を図る政策を導入した。第2次大戦後に各国でとられるようになる輸入代替工業化政策の先駆けである。

　他方、1920年代から目立ち始め、30年代にいっそう顕著になった現象として、ゴムなどの輸出作物生産における小農の役割の増大を挙げることができる。これもまた、第2次大戦後に決定的になるプランテーション直営生産の後退という趨勢の発端をなす出来事であった。

　1930年代不況期の主な輸出産品の数量と価格の動きには、いくつかのコントラストが見られる。まず図3は、英領マラヤと蘭印からのゴム輸出の数量と価格の推移を、指数化してグラフに描いたものである。価格は1932年まで急落したが、1937年までにはほぼ29年に近い水準に復帰した。重量で見た輸出数量にはあまり変化がなく、割当制による統制の及びにくい小農生産の多い蘭印ではむしろ増加した。ゴム産業は、恐慌以後も萎縮することがなかったと言える。

　次に図4は、蘭印とフィリピンからの砂糖輸出の推移を、同じ方法で図示したものである。蘭印の砂糖輸出価格は1934年までに29年の5分の1以下にまで下落し、以後もほとんど回復しなかった。輸出量も半分以下に低落したままとなった。ジャワを中心とする砂糖産業は、蘭印経済の主軸としての地位を喪失したのである。これとはまったく対照的に、フィリピンの砂糖輸出価格の低下はわずかなものにとどまり、輸出量はむしろ増加した。対米「自由貿易」

【図3】英領マラヤと蘭印からのゴム輸出の推移(1929〜1938年)

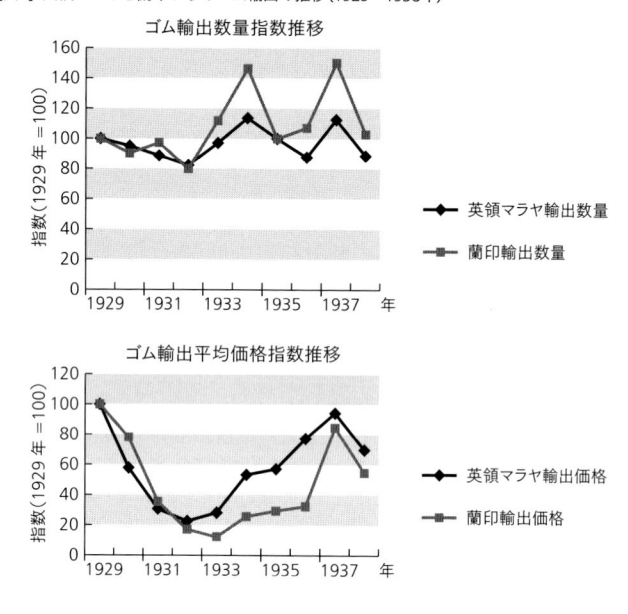

ゴム輸出数量指数推移

ゴム輸出平均価格指数推移

【図4】蘭印とフィリピンからの砂糖輸出の推移(1929〜1938年)

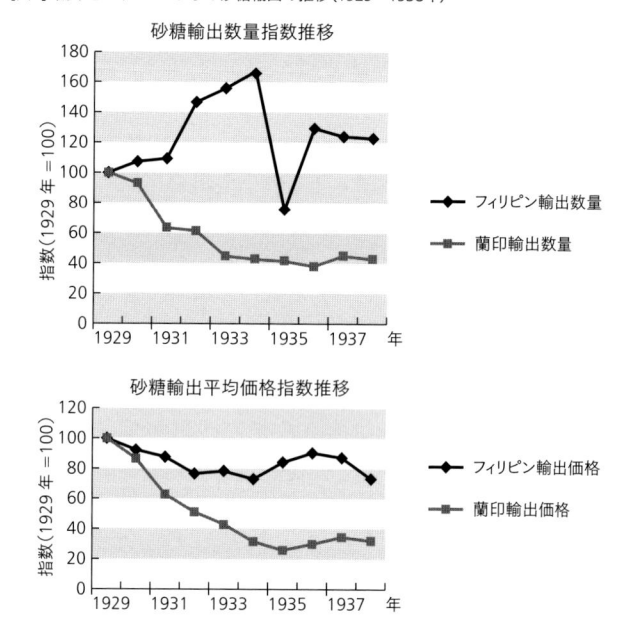

砂糖輸出数量指数推移

砂糖輸出平均価格指数推移

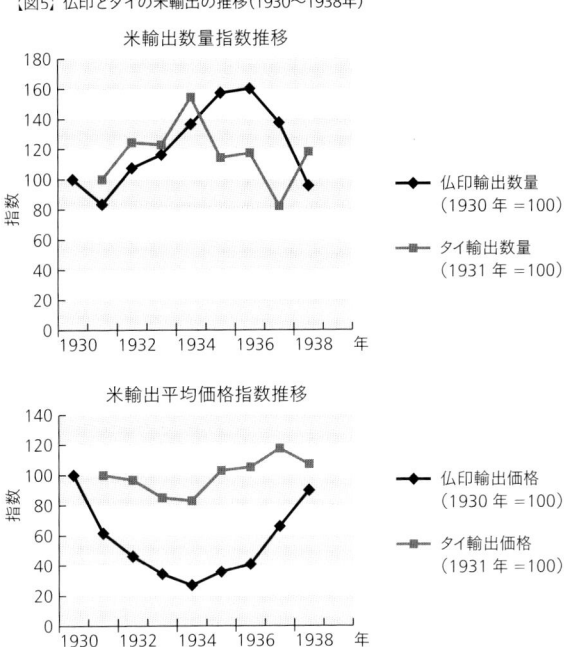

第4章 ●後期植民地国家の形成と経済発展　　　　　　　　　　　　　　　89

【図5】仏印とタイの米輸出の推移（1930～1938年）

米輸出数量指数推移

- 仏印輸出数量（1930年=100）
- タイ輸出数量（1931年=100）

米輸出平均価格指数推移

- 仏印輸出価格（1930年=100）
- タイ輸出価格（1931年=100）

によって国際市場から遮断され、米国内の砂糖保護価格を適用されたフィリピンでは砂糖産業が人為的に温存されたのである。

さらに図5は、仏印とタイの米輸出の推移を示したものである。輸出価格は1934年まで下落を続けたが、以後は上昇に転じ、1938年までにはほぼ恐慌以前の水準にまで回復した。輸出数量には後退は見られなかった。

このような差異は、1930年代後半における各国の経済回復の勢いにも影響した（図6）。砂糖産業が大打撃を受けた蘭印では、1938年に至っても、輸出総額は29年の半分以下であった。英領マラヤでは37年にいったん29年と同水準まで回復したものの、38年には29年の6割強にまで再後退した。フィリピンの動きもこれに似ており、38年の輸出総額は29年の7割にとどまった。これに対して、仏印とタイの38年の輸出総額を29年のそれと比較した指数は、それぞれ109、93であり、回復力が強かった。これは米輸出が比較的堅調だったことに加えて、仏印ではゴムとトウモロコシ、タイでは錫とゴムという新し

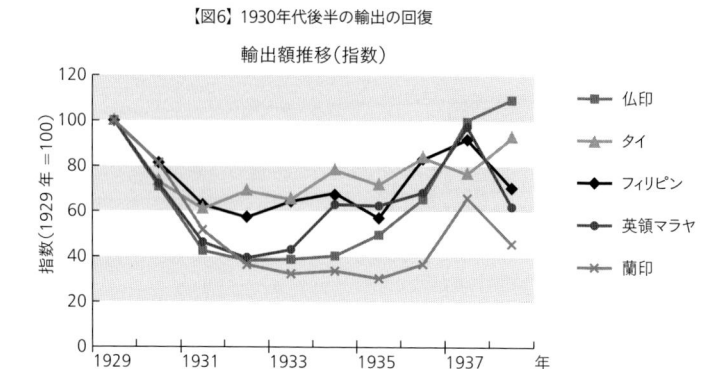

【図6】1930年代後半の輸出の回復
輸出額推移（指数）

い輸出産品の成長が顕著だったためである（ビルマについては、インドから離脱してイギリスの直轄植民地となる1937年まで独自の貿易統計が得られないので検証が難しいが、仏印やタイと同様の傾向が見られたと考えられる）。

こうして1930年代には、蘭印と英領マラヤを中軸とする東南アジアの植民地経済の編成に一定の揺らぎが生じたと言える。第1次大戦後から始まり恐慌を転機にさらに進んだ対米・対日貿易の役割増大、プランテーションによる欧米資本の直営生産から現地の小農による生産へのシフトと合わせ、第2次大戦後の変化への前兆が静かに起きていたと言える。

植民地支配の帰結とナショナリズムの台頭

第5章

1. ナショナリズムの台頭

　後期植民地国家による支配の確立と交通・通信の発達は、それぞれの国境の内側に住む地元民たちの連帯感情をもたらすとともに、植民地支配に対する対抗意識を高める結果となった。また植民地支配下での経済発展と社会構造の変化、近代教育の導入は、新たな歴史の担い手となる社会層と知識人の登場を促すことにもなった。こうして、独立と国民国家（nation states）の創出を求めるナショナリズムの意識と運動が19世紀末以降東南アジアの各地で生まれ、急速に成長した。なお本書では、できるだけ「民族主義」を避け、「ナショナリズム」という用語を使うことにする。それは、特定の「民族集団」（ethnic group）による集団的自己主張ではなく、特定の民族集団に限定されない、あるいは複数の民族集団を包含する「国民」（nation）の形成を目指す思想と運動だからである[1]。

---

[1] 特定の民族集団の政治的自己主張としての「民族主義」について、近年の英語では「エスノナショナリズム」（ethnonationalism）または「エスニック・ナショナリズム」（ethnic nationalism）という言葉を用いて区別することがある。

2. フィリピンにおけるナショナリズムの展開

2-1. フィリピン・ナショナリズムの誕生とフィリピン革命

　18世紀末のフランス革命に刺激を受けた近代的ナショナリズムの思想と運動が東南アジアで最初に登場したのは、スペイン支配下のフィリピンだった。既に18世紀のうちにフィリピンでは、クリオーリョ（criollo）と呼ばれる現地生まれのスペイン人やメスティーソ（mestizo）と呼ばれる華人移民と現地住民の混血児の間に富裕な中産階級が生まれており、彼らの中から自分たちを「フィリピン人」（Filipino）と考える意識が育ち始めていた[2]。これとともに、フィリピンのカトリック教会でも、イエズス会、フランシスコ会などの修道院に所属するスペイン生まれの聖職者階級（修道司祭）に代わり、主にクリオーリョから成る現地生まれの教区付き司祭（secular priests）[3]の力が強まっていった。しかしスエズ運河開通後の1870年代に入ると、植民地での立身出世を求めてスペイン本国から直接渡ってくるスペイン人神父や官吏の数が増え、ペニンスラーレス（peninsulares）と呼ばれた彼ら本国生まれのスペイン人と現地生まれのクリオーリョたちとの摩擦が激化するようになった。

　1872年1月にルソン島カビテ州の要塞で起きた暴動を口実に、スペイン政庁はマリアノ・ゴメス（Mariano Gomez 1799-1872）、ホセ・ブルゴス（Jose A. Burgos 1837-1872）、ハシント・サモラ（Jacinto Zamora 1835-1872）の3人の教区付き司祭をその首謀者として処刑し、他の9人のフィリピン人司祭と10人の弁護士・実業家らをマリアナ諸島に流刑にした。この事件を、処刑された3人の司祭の頭文字をつないでゴンブルサ（Gomburza）事件と呼ぶ。この事件はフィリピン各地に衝撃を呼び、反スペインのナショナリズム的意識の覚醒と拡大を促すきっかけとなった。

　他方、19世紀末になると、スペインに在住するフィリピン人中産層・知識人（留学生や植民地から追われた政治的亡命者など）の間で祖国の改革のための

---

[2]「フィリピン」という国名は、スペイン国王フェリペ2世（Felipe II, 1527-1598）の在世中に、現在の同国にあたる島々を王の名にちなんで「フィリピナス諸島」（Las Islas Filipinas）と命名したことに由来する。

[3] スペイン語では sacerdotes seculares と言い、日本語では「在俗司祭」とも訳される。

啓蒙運動が広がった。ホセ・リサール（Jose Rizal 1861-1896）、デル・ピラール（Marcelo H. Del Pilar 1850-1896）らはマドリードで『ソリダリダード』（*La Solidaridad*）というタイトルの機関誌を1889年から刊行して改革のための論陣を張った（1895年まで刊行）。この運動をプロパガンダ運動（the Propaganda Movement）と呼ぶ。デル・ピラールはスペインで客死したが、リサールは1892年6月にフィリピンに戻り、7月にフィリピン同盟（La Liga Filipina）という結社を組織した。しかし、その数日後スペイン政庁に逮捕されてミンダナオ島への流刑に処せられた。

一方、プロパガンダ運動のような穏健な改革運動ではスペインの圧政に対抗できないと考えたアンドレス・ボニファシオ（Andreas Bonifacio 1863-1897）らは、同じ1892年7月にマニラの下町トンドで武力革命をめざすカティプーナン（Katipunan）という秘密結社を組織した。この組織は当初マニラの労働者、下層階級の間に組織を広げたが、1895年からはマニラ周辺の農村部へも進出し、1896年3月の機関紙発刊開始により急拡大した。1896年8月にカティプーナンがマニラの北方で武装蜂起したことにより、スペインからの独立をめざしたフィリピン革命が開始された。これに対しスペイン政庁は、リサールに革命首謀者の偽りの罪をかぶせ、96年12月に彼を銃殺刑に処した。しかし革命の動きは、カティプーナンの地方組織が中心になって義勇軍が組織されることにより、中部ルソンの各地に波及してゲリラ戦が展開された。

だがまもなく、マニラの都市急進派を率いるボニファシオとカビテ州の地方有力者（プリンシパリア〈principalia〉と呼ばれた）を率いるエミリオ・アギナルドの間で革命の指導権をめぐる争いが生じ、97年5月にボニファシオはアギナルドらの組織する革命政府によって粛清・処刑された。その後、植民地政府軍の攻撃にあって97年12月にアギナルドはいったん和議を結び、香港へ脱出・亡命した。

1898年4月に米西戦争が始まると、アギナルドらも亡命先から帰国して再び中部ルソンのマロロス（Malolos）に革命政府を樹立した。スペインのアメリカに対する敗北が明らかになる中で革命の波はルソン島以外の地域にも広がり、1899年1月にはフィリピン共和国の樹立が宣言された（「第1次フィリピン共和国」または「マロロス共和国」と呼ばれる）。しかし、今度はアメリカがこ

れを認めず、1899年2月から共和国とアメリカの間に戦端が開かれた(「フィリピン・アメリカ戦争」)。1901年3月に革命政府大統領アギナルドが降伏することによって戦争は終わったが、この革命を通じて、フィリピン人という国民意識が広く浸透し、のちのアメリカによる自治の承認と第2次大戦後の(第3次)フィリピン共和国独立（1946年7月）への伏線が布かれることとなった。

【写真17】アンドレス・ボニファシオ

【写真18】エミリオ・アギナルド

2-2. フィリピン・コモンウェルスの成立と社会革命運動の台頭

　フィリピンにおいて東南アジアで最も早くナショナリズムの意識と運動が誕生、成長したのは、主に華人系メスティーソから成る現地の地主・企業家が早くから形成されたこと、東南アジアで最も早く近代的学校教育が普及したことによるところが大きい（1611年にマニラのカトリック大司教によりアジア最古の大学であるサント・トマス大学が創立された。1859年には現在のアテネオ・デ・マニラ大学の前身であるマニラ市立学校〈Escuela Municipal de Manila〉の経営をイエズス会が始めた。さらに1908年には、国立フィリピン大学が創立された。ホセ・リサールはサント・トマス大学の卒業生であった）。

　アメリカはフィリピン革命を鎮圧し南部イスラム教徒地域も制圧して植民地支配を確立したが、1907年には制限選挙によるフィリピン議会を開設してフィリピン人ナショナリストの政権参加への道を開いた。さらに1930年代に入ると将来の独立容認とその前段階としての自治政府樹立へと踏み出す。これは大不況のもとでフィリピン農産物や安い労働力の流入を嫌うアメリカの農家、砂

糖業界などの圧力にも影響されたと言われるが、いずれにせよ、独立や自治を拒みナショナリズム運動の徹底弾圧を図ったオランダやフランスの植民地統治とは大きく異なる流れであった。

　1934年に1946年の完全独立に向けて独立準備政府の発足を定めたフィリピン独立法（提案者の名をとりタイディングス-マクダフィ法〈Tydings-McDaffie Act〉と通称）がアメリカ議会で成立、フィリピン議会もこれを承認した。この法律に基づき1935年11月にケソン（Manuel L. Quezon 1878-1944）を大統領、オスメーニャ（Sergio Osmeña 1878-1961）を副大統領とするフィリピン・コモンウェルス（Commonwealth of the Philippines）政府が発足した[4]。従来の植民地総督（Governor-General）に代わり、高等弁務官（U.S. High Commissioner, 米大統領が任命）が国防、外交、通商、財政を担当し、その他の内政はコモンウェルス自治政府が担当するようになった。太平洋戦争中の日本占領期には、コモンウェルス政府はワシントンで亡命内閣を作って存続し、1944年10月には米軍とともにフィリピンへ帰還、1946年7月のフィリピン独立により使命を終えることになる。

　他方、1930年代のフィリピンでは、地主制を基盤とするエリート層の寡頭支配に反抗する急進的な政治運動も出現した。その1つは、1930年からベニグノ・ラモス（Benigno Ramos 1893-1946?）の指導のもとに発刊された週刊新聞『サクダル』（Sakdal, タガログ語で告発、非難を意味する）によるグループである。彼らは1933年に政党を組織し1934年の選挙で減税と土地改革を訴えて多くの支持を集めた。さらに彼らはフィリピンの即時完全独立を主張してコモンウェルス政府に反対し、1935年5月にマニラ周辺の諸州で蜂起して14の町役場を占拠した。これを「サクダル党の反乱」（the Sakdal Uprising）と呼ぶ。蜂起は100名近い死者を出して翌日には鎮圧され、ラモスは日本に逃れた。ラモスは1938年にケソンと和解して帰国し、新たにガナップ（Ganap）という名の政党を設立、その党員の一部は戦時中に対日協力者となった（のちにラモスは1945年に敗走する日本軍と同行したまま行方不明となる）。サクダル党自体は崩壊したが、以後中部ルソンの農村部は、左翼のリーダーシップのもとに地

---

4) ケソンとオスメーニャもやはりサント・トマス大学で法学を学んでいる。

主支配に抵抗する農民運動の温床となった。

　一方、1930年にはフィリピン共産党（Communist Party of the Philippines, タガログ語では Partido Komunista ng Pilipinas: PKP）が設立されたが、1932年に最高裁による禁止判決が出されて地下政党となった。同じ年に合法左翼政党としてフィリピン社会党（Socialist Party of the Philippines: SPP）が創設され、主に中部ルソンの労働者、農民を基盤とする運動を展開した。1935年のコミンテルン第7回大会が反ファシズムの人民戦線を提唱すると、その影響下で社会党、共産党を統合する動きがフィリピンでも強まった。ドイツと日本の台頭を恐れたコモンウェルス政府は1937年に共産党を合法化し、1938年には社会党が共産党に合同した。1940年の地方選挙で共産党と人民戦線はかなりの支持を集め、14の町で共産党員の町長が生まれた[5]。太平洋戦争中の日本占領下で再び地下に潜った共産党は、抗日人民軍（フクバラハップ）を組織して抵抗運動を行なった。これが、戦後独立後のフク団の運動の起源となっていく。

3. インドネシア・ナショナリズムの誕生と成長

3-1.「インドネシア」の起源

　19世紀までのインドネシアでは各地でオランダに抵抗する武装反乱が起きたが、当時はまだ「インドネシア」という言葉も国民意識も欠けており、伝統的な地方リーダーによる、オランダ支配への抵抗運動の域を出るものではなかった。

　「フィリピン」という言葉がもともとヨーロッパ製であるのと同じく、「インドネシア」という言葉もヨーロッパ人が創ったものである。「インドネシア」の語源は、「インド」とギリシャ語の「ネソス」（島の意）に由来する「ネシア」の結合で、語義は「インド諸島」に等しい。17世紀はじめからジャワのバタビアつまり今のジャカルタを根拠地にこの地域で商業活動を展開したオランダ人たちは、インド亜大陸のことを「前方インド」（Voor Indië）、今のインドネシア一帯を「後方インド」（Achter Indië）と呼んで区別した。また、カリブ海

---

[5] http://en.wikipedia.org/wiki/PKP-1930

の西インド諸島に対比する時には、「東インド」（Oost Indië）という呼び名を用いた。おそらく 18 世紀からは、「インド諸島」という呼び名もオランダ語（Indische Archipel）と英語（Indian Archipelago）の双方で用いられるようになる。

　この「インド諸島」に代わる言葉として「インドネシア」という語を 1850 年に初めて用いたと言われるのは、スコットランド生まれでシンガポール在住のイギリス人法律家 J.R. ローガン（James Richardson Logan 1819-1869）であった。彼がこの言葉を使った時の含意は、東南アジアからポリネシアにかけての、オーストロネシア語族（昔の言い方ではマレー・ポリネシア語族）の言語を話す人々が住む地域のことで、現在のインドネシアよりも広い地域を指した[6]。ちなみに、20 世紀になると英語では「インド諸島」という言い方は廃れ、「マレー諸島」という呼び名が一般的になる。ウォーレス線で名高いイギリスの生物学者アルフレッド・R. ウォーレス（Alfred Russel Wallace 1823-1913）も、1869 年刊行のその旅行記にいちはやく『マレー諸島』という題名を与えている[7]。彼が旅したのは、現在のインドネシアとマレーシアに相当する地域の島々であった。

　だから、「インドネシア」という語はもともと国名や民族名として用いられたものではない。同一系統の言語が用いられる島々の全体を指す言語地理学的な用語であった。言語学者によれば、オーストロネシア語族の言語はインドネシア語派、ポリネシア（複数の島々の意）語派、メラネシア（黒い島々の意）語派に 3 大分される。インドネシアだけでなく、フィリピンやマレーシアの言語の大半がインドネシア語派に分類される。また、ミクロネシア（細かい島々の意）で用いられる諸言語の大半はメラネシア語派に含まれる。元来の意味の「インドネシア」は、これらの言語が用いられる途方もなく広大な地域の全体を指す言葉だったのである。「インドネシア」が、元来の意味から離れて、当時の「オランダ領東インド」の代名詞として使われるようになるのは、たぶん 20 世紀に入ってからである。そして、それが植民地支配を覆して創造すべき新国家の名称として、ナショナリストたちに使われるようになるのは、すぐ後で述べる

---

[6] http://www.my-island-penang.com/Logan-Memorial.html も参照。
[7] Alfred Russel Wallace, *The Malay Archipelago: The land of the orang-utan, and the bird of paradise*, New York: Harper & Brothers, 1869.（日本語訳）A・R・ウォーレス、新妻昭夫訳『マレー諸島』上・下、ちくま学芸文庫、1993 年。

ように1920年代からである。

3-2. 倫理政策と近代学校教育の導入

1870年頃を境に「強制栽培制度」を漸次廃止し、自由主義の名の下に民間企業中心の植民地経営に方針を切り換えたオランダは、19世紀から20世紀への変わり目のころから新しい考え方に基づく植民地政策を打ち出していく。まず1899年に自由主義派の法律家ファン・デフェンテル（Conrad Theodoor van Deventer 1857-1915）がオランダの雑誌『道標』（De Gids）に寄せた論文で、植民地政府にはオランダが東インドから得た富を現地住民に返還する道徳的責任があると論じた。同じ頃、ジャワのスマランで刊行されていた新聞『ロコモティーフ』（De Locomotief）では、現地住民の福祉を改善する倫理的政策（ethische politiek）の実施が必要であるという論説が展開された。強制栽培制度の時代には植民地政府財政の毎年の黒字（帳尻剰余金〈batig slot〉と呼ばれた）がそのままオランダ本国政府の財政収入に繰り込まれていたが、倫理政策の主張者たちは、これを止めて逆に植民地での積極的財政支出によって住民の福祉向上を図れ、と説いたのである[8]。そして1901年9月のオランダ議会開会式の演説でウィルヘルミナ女王（Wilhelmina Helena Pauline Maria 1880-1962、在位1890-1948）が、灌漑、国内植民、教育の3つを柱に、東インド住民の福祉改善を図る道徳的責務をオランダ政府は負っていると宣言したことによって、この「倫理政策」が公式にスタートした。

ジャワを中心とする農業用灌漑水路の建設は既に1870年代から進められていたが、倫理政策の時代にはさらにそれが拡大するとともに、庶民金融、地場産業振興、国内植民などの政策も着手された[9]。このうちナショナリズムの勃興との関連で重要だったのは、教育政策である。フィリピンと違って現地住民への近代的学校教育が施されるようになったのはようやく19世紀末になってからであった。1900年にはヨーロッパ式の学校に通う現地住民の数は全部で

---

[8] イギリスのインド統治の例などを見ても、20世紀の植民地経営は植民地政府財政の赤字を本国が補塡し、民間進出企業がそれを上回る利益を上げるという形の方がふつうであった。

[9] ただし国内植民（kolonisatie）つまりジャワからスマトラなどへの移住政策は、植民地期にはあまり成果が上がらなかった。それが島嶼間移民（transmigrasi）と名を変えてより体系的に展開されたのは、インドネシア独立後、特にスハルト政権期であった。

わずか1500人（ヨーロッパ人の場合は1万3000人）にすぎなかったが、1928年までにはヨーロッパ式初等教育および中等教育を修了した現地住民数はそれぞれ7万5000人、6500人を数えるに至った。また、バタビアに「現地人医師養成学校」（School tot Opleiding van Inlandsche Artsen: STOVIA）が1902年に設立された。このSTOVIAは1927年には高等医科学校（Geneeskundige Hogeschool: GHS）に改組、発展する（今日のインドネシア大学医学部の前身）。また1920年にはバンドン高等工科学校（Technische Hogeschool te Bandung, 今日のバンドン工科大学の前身）、1924年には高等法科学校（Rechts Hogeschool: RHS, 今日のインドネシア大学法学部の前身）、1940年には高等農業学校 Landbouw Hogeschool（今日のボゴール農業大学の前身）が設立された。また20世紀に入ると、オランダの高等学校、大学に留学するインドネシア人の数も増えていった。

3-3. ナショナリズムの登場

　倫理政策の時代（1930年まで）は後期植民地国家としてのオランダ領東インドの完成の時代でもあり、これと軌を一にして、この国家の領域内に住む住民の間に運命を共にする共通の国民としての意識が芽生え育ち始める。特に、近代的学校教育を受け官庁や企業に登用された現地人エリート層や労働者、商工業者などの間にそういう変化が起きていった。19世紀末から主にバタビアを中心にマレー語（今日の国語インドネシア語の母体）の文学や新聞が続々と公刊され、共通語として成長したこともこれに拍車をかけた。

　ふつうインドネシアの近代的民族運動の発端とされているのは、STOVIAに学ぶジャワ人貴族（プリヤイ〈priyayi〉）の子弟たちによるブディ・ウトモ（Budi Utomo，ジャワ語で「優れた徳」の意）という名の団体設立（1908年）であったとされている。また同じ年には、オランダに留学した学生たちの間で「東インド協会」（Indische Vereniging）という名の組織も結成されている（1920年代に入り、最初はオランダ語のIndonesische Vereninging、1925年にはインドネシア語のPerhimpunan Indonesiaつまり「インドネシア協会」に改名）。そして1911年にはスラカルタで、商工業者を中心に「イスラム同盟」（Sarekat Islam）という団体が作られ、最初の大衆的運動体として1910年代末までに各地に支部を

広げるに至った。他方、1914年にはオランダ人社会主義者の指導のもとに、東インド社会民主主義同盟（Indische Sociaal Democratische Vereeniging: ISDV）が結成された。この同盟は労働組合を結成するとともに、中ジャワのスマラン市を中心にイスラム同盟への浸透工作を進めて大衆的基盤を獲得していき、ロシア革命後の1920年には東インド共産主義同盟（Perserikatan Komunis Hindia Belanda）に改組され、1924年にはインドネシア共産党（Partai Komunis Indonesia: PKI）へと改組された。

しかし1910年代までの民族運動は、ジャワ人貴族中心の修養運動であったり、イスラム教や社会主義を結束のシンボルとするものであり、インドネシア国民の植民地支配からの独立という目標を正面から掲げるには至っていなかった。この状況が大きく変わるのは1920年代後半である。インドネシア共産党の初期の指導者で1922年以降海外で亡命生活を送り、のちには国際共産主義運動と決別するタン・マラカ（Tan Malaka 1897-1949）は、1925年に『インドネシア共和国をめざして』という書物を著した。「インドネシア共和国」という将来の国名を提示したのは、彼が初めてであると言われる。しかし1926年末から27年にかけて、共産党は（タン・マラカの意に反して）ジャワ各地や西スマトラで民族蜂起を試み、鎮圧されて壊滅する。

共産党崩壊後の1927年、オランダ留学経験者を含め高等教育を受けた若い知識人たちの手でインドネシア国民党（Partai Nasional Indonesia :PNI）が結成

【写真19】タン・マラカ

された。党首は、バンドン高等工科学校を卒業した建築技師スカルノ（Sukarno 1901-1970, のちの初代大統領）である。国民党は、それまでにイスラム同盟や共産党が培った民族運動の大衆的基盤を吸収し、これにインドネシアの独立という明確なナショナリスト的目標を与えて発展させることに成功した。「独立」（Merdeka ＝ ムルデカ）という標語が広まったのも、この時からである。このような機運の中で、1928年10月28日、バタビアで開催された第2回インドネシア青年会議の席で、全国各地から集まった若者たちが「1つの祖国、1つの民族、1つの言語」のもとに結束することを誓い合った。この「青年の誓い」によって、インドネシアの国民意識は初めて明確に表明されたと考えられており、独立後の現在も、10月28日は国民の記念日として祝賀行事が行なわれている。

　こうして、1920年代末までに、イスラム、社会主義、ナショナリズムという政治運動の3潮流が出そろい、インドネシア共和国の独立という共通目標に向かって歩み出す。しかしスカルノの国民党の運動も蘭印政府の弾圧の対象となり、スカルノは1929年に、やはり国民党に加わりのちに初代副大統領となるハッタ（Mohammad Hatta 1902-1980, オランダのロッテルダム高等商科学校卒）もまた1934年に逮捕、流刑に処せられた。このため1930年代後半には、インドネシアの独立運動は表面上いったん後退を余儀なくされるのである。

4. インドシナにおけるナショナリズムと社会主義運動の展開

4-1. 反仏復古運動

　植民地支配によって新たに創られた「フィリピン」「東インド」という領域を基盤にナショナリズムが生まれたフィリピンやインドネシアと違って、既に統一王朝による歴史を経験していた大陸部東南アジア諸国のナショナリズムは、失われた祖国の回復や、現に存続している王朝の改革と強化というモチーフに基づいて展開された。しかし1910年代以降はヨーロッパ式の近代教育を受けた新しいタイプの知識人層が運動の主体となっていった点は同じである。

　1887年の仏領インドシナ連邦の成立後もベトナムでは、主に村落の有力者や伝統的知識人たちを担い手としてグエン（阮）朝復興を目指す反仏運動が続

いた。20世紀に入ると、主に中国から輸入された書物によって近代的知識に開眼した知識人たちによる反仏運動が展開された。1904年には彼らの手で祖国回復のための新党「ベトナム維新会」が結成された。翌1905年に同党のファン・ボイ・チャウ（Phan Bội Châu = 潘佩珠 1867-1940）は、ロシアとの戦争に勝利した日本に武器援助を求めるべく1905年に来日した。しかし中国から亡命中の梁啓超（1873-1929）を通じて知り合った大隈重信、犬養毅らから武器援助は不可能であり、それよりまず人材育成が必要と説かれ、ベトナムの青年を日本に留学させる「トンズー（東遊）運動」を興した。この運動は各地に広がり、1906～08年に清国留学生を詐称したベトナム人が来日して東京同文書院、成城学校などで軍事知識の習得などに励んだ。彼らが反仏運動の結社を組織し活動しだすと、フランス側は留学生の親族を投獄し、送金を妨害するなどして弾圧を行なった。1907年に日仏協約が締結されると、フランスは日本政府に留学生の引き渡しを要求した。日本政府はこれには応じなかったが、1909年にはファン・ボイ・チャウを含む留学生全員を国外に追放しトンズー運動は終焉を迎えた（ファン・ボイ・チャウはその後中国に渡り、1912年に広東でベトナム光復会を結成して武力によるベトナムの解放を目指したが、果たさずに終わった）。

【写真20】ファン・ボイ・チャウ

4-2. 新しいナショナリズムの登場

　他方20世紀に入ると、フランスもインドシナに近代的公教育の制度を導入し、拡大し始めた。ハノイにおける1902年のインドシナ医学校（今日のハノイ医科大学の前身）、1904年のインドシナ大学（今日のハノイ国家大学の前身）、1925年のインドシナ高等美術学校（今日のハノイ美術大学の前身）の創設などは、その頂点に立つものであった。第1次大戦以降は、こうした学校で西欧的な知識を身につけ都市的職業に従事した人々が伝統的な王権と決別した新しいナショナリズム運動の担い手となっていった。

　その先駆けは、1907年にファン・チャウ・チン（Phan Châu Trinh＝潘周楨 1872-1926）が福沢諭吉の慶應義塾に倣ってハノイに設立した「東京義塾」（トンキンギアトゥック）を中心とする近代化のための啓蒙運動（「維新運動」と呼ばれる）であった。しかし、1908年に起きた賦役納税に反対する農民反乱をきっかけに仏印当局はファン・チャウ・チンらを逮捕して東京義塾を閉鎖させたために、この運動は潰えた。

　1914年に第1次世界大戦が起きると、フランスはインドシナから数万人の兵士と労働者を動員してヨーロッパに投入した。これは多数のベトナム人にヨーロッパでの見聞を広めることになり、結果的にベトナムの独立運動にはずみをつけた。たまたま1915年にはインドシナから追放されたファン・チャウ・チンがパリに移り、また1917年にはそれまでイギリスで働いていたホー・チ・ミン（Hồ Chí Minh＝胡志明 1890-1969）が新天地を求めてパリに移住してきた。彼らは「在仏ベトナム人愛国者団」という団体を組織し、1919年には言論・結社の自由、現地住民の政治参加などを要求する「アンナン人民の要求」という題の8項目の請願書をベルサイユ講和会議事務局に提出した。この請願は受け入れられなかったが、グエン・アイ・クォック（Nguyễn Ái Quốc＝阮愛国）の名前で請願者の代表となったホー・チ・ミンは一躍有名になった。

　1920年代に入ると反仏ナショナリズムの運動は一段と活発になった。1927年にはグエン・タイ・ホック（Nguyễn Thái Học＝阮太学 1901-1930）らがハノイで教師や下級官吏を組織し、孫文の三民主義の思想的影響下に「ベトナム国民党」を結成した。国民党は北部の知識人・中間層の間に急速に支持を広げたが、1929年のフランス人暗殺事件（バザン事件）をきっかけに仏印政府か

ら厳しい弾圧を受けるようになった。これに対してグエン・タイ・ホックらは1930年2月にハノイ北西のイエンバイにある植民地軍兵営でベトナム人兵士らとともに武装蜂起した。しかし政府軍の反攻にあい数千人の逮捕者を出して敗北、グエン・タイ・ホックら指導者たちは処刑された。

4-3. 社会主義運動の発展

　1920年代にはまた、植民地経済の発展とともに増加した鉱工業労働者たちの間に労働組合結成の動きが広がり、やがて社会主義運動の影響により政治化していった。1911年に船員として故国を離れ、アメリカ、イギリスを経てフランスに移ったホー・チ・ミンは1919年頃にフランス社会党に加入し、1920年末にはロシア革命後結成されたコミンテルンを支持してフランス共産党の創設に加わった。1923年にフランスからソ連へ移った彼は1924年のコミンテルン第5回大会に出席したあと、同年末にコミンテルンにより中国の広州に派遣され、同地に集まっていたベトナム人青年たちを糾合して翌25年に「ベトナム青年革命同志会」を組織した。この組織はベトナム国内にも浸透して発展し、1930年2月にはそれらを母体に香港で開かれた会議により「ベトナム共産党」が結成された。しかしコミンテルンは仏領インドシナ全体で単一の共産党を組織すべきであるとしたために、同年内に「インドシナ共産党」への改称が決定された。

　1930年にはまた、生まれたばかりの共産党の指導によりベトナム各地で労働者によるストライキやデモが頻発した。そして同年5月には、北部のゲアン省でのメーデーのデモに対する仏印政府の弾圧をきっかけとして、ゲアン省と隣のハティン省の農村部にまで争乱状態が広がった。農民のデモに仏印軍が飛行機で銃撃を加えて多くの犠牲が出たために農民の武力闘争がいっそう広がり、共産党の地方委員会は農村細胞による村落行政の掌握とソビエトの設立を決定し挙行した（ゲ・ティン・ソビエト）。仏印政府はこれに徹底弾圧をもって応じ、翌31年5月にソビエトは崩壊した。また共産党指導者たちも軒並みに逮捕され、党の活動はいったん壊滅した（ホー・チ・ミンも31年6月に香港でイギリス官憲に逮捕され、1年あまり投獄されて釈放されたのち、中国経由で再びモスクワに移った）。

しかし、1932～33年にモスクワから戻った指導者たちの手でベトナム国内と中国（広西省）の双方で共産党組織の再建が図られ、35年にはマカオでインドシナ共産党第1回大会が開催されるに至った。また共産党とは別に、1930年にフランスから帰国したタ・トゥ・タウ（Ta Thu Thâu 1906-1945）らが33年以降機関誌『闘争』（*La Lutte*）によりトロツキー派の社会主義運動を起こしサイゴンの労働者たちの間に基盤を築くことに成功した。1935年のコミンテルン第7回大会は社会民主主義者と共同の反ファシズム統一戦線（人民戦線）の結成を決議し、翌36年にはフランスに人民戦線政府が樹立された。このため、インドシナでもフランスは左翼に対して融和的な態度に転じた。この好条件下で左翼は植民地議会にも代表を送り込むことに成功したが、1938年4月にフランス人民戦線政府が崩壊して同国共産党が非合法化され、さらに1939年に第2次大戦が勃発してからは仏印当局は左翼に対する弾圧を再開し、運動はいったん閉塞することとなった。

このように、王権と結びついた復古運動から脱皮したナショナリズム運動の主流を共産主義者が制した点がベトナムの著しい特徴である。なお、「インドシナ共産党」の名称とは裏腹に、第2次大戦以前のラオス、カンボジアでは左翼の運動と組織はほとんど未成立であったと思われる。この2地域ではフランスの「保護」下で王制が存続し、君主制をどう位置づけるかは第2次大戦後両国が独立したのちに大きな問題になっていく。

5. ビルマにおけるナショナリズムの展開

5-1. ナショナリズムの芽生え

イギリス植民地支配下のビルマでも、ヨーロッパ式の学校教育が導入された。高等教育について見ると、下ビルマ領有後の1878年にまずインドのカルカッタ大学（1857年創設）の分校としてラングーン・カレッジ（Rangoon College）が設立され、イギリス植民地政府の教育評議会（Education Syndicate）によって運営された。同カレッジは1904年に政府カレッジ（Government College）、1920年に大学カレッジ（University College）と改称された。同じ1920年内にこの大学カレッジが、バプティスト系のミッションスクールであるジャドソン・

カレッジ (Judson College) と合併しラングーン大学 (Rangoon University) となった（独立後、1989 年にヤンゴン大学と改名して現在に至っている）。その後、このラングーン大学の傘の下にその分校組織としてマンダレー・カレッジ (1925 年設立)、教員養成カレッジおよび医学カレッジ (1930 年、いずれも在ヤンゴン)、農業カレッジ (1938 年、在マンダレー) が設けられた（マンダレー・カレッジはのち 1958 年に独立のマンダレー大学に改組された）。1930 年代までにこのラングーン大学は、ナショナリズムを志向する学生たちの温床となる。その中にはアウンサン (Aung San 1915-1947)、ウー・ヌ (U Nu 1907-1995)、バ・モー (Ba Maw 1893-1977)、ネ・ウィン (Ne Win 1910?-2002) など、のちにミャンマーの国家指導者となる人々が含まれていた[10]。

　ビルマにおけるナショナリズム運動の先駆けとされる組織「青年仏教徒連盟」(Young Men's Buddhist Association: YMBA) も、1906 年にラングーン大学の前身である政府カレッジの学生たちによって創設された。イギリス留学から帰国したビルマ人官吏たちの中にもこれに加わる者がいた。欧米の「青年キリスト教徒連盟」(YMCA) に倣ったこの組織は、当初ビルマの仏教文化の再興を目的としたが、1917 年にイギリスのインド担当国務大臣エドウィン・サミュエル・モンタギュ (Edwin Samuel Montagu 1879-1924) が発表したインドの自治拡大方針（モンタギュ宣言）からビルマが除外されたのちは、インドからの分離と立憲改革を要求する政治的運動の色彩を強めていった。

　1920 年までの米輸出拡大を軸とする経済発展に伴い、ビルマにはインドからの移民が多数流入するとともに、多くのビルマ人農民がインド人金貸しへの負債により土地を失うようになった。こうした事態は、ビルマ人の間にインドからの分離を求める感情をいっそう強めることになった。1920 年に YMBA に代わり結成された「ビルマ人団体総評議会」(General Council of Burmese Associations: GCBA) は、ビルマ人の統治参加（イギリス人とビルマ人の双方が統治にあたる両頭制〈dyarchy〉の実施）、外国製品の不買と国産品愛用、非ビルマ人の土地所有に対する制限などを求めて全国的な運動を展開した。この運動においては、学生と仏教僧侶が大きな役割を演じた。これに対して、イギリ

---

10) http://en.wikipedia.org/wiki/University_of_Yangon

スはインドと同様の両頭制の導入を認め、1922年11月に第1回立法評議会 (Legislative Council) 選挙を実施して、翌23年からビルマをインドの他州と対等で知事 (Governor) の統治する州 (province) に再編成した (ビルマ立法評議会は1897年に任命議員9名で発足、1909年の改革で30名に拡充、1921年に成立したビルマ統治法 (Government of Burma Act) に基づきさらに103名に拡充し、うち79名を選出議員とした)。これへの対応をめぐってGCBAは分裂し、弱体化した。

5-2. インドからの分離とタキン党の結成

1929年にアメリカから始まった世界大恐慌がビルマにも及び農民や都市下層民の困窮を招くと、1930年12月に元僧侶でGCBAで活動したこともあるサヤー・サン (Saya San 1876-1931) の指導下に南部のターヤーワディ地方を中心に納税拒否を叫ぶ大規模な農民反乱が勃発した。しかし、武装警官隊と英印軍の反撃により数千名の死傷者と逮捕者を出して反乱は1932年までに鎮圧され、サヤー・サンも31年8月に逮捕、11月に処刑された。

1935年に定められた改正インド統治法により、ビルマは1937年にインドから分離され、独自の憲法と議員全員を選挙で選ぶ新しい議会を持つことになった。これを進歩と見なすかそれともインドで進みつつあったような自治の拡大からビルマを隔離する策略と見なすかにより、ビルマの知識人、政治家の態度は分裂した。

ラングーン・カレッジを卒業後インドとイギリスへ留学して弁護士資格をとりサヤー・サンの法廷での弁護を担当して著名になったバ・モーは、立法評議会議員となり、1937年には英領ビルマの初代首相となったが、39年にウー・ソー (U Saw 1900-1948) に追われて下野し、次に述べるタキン党と組んで反英運動を展開し、翌1940年には逮捕、投獄された (しかし42年に脱獄し、日本占領下では国家元首になった)。やはりサヤー・サンの弁護人として頭角を現し、バ・モーの失脚後1940年から42年まで第2代首相の地位についたウー・ソーは、日本と秘密裏に接触したことが発覚してやはりイギリスに逮捕され、1946年までウガンダに拘留された (戦後に帰国し政治活動を再開したが、1947年7月のアウンサン暗殺に関与したかどで1948年5月に絞首刑に処せられた)。

他方、1930年には都市知識人たちの手で「われらのビルマ協会」（Dobama Asiayoun）という名のナショナリスト組織が作られた。メンバーは各人の名前の前に「主人」を意味するビルマ語の「タキン」の呼称をつけて呼び合ったため、「タキン党」という通称でも知られるようになった。彼らは、立法評議会での活動に力を注いだGCBA系政治家には同調せず、1930年代後半から1940年代初めにかけてゼネスト（1938～39年）など大衆動員によって完全独立を求める運動を展開した。アウンサンなどその後のビルマの独立運動で中心的役割を演じたのは、このタキン党出身の人々であった。

6. タイの立憲革命

6-1. 教育の近代化

植民地化を免れて王制を維持したタイでは、そのためにかえってヨーロッパ式近代教育の導入では他の東南アジア諸国にやや遅れをとった（近代以前のタイでは江戸時代の日本の寺小屋と同じように、仏教寺院での僧侶による教育が大きな役割を果たしていた）。しかし、ラーマ5世（在位1868-1910）時代の1871年にまず、王族と貴族の男子子弟に比較的近代的な教育を授けるための学校が、王宮内に設けられた。1887年には政府の中に教育部が設けられたが、この時までに全部で34の学校が設けられ、80人以上の教師が約2000人の生徒に教えていたと言われる。1892年に教育部は教育省に昇格となり、1898年には就学前教育、初等教育、中等教育、技術教育、高等教育の各段階から成る学制が定められた（1902年に一般教育と職業教育の複線制と学齢を定めたものへ改訂、整備）。また、1901年には最初の公立女子学校が設立された。

タイで最初の大学はラーマ6世（在位1910-1925）により1917年に設立され、先代の5世の名にちなんでチュラーロンコーン大学と名付けられた。その後、1934年に法律、政治学、経済学などを教えるタマサート（Thammasat）大学が、また1943年には医学専門のマヒドン（Mahidol）大学、農業専門のカセサート（Kasetsart）大学が設立された。また20世紀に入ると、王族や上流階級の子弟にはイギリス、フランスなどヨーロッパへ留学する者が増加した。

6-2. 人民党と立憲革命

　明治時代に憲法を定め国会を創設した日本とは異なり、王権の縮小を恐れるラーマ5世は国会開設や憲法制定の要求に応じなかった。しかし20世紀に入ると近代教育を受けた知識人たちの間に改革の要求が次第に広がっていった。ラーマ6世が1925年に亡くなると、その弟がラーマ7世（在位1925-1935）として即位した。6世と同じくイギリス留学経験を持つ7世は憲法草案の作成に着手したが、国家最高評議会を牛耳る他の王族たちの反対でその実施には至らなかった。他方、1927年に国費でフランス留学中の青年官吏（文官、武官の双方）たちの手で祖国改革をめざすグループが結成された。このグループはクーデタによる改革断行をめざす政党「人民党」（Khana Ratsadon: the People's Party）を組織するに至る。

　1920年代末に彼らが帰国すると、大恐慌による不況の波がタイにも襲いかかった。ラーマ7世は財政難を文官給与の引き下げや軍事予算削減による緊縮策で乗り切ろうとしたが、それは官吏たちの不満に火を付ける結果となった。こうして、1932年6月、ラーマ7世が休暇でバンコクを離れている間に軍人のピブーンソンクラーム（Plaek Pibunsongkhram 1887-1964）や文官のプリー

【写真21】ピブーンソンクラーム

ディー・パノムヨン（Pridi Banomyong 1900-1983）らに指導された人民党がクーデタを敢行して首都を制圧した。国王は彼らの要求を容れて新政権の樹立を容認、保守派の王族は国外に逃れたためクーデタは成功した。

権力を握った人民党は6月中に憲法を制定し、70名の任命議員から成る国会（人民代表議会）の開設を決定した。しかし同年12月に憲法は改定され、国会の定数は半数の選出議員を含む156名に変更された（最初の選挙は翌1933年10月に実施）。翌33年には巻き返しを図る勤王派のクーデタの試みがあったが失敗に終わり、ラーマ7世も1935年にはまだわずか9歳の甥（ラーマ8世在位 1935-1946）に王位を譲ってイギリスに移住、1941年に亡くなった。その後も勤王派の巻き返しの動きはたびたび繰り返されるが、ともかくもタイは立憲制に基づく代議制民主主義への道を歩み始めることになった。

この人民党による政変を、タイでは「仏歴2475年のシャム革命」、英語ではSiamese Revolution of 1932 または Siamese Coup d'etat of 1932 と呼ぶのが慣わしであるが、日本では「立憲革命」という呼び方が定着している。なお、1939年6月、時の首相ピブーンソンクラームにより、それまでのシャム（Siam）に代わってタイ（Muang Thai: Thailand）が正式の国名に採用された。

7. 英領マラヤにおけるナショナリズムと共産主義運動

7-1. 複雑な民族構成と近代学校教育の発展

今日のマレーシアとシンガポールにあたる地域におけるナショナリズムの誕生と成長の過程は、他の東南アジアの国々の場合よりもずっと複雑でわかりづらい。これは2つの理由による。

第1にイギリス植民地時代のこの地域は、海峡植民地、連合マレー諸州（FMS）、非連合マレー諸州（Non-FMS）、英領北ボルネオ、サラワクという5つの異なる行政的単位に分けられており、隣のオランダ領東インド（蘭印）とは違って単一の政府のもとにまとまっていなかった。これら5地域を包含する1つの国としてのマレーシア連邦が結成されるのは、ずっと遅く、イギリスから独立した後の1963年であり、シンガポールがそれから独立して別の国家を形成するのは1965年のことである。だから、現存の国民国家マレーシア、シ

ンガポールの形成に直結する政治的文化的運動は、第2次大戦以前はもちろん、1950年代になってもまだはっきりした形をとっていなかった。

第2に、この5つの地域の住民の民族構成の複雑さが挙げられる。海峡植民地の先住民はマレー人（ムラユ族）であるが、19世紀後半以降人口で最多となったのは中国からの移民であり、次いでインドからのそれであった。マレー諸州でも特に半島の西側の諸州では多数の移民が入り、都市部ではやはり華人系住民が多数派を形成するようになった。この時代の華人系、インド系住民は（次第に現地生まれの人口比率が高まる傾向にはあったものの）、居住地であるマラヤへの国民的帰属意識を持つものがまだ少なかったから、彼らの中からマラヤ・ナショナリズムは生まれてこなかった。マレー人と呼ばれる人々の場合にも実はかなりの比率でジャワ族、ボヤン（バウェアン）族[11]、ブギス族、ミナンカバウ族など蘭印からの移民が含まれており、狭い意味でのムラユ族一色というわけではなかった。また、北ボルネオではムラユ族は人口の点でも少数派であり、サラワクでも華人系移民やイバン族などムラユ族以外の先住民が多数いたうえ、国王はイギリス人であった（ブルネイではムラユ族が多数を占めるものの、その他いくつかの少数民族集団や華人系住民など非ムラユ族の住民もかなりの比率を占めていた）。

しかし英領マラヤ（海峡植民地を含む）でも、20世紀に入ると英語による近代教育の普及が始まる。シンガポールの華人系をはじめとする非ヨーロッパ系住民からの強い要請と資金提供を受けて、海峡植民地政府は1905年に医学校（海峡および連合マレー諸州官立医学校〈Straits and Federal Malay States Government Medical School〉）を設立した。1912年に同校はイギリス国王エドワード7世記念財団の拠金を得て拡充され、翌1913年にはエドワード7世医学校（King Edward VII Medical School）と改名した（校長は林文慶＝Lim Boon Keng）。さらに1921年この学校は大学と同格のエドワード7世医学カレッジ（King Edward VII College of Medicine）に改組された。

また1929年には同じシンガポールに、文科系の高等教育を行なうラッフル

11）ジャワ海の東ジャワの沖合にあるバウェアン（Bawean）島からの移住民を指す。同島の住民はマドゥラ語の方言を話す。マレーシア、シンガポールではバウェアンがなまってボヤン（Boyan）人と呼ばれることが多い。

ズ・カレッジ（Raffles College）が創設された（第2次大戦後の1949年に両校は合同してマラヤ連邦とシンガポールの双方のための高等教育機関としてのマラヤ大学〈University of Malaya〉となり、クアラルンプルに分校が設置される）。両校の卒業生にはマレーシアの第2代首相となるアブドゥル・ラザク（Tun Abdul Razak 1922-1976)、第4代首相となるマハティール（Tun Mahatir bin Mohamad 1925-)、シンガポールの初代首相となるリー・クアン・ユー（Lee Kuan Yew1923-）など錚々たる顔ぶれがいるが、彼らが歴史の舞台に登場するのは戦後のことである。

　シンガポールでは華語による私立学校での教育が、これより先に19世紀から行なわれていた。しかしそれらは福建、広東、客家、潮州、海南など出身地ごとの同郷団体（幇）により主に各地方語を用いて行なわれるものであった。同郷団体の垣根を越えて標準中国語（北京官話）による中等教育を初めて行なったのは、陳嘉庚（Tan Kah Kee 1874-1961）らの実業家が出資して1919年に設立された「南洋華僑中学」である。1930年代末にはシンガポールだけで300を超える学校が華語で教育を行なっていたと言われるが、華語で高等教育を行なう「南洋大学」が設立されるのは第2次大戦後1955年のこととなる。

　一方マレー諸州では、マレー人貴族の子弟に近代教育を授ける全寮制のマレー寄宿学校（Malay Residential School）が1905年にペラ州のクアラ・カンサルに設立された。1910年にこの学校は拡充されてマレー・カレッジ（Malay College Kuala Kangsar: MCKK, マレー語の正式名称は Maktab Melayu Kuala Kangsar, 通称は Kolej Melayu）と改名した。この学校の卒業生たちからは、マレーシアやブルネイのマレー人国家指導者、官僚が輩出するが、それももっぱら戦後のこととなる。

7-2. 2つのナショナリズム

　第2次大戦以前の英領マラヤには、2つのまったく系統の異なる、しかも現在の2つの国民国家には直接つながらないナショナリズム運動が展開されていた。1つは中国と連動した中華ナショナリズムであり、もう1つはインドネシアと連動した初期マレー・ナショナリズムである。前者の担い手となったのは中国国民党の支部組織と、華人中心の共産党である。1919年に中華革命党を改組して作られた中国国民党は、海峡植民地を中心とするいわゆる南洋華僑

の間にも支持を広げその支部が組織された。一方、1921年に中国共産党が設立されると、翌22年にはシンガポールで秘密裏にその支部が設けられたが、1925年以降は「南洋共産党」の名の下に活動を拡大し、中国での第1次国共合作成立（1924年）以後の流れの中で国民党支部への浸透を図った。しかし1927年に合作が破綻し、国民党による共産党の排斥・弾圧が始まると、海峡植民地でも国民党から離れた（地下の）独自組織の形成が進んだ。1930年になると、コミンテルンの方針に従って南洋共産党は解散され、マラヤと海峡植民地を主な活動地域とするマラヤ共産党（Communist Party of Malaya: CPM）が新たに組織された。1930年代半ばまでにマラヤ共産党はマレー半島の華人労働者の間にも浸透した。1937年に日中戦争が始まり第2次国共合作が成立すると、マラヤ共産党と中国国民党支部との関係も再び好転し、両者が一体となった抗日救国運動が展開された。1942年2月にマレー半島全域が日本の占領下に置かれたのち、マラヤ共産党は抗日人民軍を組織して地下の抵抗運動を行なうことになる。

　他方1938年には、イブラヒム・ヤーコブ（Ibrahim bin Haji Yaacob 1911-1979）などインドネシアのナショナリズム運動と連携して「大インドネシア」（Indonesia Raya）または「大マレー」（Melayu Raya）の建設をめざすマレー人たちがクアラルンプルで「青年マレー同盟」（Kesatuan Melayu Muda: KMM）を結成した。その主な担い手はペラ州に1922年に設立された「スルタン・イドリス教育カレッジ」（Maktab Perguruan Sultan Idris: MPSI または Sultan Idris Training College: SITC）の教師や卒業生であった。さらに1939年と1940年にはKMMが中心となって「マレー会議」（Malay Congress）が1回目はクアラルンプル、2回目はシンガポールで開催された。1941年にはシンガポールの日本領事館から資金援助を得て『ワルタ・マラヤ』（Warta Malaya）というマレー語の新聞も創刊された。しかしこれはイギリス当局の警戒するところとなり、同年末にはKMMの指導部はいっせいに逮捕された。日本軍によるマラヤ占領後はイブラヒム・ヤーコブらは釈放されて軍政に協力し、1944年には新たに組織された「スマトラ・マレー義勇軍」の幹部として登用されることになる。

植民地支配の終わりと国民国家の誕生

第6章

1. 第2次世界大戦と欧米植民地支配の崩壊

1-1. 日本による占領と現地社会の反応

　1941年12月8日、太平洋戦争開始と同時にマレー半島北部に日本軍が上陸した。マレー半島を南下した日本軍は、翌42年2月シンガポールを占領し同地の極東英軍司令部は陥落した。フィリピンでは41年12月22日にマニラの北方リンガエン湾から日本軍がルソン島に上陸し、42年1月にマニラを占領した。次いで5月にはマニラ近郊のコレヒドール要塞が陥落して米軍が一掃された。オランダ領東インドでは42年3月にジャワ島上陸作戦が敢行され、蘭印軍は降伏した。ビルマでも42年3月にラングーンが占領され、5月にはマンダレーも陥落した。

　一方、インドシナでは既に1940年9月にいわゆる「援蔣ルート」切断のため、日本軍は北部国境から侵入し、親独の仏ヴィシー政権に軍事協定を強いて、北部に軍を駐留させるのを認めさせていた（北部仏印進駐）。さらに1941年7月には南部にも軍を進駐させ、のちの南方作戦への備えとした（仏印の統治権そのものはフランス側に存続した。ただし、45年3月には日本軍が仏印軍を武装解除して事実上直接支配下に置いた。これを当時の日本では「仏印処理」と呼んだ）。また開戦後の41年12月21日には日タイ攻守同盟が調印されてタイは日本の同

盟国となり、翌42年1月下旬にタイは連合軍に対し宣戦を布告した。

こうして、1942年半ばまでには東南アジアの全域が日本の占領下またはその強い影響下に置かれることになった。占領日本軍に対する東南アジア各国のナショナリストたちの対応は次に見るようにさまざまであった。

1-2. フィリピン

在フィリピン米軍が1942年5月に降伏する前に、フィリピン・コモンウェルス政府の指導部はオーストラリア経由でアメリカに脱出、ワシントンに亡命政府を組織した。これに対し日本軍は対日協力政府として、まず1942年1月にバルガス（Jorge B. Vargas 1890-1980）を長官とする比島行政府（Philippine Executive Commission）を、次いで1943年10月にはラウレル（Jose Paciano Laurel 1891-1959）を大統領とするフィリピン共和国[1]を樹立したが、占領下での経済・社会状況の悪化のため国民的支持は得られなかった。

また、フィリピン各地に結成された抗日ゲリラ組織の活動も日本の占領統治を困難なものにした。その多くは1943年2月末にマッカーサー将軍を指揮官として再建された米極東陸軍（United States Army Forces in the Far East: USAFFE）と連絡をとり、正規軍としての組織化が進められた。また中部ルソンでは、1943年3月に結成された抗日人民軍（Hukbong Bayan Laban sa mga Hapon: Hukbalahap）が地主支配に反対する農民運動を基盤に抗日武装活動を展開した。そして1944年10月、マッカーサー麾下の米軍がレイテ島に上陸、凄惨な戦闘の末に1945年2月にマニラから日本軍を放逐した。ルソン島北部へと敗走した日本軍は9月3日にバギオで降伏し、フィリピンでの戦争は終結した。

1-3. マラヤ

日本軍がマレー半島に上陸し南進を開始すると、投獄されていたマラヤ共産党員たちはイギリスにより釈放され、その一部は即席の軍事訓練を受けてゲリラ部隊に編成された。シンガポールの極東英軍司令部が陥落するまでに、マラ

---

1) フィリピン革命時にマロロスで樹立された第1次共和国と対比して、第2次共和国と呼ばれている。

ヤ全体で4個連隊が密かに組織されたと言われる。英領マラヤにおける占領日本軍の華人系住民への対策は過酷なものであった。シンガポール陥落の数日後に同地の華人男性は憲兵隊に招集され、反日分子と見なされた人々は殺害された。同様の殺害は英領マラヤ全域で行なわれ、数千人が犠牲となった。

　一方、1942年3月には地下のマラヤ共産党のゲリラ部隊がマラヤ抗日人民軍（Malayan People's Anti-Japanese Army: MPAJA）に組織され、サボタージュと奇襲攻撃の抵抗活動を開始した。7個連隊にまで拡大したこのゲリラ部隊は、密林地帯に秘密基地を設けて活動した。1944年からはセイロンにあったイギリス軍を中心とする連合軍東南アジア司令部（Allied South East Asia Command: SEAC）からの連絡や補給も行なわれるようになった。そして日本の降伏後の1945年9月ごろから、密林を出て公然と活動を始めるようになる[2]。

　華人左翼の場合とは対照的に、青年マレー同盟（KMM）の系譜を引くマレー人ナショナリストたちは日本軍に協力する立場をとった。1942年2月に日本軍により釈放されたイブラヒム・ヤーコブは、1944年に日本軍（陸軍第25軍）によって編成されたスマトラ・マレー義勇軍の将校に抜擢されるとともに、インドネシアのスカルノと連絡をとって「大インドネシア」（Indonesia Raya）実現のために活動しようとした。日本の敗戦によってその希望は絶たれたが、彼はインドネシアに移り住み政治活動を続けた（1973年までマレーシアへは入国を拒否された。1979年にジャカルタで亡くなり、同市内のカリバタ英雄墓地に埋葬された）。

　既に述べたように、この2つのまったく異質なナショナリズム運動は、旧英領マラヤ地域における戦後の国民国家形成過程における主な動きには接続せず消滅することになる。

1-4. インドネシア

　旧オランダ領東インドの全域を占領した日本軍は、スカルノ、ハッタなどオランダによって流刑に処せられていたナショナリストたちを釈放し、彼らに軍政への協力を求めた。彼らの協力を得て組織された「プートラ＝Putera（Pusat

---

[2] http://en.wikipedia.org/wiki/Malayan_Communist_Party

Tenaga Rakyat, 民衆総力結集運動)」、その後身としての「ジャワ奉公会」、隣組、青年団、警防団、婦人会などの組織によって大衆の組織化と動員を図った。日本軍政府はまた、イスラム宗教団体や宗教指導者の協力確保のために彼らに対する連絡統制の最高機関としての「マシュミ＝MASYUMI（Majlis Syuro Muslimin Indonesia, インドネシア・イスラム教徒協議会）」を設置した（1943年11月）。

さらに43年10月にジャワ、バリで「ペタ＝PETA（Pembela Tanah Air, 郷土防衛義勇軍）」、11月にはスマトラ、マレーで義勇軍を、また43年春からは「兵補」を編成してインドネシア人に軍事訓練を行なった。ペタは終戦時にジャワに66個大団3万3000名、バリに3個大団、スマトラ・マレー義勇軍は1万名弱を擁し、のちにその多くがインドネシア共和国軍に加わって独立戦争の中核戦力となった。

「大東亜共栄圏」建設のためにアジア諸民族を欧米の植民地支配から解放するという建前を日本軍は掲げたが、その主たる意図は戦争遂行のための資源確保であり、石油、ゴムなど資源の豊富な東インドは永久に直接支配下に置くことを当初は意図していた。そのため、43年8月にビルマ、10月にフィリピンに形式上独立を認めたのちもインドネシアのナショナリストには譲歩を行なわなかった。しかし、戦局の悪化とともに民心掌握の必要上から方針を変え、44年9月には当時の小磯首相が将来独立を与えることを帝国議会で公表、これに基づき45年3月に日本人特別委員8名、インドネシア人委員70名から成る「独立準備調査会」がジャカルタ（1942年にバタビアから改称）に設置され、終戦前日の8月14日にはインドネシア人委員21名から成る独立準備委員会が結成された。

他方、貿易の途絶と日本軍による物資と労働力（romusha, 労務者）の徴発により、経済は極度の疲弊状態に陥り、45年2月に東ジャワのブリタル（Blitar）で起きたペタ大団の蜂起など、一部の地域では民衆レベルの抵抗運動も起きた。また、旧バタビア医科学校の学生グループなど知識人の一部には、地下の反日グループを組織しようという動きもあった。しかし、1945年8月15日以後のインドネシアの独立運動の主流は、独立準備委員会をリードしたスカルノ、ハッタらのナショナリスト政治家とペタの大団長でインドネシア共和国軍の初

代司令官となるスディルマン（Sudirman 1916-1950）ら軍人によって形成されていくことになる。

1-5. ビルマ

1939年にヨーロッパで第2次大戦が勃発するとウー・ヌ、アウンサンなどタキン党の青年ナショナリストたちは、バ・モーらの既成政治家とも共同して完全独立を求める大衆運動を展開しようとしたがイギリスの弾圧にあって頓挫した。このためアウンサンらは武装闘争への転換を考え始め、当初は中国共産党との連携を模索しようとしたが、ビルマ経由のいわゆる援蔣ルート切断のためにビルマのナショナリストに積極的な工作を展開しようとしていた日本軍の特務機関（南機関）との間に連携が成立した。

【写真22】アウンサン

1941年2月からアウンサンを指導者とする30名の青年ナショナリスト（のちに「30人志士」と呼ばれる）がビルマを脱出し、中国の海南島に設けられた日本軍の海軍基地で軍事訓練を受けた（30人の中には、のちにビルマの独裁者となるネ・ウィンも含まれていた）。同年12月8日の開戦後、彼らはタイへ進駐した日本陸軍第15軍とともにバンコクへ集結し、28日に同地で「ビルマ独立義勇軍」（Burma Independence Army: BIA）を編成した（当時は全員で140名、司令官はボーモージョーのビルマ名を名乗った南機関長鈴木敬司大佐。アウンサンは

高級参謀)。42年1月からBIAは第15軍とともにビルマ攻略戦に加わり、組織を急拡大しながら進軍して3月にラングーンに入城した。同月25日にラングーンでBIAの観兵式典では4500名の兵士が行進したとされる。

ビルマ北部にはなおイギリス軍（英印軍）と中国軍（国民党軍）が残っていたが、42年5月末までに日本軍はこれを掃討しビルマ全域を制圧した。5月半ばには監獄から脱出していたバ・モーが発見され、日本軍は彼を首班とする行政府の設立準備を進めることにした。この頃までにBIAの兵力は2万人以上にふくれあがっていたが、その統制と補給には問題が生じ始めていた。また日本軍（シンガポールに総司令部が置かれた南方派遣軍）中央は独立政権の即時樹立には反対しており、南機関機関員とBIA幹部の間には軍中央に対する不信と不満が増大していった。42年6月に南機関の任務は終了したとしてその解散命令が下り、鈴木大佐はBIAの指揮をアウンサンに委ねて帰国した。7月、BIAを解散・整理して新たに「ビルマ防衛軍」(Burma Defense Army: BDA)を編成することが決まった[3]。

43年8月にバ・モーを首班とするビルマ政府が樹立されると、BDAはさらに「ビルマ国民軍」(Burma National Army: BNA) と改名され、国防大臣に就任したアウンサンに代わりネ・ウィンがその司令官に任じられた。しかし、インドネシアと同じく戦時経済下で民衆の生活は困窮をきわめ、日本軍への反感は次第に高まった。1944年3月〜6月に日本軍がアラカン山脈を越えてインドへ進出しようと行なったインパール攻略作戦が惨憺たる失敗に終わると、戦況は逆転し、英印軍のビルマへの大攻勢が始まった。このような状況下で、旧タキン党系のメンバーを中核とするBNA、ビルマ共産党、人民革命党（PRP、のちに社会党と改名）の3勢力により44年8月に抗日統一組織である「反ファシスト組織」(Anti-Fascist Organization: AFO) が秘かに結成された。

日本軍の敗勢が明白になった1945年3月、BNAを中心にAFOがいっせいに蜂起して5月には連合軍（英印軍）とともにラングーンを掌握した。その後AFOは「反ファシスト人民自由連盟」(Anti-Fascist People's Freedom League: AFPFL、ビルマ語名の略称はパサパラ）と改名し、議長にはアウンサン、書記長

---

3) http://ja.wikipedia.org/wiki/ 南機関

にはビルマ共産党のタキン・タントゥンが就任した。対日戦を有利に進めるために連合軍は AFO を支援して共同行動をとってきたが、戦後に独立を認める意図はなく、日本の降伏後は AFPFL による反英独立闘争が始まることになる。

1-6. インドシナ

インドシナでは 1945 年 3 月の日本軍による「仏印処理」まで仏印政府による統治が存続したため、日本軍と反仏ナショナリストの間に協力関係が生まれる余地はなかった。1939 年以降再び地下活動に移ったインドシナ共産党は、やがてヴィシー政権と結んだ日本軍の仏印進駐により、日仏両国を敵とすることとなった。

1930 年代にはベトナムを離れ、モスクワや中国（延安、雲南省など）でコミンテルンの活動に従事していたホー・チ・ミンは、1941 年 2 月に雲南省から国境を越えベトナムのカオバン省に入った。同年 5 月に彼はここで、ベトナム独立のための統一戦線組織「ベトナム独立同盟」（通称ベトミン）を組織し、中国国民党軍の支援を得て反仏抗日の武装闘争の開始を試みたが、共産党の勢力拡大を嫌う国民党からは十分な支持を得られず、むしろ重慶に駐在事務所を持つアメリカ戦略諜報局（Office of Strategic Services: OSS, 現在の CIA の前身）から武器援助を受けた模様である。その武装根拠地は山岳地帯の一部にとどまっていたが、1945 年に入り日本の敗色が濃くなると地下のベトミン組織は各地に急拡大していった。そして 1945 年 8 月、日本の無条件降伏とともにベトミンはいっせいに蜂起して「ベトナム 8 月革命」の火ぶたが切られることになる。

【写真23】ホー・チ・ミン

なお日本軍は45年3月9日の「仏印処理」によりフランス領インドシナ連邦を解体して旧アンナン、トンキン、コーチシナを統一、グエン（阮）朝最後の皇帝であったバオダイ（Bảo Dại = 保大）を元首とするベトナム帝国を立ち上げたが、国家としての実質はなく、バオダイは8月26日に退位を宣言してグエン朝は名実ともに消滅した。

2. ベトナム8月革命と第1次インドシナ戦争

　1945年8月、日本の無条件降伏と同時にホー・チ・ミンの指導するベトミンは全国で一斉に蜂起し、同月末までにハノイ、フエ、サイゴンなど主要都市を掌握した。日本軍が擁立した「ベトナム帝国」のバオダイ帝も退位を宣言した。ベトナム人民軍[4]とともにハノイに入ったホー・チ・ミンは、9月2日に大衆集会を開催し、ベトナム民主共和国の独立を宣言した。ベトナムではこれを「8月革命」と呼んでいる。

　一方、「仏印処理」（1945年3月）の際に日本軍は、カンボジアのシハヌーク王（Norodom Sihanouk 1922-）、ラオスのシーサワンウォン王（Sisavang Vong 1885-1959）を擁立して両国を独立させた。しかし、1945年7月のポツダム会議において、北部には中国軍（国民党軍）が、南部にはイギリス軍（英印軍）が進駐してインドシナ駐留の日本軍の武装解除に当たるという連合国側の方針が既に定められていた。このため、9月上旬のうちに英軍と中国軍がそれぞれサイゴンとハノイに入城、下旬には英海軍艦艇に乗った最初のフランス軍部隊がサイゴンに上陸し、ベトナム民主共和国側と武力衝突が始まった。

　フランスは当初インドシナ3国の独立を認めなかった。民主共和国側はフランスとの交渉による解決を試み、1946年3月にはフランス連合内での独立が認められた。だが、フランスはベトナムが統一国家として独立することを拒否し、46年に南部を切り離してコーチシナ共和国を設立した。ベトミン系の南部行政委員会はこれを拒み、全面抗戦に入った。11月北部のハイフォン港をフランス軍が砲撃し、12月にはハノイでフランス、ベトナム両軍が交戦、

---

[4] 1944年12月にヴォー・グエン・ザップ（Võ Nguyên Giáp 1911-）らが組織したベトナム解放軍宣伝隊が前身であった。

民主共和国臨時政府主席ホー・チ・ミンは対仏全面抗戦を宣言するに至った。

【写真24】ベトナム人民軍(2004年12月、建軍60周年記念のポスター)

　カンボジアでは1945年10月にプノンペンに進駐したフランス軍が独立宣言を取り消したが、ソン・ゴク・タン首相（Son Ngoc Thanh 1908-1977）らは北西部に逃れてクメール・イサラ（Khmer Issarak, 自由クメール）を組織し対仏抗戦を開始した。またラオスでも同時期にラオ・イサラ（Lao Issara, 自由ラオス）が臨時政府を組織して対仏抗戦に入った。これらのフランスに対する戦争の全体を第1次インドシナ戦争と呼ぶ。

　1947年前半にフランスは各地の都市部を占領、ベトナム人民軍は山岳部に撤退してゲリラ戦による長期持久体制を築いた。47年10月にフランス軍は山地へ大攻勢をかけたが失敗、これによって戦線は膠着状態となった。1949年6月にフランスはコーチシナ共和国に代わり、南部にバオダイを国家主席とするベトナム国を成立させたが民衆の支持は広がらなかった。またこれに先立ち、46年1月にはシハヌークのカンボジア王国にフランス連合内での自治を許容した。ラオスでも49年7月にやはりフランス連合内での自治を認めたが、これを不満とする左派が1950年に「パテート・ラオ」（ラオス愛国戦線）を結成し、ベトナム人民軍と同調しつつ、フランス軍、王国政府軍に対するゲリラ戦を開始することになる。

【写真25】ノロドム・シハヌーク

　一方1949年10月に中国で共産党が国民党との内戦に勝利し中華人民共和国が成立すると、ベトナムでの戦局も大きく変わり始める。同年12月に中国人民解放軍が中越国境に到達、翌50年1月には中ソ両国がベトナム民主共和国を公式に承認して武器援助を開始した。1950年1月のベトナム人民軍のホン川とメコン川デルタへの侵攻開始に、フランスはアメリカからの軍事援助を受けて対抗した。同年9月から人民軍はそれまでのようなゲリラ部隊ではなく、本格的な武器を備えた正規軍による攻撃を開始、次第にフランス軍を圧倒し、ラオス国境に近いディエンビエンフーでの1954年3月〜5月の戦闘でフランス軍を壊滅させたことによってフランスの敗勢は決定的となった。

　1954年7月にスイスのジュネーブで締結された和平協定により、①北緯17度線を暫定的境界として、南をバオダイ・ベトナム軍、北を民主共和国人民軍の集結地とする、②フランス軍は速やかに撤退する、③国際監視委員会の下に1956年7月に統一選挙を行なう、などが取り決められて戦争は終結した。

　ラオスについても、①ベトナム人民軍、フランス軍双方の撤退、②パテート・ラオ軍の北部2州集結、③総選挙による統一、がジュネーブ協定により合意された。またカンボジアではシハヌーク王が一方でクメール・イサラやベトミン系の左派勢力と争いつつ、他方ではフランスから軍事・外交の権利を奪取することに成功、54年3月までに完全独立を達成した。

3. インドネシアの独立戦争と単一共和国の成立

　1945年8月17日、日本のポツダム宣言受諾の2日後に、即時独立を主張する青年ナショナリストたちに促されジャカルタでスカルノとハッタがインドネシア共和国（Republik Indonesia: RI）の独立を宣言した。翌8月18日には独立準備委員会が、①憲法（1945年憲法）の公布、②スカルノ、ハッタを正副大統領に選任、③憲法の定める国会（DPR, 毎年開催される立法議会）および国民協議会（MPR, 5年に1度開催され正副大統領を任命し国策大綱を定める国家の最高機関）がいずれ選挙を経て形成されるまでの過渡的措置として、それに代わる「インドネシア国民委員会」（Komite Nasional Indonesia）を結成する、の3項目を決議した。さらに8月22日には、人民治安団（Badan Keamanan Rakyat: BKR）の結成が決議され、旧ペタ（郷土防衛義勇軍）系の兵士や兵補、また旧蘭印軍（KNIL）兵士の一部にも参加が呼びかけられた。

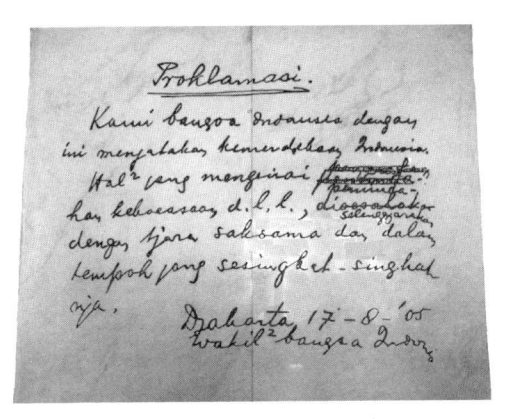

【写真26】インドネシア独立宣言文草案

「我らインドネシア国民はここにインドネシアの独立を宣言する。権力の委譲などの事柄は、精確かつ可及的速やかにこれを行なう。ジャカルタ、'05年8月17日　インドネシア国民代表」とある。'05年とは、日本軍占領下で使われた年号「皇紀2005年」のこと。

【写真27】スカルノ　　　　　　　　　【写真28】モハマド・ハッタ

　一方、日本軍は連合軍の命令により、東南アジアの各占領地域を現状維持のまま、上陸する連合軍部隊に引き渡すことになり、インドネシア人の独立派への武器引き渡しも厳禁とされていた。この命令を守るために独立派との衝突が各地で生じたが、また各部隊の独自判断で秘かに武器・弾薬を独立派に引き渡した場合も少なくなかった。

　1945年9月末、連合軍第1陣としてイギリス軍（英印軍）がジャカルタに上陸、10月20日にはオランダ領東インド政府総督ファン・モーク（Hubertus van Mook 1894-1965）が亡命先のオーストラリアからジャカルタに帰還し、植民地支配復活のための活動に着手した。これに対して共和国側は、10月5日には人民治安団をより本格的な軍隊としての人民治安軍（Tentara Keamanan Rakyat: TKR）に改組して、英印軍およびこれに付随して上陸を始めた蘭印軍と対抗する姿勢を固めた。また11月にはその司令官に元のペタ・バニュマス大団長スディルマンが任ぜられた（英印軍は1946年11月末までに撤退を完了し、再建された蘭印軍に交代した。また人民治安軍はその後2回名前を変えたあと、その他のゲリラ組織を吸収・統一して1947年6月に今日のインドネシア国民軍〈Tentara Nasional Indonesia; TNI〉に改編された。しかし、今でも10月5日が建軍記念日とされている）。

【写真29】外套を着て敬礼を交わすスディルマン（右側の白衣の人物はのちに大統領となるスハルト）

　45年10月末、東ジャワのスラバヤに上陸した英印軍と民衆との間に武力衝突が発生、インドネシア独立戦争の火ぶたが切られた。12月にはスディルマン指揮下の人民治安軍が中部ジャワのアンバラワ（Ambarawa）で英印軍と戦い、これをスマランへと退けるのに成功した。各地での戦闘の拡大とともに、共和国政府は首都をジャカルタからジョグジャカルタに移して抗戦に備えた。

　1946年10月イギリスの仲介によりジャカルタで和平交渉が始まり、11月に西ジャワのリンガルジャティ（Linggarjati）で次の3項目を主な内容とする協定が結ばれた[5]。①インドネシア共和国政府とオランダは、新たな連邦政府の結成に向けて努力する。②インドネシア連邦共和国政府は、インドネシア－オランダ連合を結成して緊密な協力を続ける。③オランダは、ジャワ、マドゥラ、スマトラの3地域におけるインドネシア共和国の事実上の主権を認める。

　しかし、この協定の批准も終わらぬ翌47年1月にオランダは東ジャワで「警察行動」の名目で軍事攻撃を再開した。このため、共和国側でも徹底抗戦の主張が強まって47年7月に協定は瓦解、装備で勝るオランダはジャワ、スマトラの主要都市を次々と占領したので、共和国側は農村部に立てこもるゲリラ戦で対抗した（オランダはまた、各地に傀儡政府を建てて連邦政府の体裁を整えようとした）。

　しかし47年8月には国連安保理が即時停戦と仲裁による和平解決を求める

---

5) この交渉におけるインドネシア共和国側代表はシャフリル首相（Sutan Sjahrir 1909-1966）であった。

案を賛成多数で可決し、オーストラリア、ベルギー、アメリカの3国代表による仲裁委員会が設置された。仲裁委員会の活動の結果、1948年1月にジャカルタ沖に停泊したアメリカの軍艦レンヴィル (Renville) の艦上で、インドネシア共和国領をジャワ島の中部と西端部、マドゥラ島のみに限る停戦協定（レンヴィル協定）が締結された。だがこの協定も、インドネシア側から根強い反対が出て批准には至らなかった。また、1948年9月には東ジャワのマディウン (Madiun) でインドネシア共産党とその影響下にある部隊が共和国政府に対抗してクーデタを試み鎮圧されるという事件が起きた（マディウン事件）。

マディウン事件による共和国内部の混乱を奇貨として、オランダは48年12月に和平会談決裂を宣言し、全面攻撃（第2次「警察行動」）を再開、共和国臨時首都ジョグジャカルタを占領してスカルノ、ハッタと多数の閣僚を逮捕した。これに対し共和国側は西スマトラに臨時政府を樹立して抗戦を継続、1949年3月にはゲリラ部隊によるジョグジャカルタ奪還作戦を敢行してその存在をアピールした。

オランダの軍事的攻勢は、かえってその国際的孤立を招く結果となった。49年12月の国連安保理は、共和国指導者の釈放を要求する決議を採択した。また、マディウン事件で共産党を一掃した共和国政府に好感を抱いたアメリカが、和平協議再開に応じなければ戦後復興のためのいわゆるマーシャル援助を停止するとオランダに強い圧力をかけた。その結果、1949年7月にスマトラに抑留されていたスカルノ、ハッタが釈放されてジョグジャカルタに戻り、共和国政府が再建された。そして8月下旬からオランダのハーグで開始されたオランダ、インドネシア共和国、その他のインドネシア連邦構成国の間での和平会談（円卓会議）の結果11月に、①オランダは西ニューギニアを除くインドネシア連邦共和国にその主権を委譲する、②両国は友好協力のためのオランダ－インドネシア連合を形成する、③12月末の主権委譲後オランダ軍は撤退し、旧蘭印軍は解体する。④旧蘭印政府の負債をインドネシア連邦政府が引き受ける、などを主な内容とする合意が得られて、12月下旬に「ハーグ協定」[6]として発効し、インドネシアの独立戦争は終結した。

---

6) オランダの首都ハーグで円卓を囲んで行なわれたこの会議は「円卓会議」とも呼ばれ、その結果締結された協定は「円卓協定」（Round Table Agreement）とも通称された。

またこれと同時に、新たにインドネシア連邦共和国憲法が制定された。しかし、1950年に入るともともとオランダの傀儡という色彩が強かった連邦構成各国は、次々に自ら解散してインドネシア共和国に合流し、1950年8月15日には共和国暫定憲法（1950年憲法）が公布されて連邦制は廃止され、単一のインドネシア共和国が成立した。

4. フィリピンの独立とフク団の反乱

コモンウェルス時代のフィリピンでは、1907年に結成されたナショナリスタ党（Nacionalista Party: NP）が日本軍の占領まで議会の多数派を構成したが、第2次大戦後もその勢力が復活した。しかし、日本占領期の対日協力者の扱いなどをめぐってオスメーニャ派とロハス派の間で対立が生じた。コモンウェルス政府の元財務長官で、戦時中に日本軍に捕らえられいったん死刑を宣告されたが免罪となり、以後軍政に協力した経歴を持つロハス（Manuel Roxas 1892-1948）は、マッカーサーGHQ最高司令官の後ろ盾により対日協力免罪を主張してセルヒオ・オスメーニャ（Sergio Osmeña 1878-1961）と争った。彼は1945年12月にナショナリスタ党を離党して、翌46年1月にリベラル党（Liberal Party: LP）を結成、同年4月の大統領選、国会議員選ではリベラル党が勝利を収めた。

1946年7月4日に、1934年のタイディングス－マクダフィ法の定めに従い、フィリピン共和国（第3次共和国）が独立すると、その初代政権は、4月の選挙結果に基づきリベラル党が担うことになった。初代大統領となったロハスが1948年に急死すると、同じリベラル党のキリノ（Elpidio Quirino 1890-1956）が第2代（第1次共和国から通算すれば第6代）の大統領に就任したが、1953年にはナショナリスタ党のマグサイサイ（Ramon Magsaysay 1907-1957）がこれに代わった。以後1970年代のマルコス戒厳令体制の成立まで、リベラル党とナショナリスタ党の2大政党がほぼ交代で政権を担った。

フィリピンでは独立後もアメリカとの緊密な政治的、経済的関係が持続した。独立と同時に、1974年までの特恵関税期間を定めたフィリピン通商法（通称ベル通商法〈Bell Trade Act〉）が調印された。この法律には、①輸出税を非課税

とする、②アメリカ国民、企業に対して内国民待遇を付与する、③通貨ペソの対ドル交換比率を固定し、その変更には米大統領の同意を義務づける、などフィリピン側に不利な条項が含まれていた（この法律は 1955 年に改訂フィリピン通商協定、通称ラウレル−ラングレー協定〈Laurel-Langley Agreement〉に代わったが、大枠の変更はなかった）。また 1947 年には、99 年間の無償使用を認めた米軍基地協定、軍事援助協定も調印された。

　一方、中部ルソンの農村部では反地主の農民運動と結合したフクバラハップ（抗日人民軍）の勢力が戦時下で大幅に拡大し、日本軍による農村支配をいちじるしく困難にしていた。1944 年 10 月からフィリピンに復帰した米軍は彼らを匪賊集団と見なしその武装解除を命じるとともに、45 年 4 月にはその指導者であったルイス・タルク（Luis Taruc 1913-2005）とアレハンドリノ（Casto Alejandrino 生没年不明）を捕らえてパラワン島の監獄に収監した。しかし、フクバラハップの兵士の多くは武器を隠匿したり山岳地帯に逃れたりしてその勢力を温存した。1946 年の選挙では、フクバラハップと連動した左派が結成した民主同盟（Democratic Alliance）がナショナリスタ党のオスメーニャを支持して選挙戦に加わり、下院に 6 議席を得た。当選者の中には既に釈放されていたタルクも含まれていたが、ロハス政権は彼らの当選を無効としフクバラハップ掃討の作戦に着手した。タルクらは地下に潜行し、軍事組織拡大と反政府闘争強化に着手した。このころ、フクバラハップは人民解放軍（Hukbong Magpapalaya ng Bayan: HMB）と改称された（いずれも単にフク団〈Huk〉と呼ばれることが多い）。

　1947 年 3 月、ロハス政権はフィリピン共産党とその軍事組織である HMB を非合法と宣言し対決姿勢を強めた。これに対して 1948 年 8 月に HMB は議会を通じた改革の試みを止め武装闘争に専念することを決定した。そして 1949 年から 51 年にかけて中部ルソンの各地で攻勢に出た。しかし 1952 年に入ると政府軍の反撃と各種の平定策が功を奏し始め、フク団の活動は次第に下火になっていった。また、旧社会党系のフク団司令官タルクらと共産党中央のヘスス・ラバ（Jesus Lava 1914-2003）らとの路線対立が激しくなり、1954 年 5 月に時のマグサイサイ大統領の意を受けたベニグノ・アキノ（のちの上院議員、当時は新聞記者）の説得によりタルクらが政府に帰順することにより、1950 年

代のフク団の武装闘争は終息に向かった。

5. ビルマの独立と内戦

　日本降伏後のビルマでは、イギリスが再植民地化を進めようとしてアウンサン指揮下のビルマ国民軍（BNA）もイギリス指揮下のビルマ軍に統合された。しかしアウンサンは1946年1月に反ファシスト人民自由連盟（AFPFL, パサパラ）の総裁に就任、9月には英領ビルマ政府の行政評議会（Executive Council of Burma）副議長に任命され、防衛と外交について責任を負うことになった。しかし、この時ビルマ共産党CPBとその指導者タキン・タントゥン（Thakin Than Tun 1911-1968）はこれに反対してAFPFLから脱退した。1947年1月27日、アウンサンはロンドンでイギリスのクレメント・アトリー首相と1年以内の完全独立を約束する協定調印に成功した（アウンサン – アトリー協定〈Aung San-Atlee Agreement〉）。

　イギリスから戻ると彼は、国内各派のリーダーたちとシャン州のパンロンで会議（Panglong Conference）を開催し、2月12日にはビルマの独立に向け連帯と協力を確認する協定に調印した。続く4月に行なわれた制憲議会選挙ではAFPFLが202議席中196議席を得て圧勝した。しかし、独立へ向けての国内諸勢力の思惑は特にシャン、チン、カチン、カレンなど少数民族対策をめぐって多様であり、その統一は容易ではないという状況が続いていた。

　1947年7月19日朝、ラングーン市内で行政評議会開催中のアウンサンらを一団の刺客たちが襲撃し、彼と6人の閣僚を暗殺した。暗殺はアウンサンの政敵であったウー・ソー元首相の命令によるものと見なされ、ウー・ソーは逮捕され裁判で死刑を宣告され、1948年5月に絞首刑に処せられた（しかし、彼の関与を疑問視する説もあり真相はいまだに明らかになっていない）。

　翌1948年1月4日にビルマ連邦共和国が英連邦を離脱して独立を達成した。初代首相には故アウンサンに代わってAFPFL総裁に就任したウー・ヌが就任した。しかし独立と同時に、共産党、左派人民義勇軍、カレン民族同盟などが相次いで蜂起し、ビルマは内戦に突入していく。また、1949年には国共内戦に敗れた中国国民党軍の残余部隊がシャン州に侵入し、その一部を占拠した。

彼らはアメリカの CIA とも結び、アヘンの密輸で資金を蓄えながら中国国内への反攻の機会を窺った。ビルマ国軍は 1950 年代半ばまでにその掃討に成功したが、シャン族、カレン族、共産党軍などとの武力闘争はその後も長く続き、1960 年代に入って軍部が政権を掌握する素地が作られることになった。

6. マラヤ連邦の形成と内戦、独立

　1945 年 10 月、戦後のイギリス軍政下で従来の英領マラヤに代わる新たな植民地統治の枠組みとして、「マラヤ連合」（Malayan Union）の構想がイギリスによって提示された。これは、従来の連合マレー諸州、非連合マレー諸州および海峡植民地のうちペナンとムラカ（マラッカ）を在クアラルンプルのイギリス人総督（Governor General）が率いる単一の政府のもとに統合しようというものであった（シンガポールは直轄植民地として分離）。これには、以下で述べる理由からマレー人たちの強い反発が出た。にもかかわらず、イギリスは 1946 年 4 月 1 日にマラヤ連合を公式に発足させた。
　マレー人たちの反発は次の 2 つの理由からであった。第 1 に、従来マレー連合諸州の各州評議会（State Councils）に与えられていたある程度の自治権がクアラルンプルの単一政府により大幅に奪われた。しかも、従来各州のスルタンが務めていた州評議会議長のポストにもイギリス人理事官（resident）が就任することになったので、スルタンの権限も著しく弱められた。第 2 に、英領マラヤかシンガポールで生まれ 1942 年 2 月 15 日以前から居住していた者、外国生まれであってもこの日付以前の 15 年間のうち 10 年以上の居住歴がある 18 歳以上の者には、民族的出自によらず自動的にマラヤ連合の市民権が与えられた。また、英領マラヤかシンガポールに過去 8 年間のうち 5 年以上の居住歴のある者にも、人格、英語またはマレー語の言語能力、マラヤ連合への忠誠の誓いなどの審査を経て市民権を取得する資格がある、とされた。これは、ただでさえ経済的にマレー人よりも優位に立つ移民とりわけ華人系移民を破格に優遇する措置である上に二重国籍問題を発生させると、マレー人たちは受け取った。
　イギリスのこの政策が、マレー人たちの間に民族意識を高揚させる結果と

なった。1946年3月1日にマレー人の政治団体としての統一マレー国民組織（United Malays National Organization: UMNO）がダト・オン・ビン・ジャアファル（Dato' Onn bin Ja'afar 1895-1962）を議長として結成された。その指導下にマレー人たちはマラヤ連合の総督就任式への出席を拒み、各州の諮問評議会（Advisory Councils）への参加もボイコットした。また、旧英領マラヤのイギリス人元官吏たちにもマレー人の抵抗を支持する者が少なくなかった。

　このためマラヤ連合は1948年1月31日をもって廃止され、翌2月1日からは新たに結成されたマラヤ連邦（Federation of Malaya, マレー語ではPersekutuan Tanah Melayu）がこれに代わることになった。マラヤ連邦では各州スルタンの権限が強化され、非マレー系住民の市民権取得に強い制限が課せられるようになった（両親が移民でマラヤで生まれた者については過去12年間に8年以上、外国生まれの移民については過去20年間に15年以上の居住歴があり、いずれもマレー語または英語が堪能であることが市民権申請の条件となった）。

　これに対して今度は華人系住民の不満が高まり、これに乗じたマラヤ共産党（Malayan Communist Party: MCP）の武装抵抗運動が、錫鉱山やゴム農園の襲撃など48年5月ぐらいから活発化した。同年7月に、ペラ州でのイギリス人プランテーション経営者殺害事件をきっかけに連邦政府は非常事態を宣言したが、MCPは元のマラヤ抗日人民軍（MPAJA）を母体とするマラヤ抗英人民軍（Malayan Peoples' Anti-British Army: MPABA）を結成、翌49年2月にこれをマラヤ人民解放軍（Malayan Peoples Liberation Army: MPLA）と改称して武装闘争を拡大した。

　イギリスはMCPに徹底弾圧で臨むとともに、華人系、インド系住民にも政治参加の機会を与えることで事態の打開を目指した。インド系住民は既に1946年8月にマラヤ・インド人会議（Malayan Indian Congress: MIC, のちにマレーシア・インド人会議と改称）を組織していたが、華人系住民については1949年2月、戦前から華人系住民の運動の指導者であったタン・チェン・ロック（Tan Cheng Lock＝陳禎禄 1883-1960）を議長としてマラヤ華人公会（馬来亜華人公会：馬華公会＝Malayan Chinese Association: MCA, のちにマレーシア華人公会と改称）が設立された。以後、マレー人はUMNO、華人はMCA、インド系住民はMICを合法的利益代表とする政治体制が形づくられていく。

1951年には、クダー州のスルタンの息子でイギリスに留学して弁護士となったアブドゥル・ラーマン (Tunku Abdul Rahman 1903-1990) が UMNO の総裁となり、イギリスとの協調と話し合いに基づく独立の獲得のために活動を始めた。一方、1950年代に入ると UMNO、MCA、MIC の間に協調体制が進み「連盟党」(Alliance Party) と呼ばれる政党連合が結成された（政党としての公式登録は 1957年10月末）。同年7月の第1回マラヤ総選挙で連盟党は 52議席中 51議席を獲得し、アブドゥル・ラーマンが首席大臣に就任した。彼はイギリスとの交渉を進め、1957年8月31日にマラヤ連邦の完全独立が達成された。

【写真30】タン・チェン・ロック　　【写真31】アブドゥル・ラーマン

　一方イギリス軍は、1950年に着任したハロルド・ブリッグス中将 (Sir Harold Briggs 1894-1952) の指揮下に、共産ゲリラの支持基盤となっていた農村部の華人系住民を「新村落」(new villages) に移動させて隔離する戦略（「ブリッグス計画」と呼ばれた）をとり、その孤立と弱体化を図った。MCP は根拠地をタイとの国境地帯に移して生き残りを図ったものの、1950年代末までにはその活動は下火となり、非常事態は 1960年7月31日にマラヤ連邦政府により解除された。
　マラヤ連邦の独立により、東南アジアの欧米植民地支配は、ボルネオの英領3地域（北ボルネオ、ブルネイ、サラワク）とシンガポール（1959年に自治政府発足）、

ポルトガル領東ティモールだけを残して終結し、ここに新生東南アジア諸国は国民国家の確立へ歩み出すことになった。

ナショナリズム革命の終結と強権政治の展開

第7章

　一部の小地域を除き1950年代のうちに欧米植民地支配の終わった東南アジアでは新興国民国家の成長が始まったが、その過程はけっして平坦なものではなかった。政治的に独立したと言っても、ほとんどの国・地域では戦前以来の一次産品輸出に依存した植民地的経済構造が存続しており、しかもそのパフォーマンスは、1950年代初めの朝鮮戦争期の一時的ブームが終わったのちは一次産品価格低迷によってどこも低調であったから、国民の生活は苦しかった。また、ほとんどの国が国内に民族対立、地域対立などの分裂要因を抱えており、生まれたばかりの国民国家の凝集力は弱かった。そのため、一方ではさまざまな手段に頼った強権政治による国家統合の強化が、他方では植民地的経済からの脱出と新たな発展への軌道の模索が、1950年代末から1970年代までの東南アジア諸国の歴史の基調となった。

　またベトナムでは国土が南北に分断され、その統一への闘いがナショナリズム革命の大きな課題として残されていた。インドネシアでも国内になおプランテーション、銀行、運輸、貿易などの基幹的産業を中心にオランダの権益が多く残っており、西ニューギニア（パプア）では植民地支配が存続していた。このため、1950年代後半から1960年代初めにかけて再び反植民地主義ナショナリズムの高揚を見ることになった。

1. スカルノ体制からスハルト体制へ（1960年代末までのインドネシア）

1-1. 1950年暫定憲法体制

　インドネシア連邦共和国発足直後の 1950 年 1 月には、独立宣言直後に公布された 1945 年憲法に代わり連邦共和国憲法が新たに制定された。しかし同年中の連邦制解消とともに、この憲法の関連条項が手直しされ、インドネシア共和国暫定憲法として、同年 8 月に改めて公布、施行された。これをふつう、1950 年憲法と呼んでいる。「暫定憲法」とされたのは、いずれ行なわれる総選挙により国民が選んだ議会で改めて憲法を作り直すという含みからであった。大統領に強大な権限を与えた 1945 年憲法とは対照的に、1950 年憲法は「すべての大統領決定は、国軍に対する権限に関するものを含め、所管大臣が連署するものとする」（第 85 条）という規定を設けて大統領権限を制約し、内閣に大きな力を与えた。この憲法のもとで、1950 年代のインドネシアでは、政党政治と議会制民主主義の試みが行なわれた。

　しかし、1950 年 9 月から 59 年 4 月までの間に内閣と首相が 7 回も代わるなど、政治は安定しなかった。経済的にも、この時代のインドネシアは戦前以来のプランテーション中心型経済を引き継ぎ、その停滞にあえいでいた。この間 1955 年には国会と憲法制定議会の議員を選ぶ最初の総選挙が、また 57 年には地方議会選挙が行なわれた。1950 年当時のインドネシアでは、イスラム系のマシュミ（Masyumi）党が大勢力を誇り、ついで国民党（PNI）、社会党（Partai Sosialis Indonesia: PSI）などが大きな政治力を守っていた。しかし 1950 年から 55 年までの間に、2 つの注目すべき新しい動向が現れた。第 1 は、アイディット（D. N. Aidit 1923-1965）ら新興の若手指導部のもとで、共産党（PKI）が労働運動、農民運動を基盤に急速に勢力を回復してきたことである。第 2 は、当初マシュミ党に参加していた伝統主義イスラムのナフダトゥル・ウラマ（Nahdlatul Ulama: NU,「ウラマの覚醒」の意）が、ムハマディヤ（Muhammadiyah）などの組織に代表される改革主義イスラムとの対立から 52 年にマシュミを脱退し、独自の政党活動を開始したことであった。

【写真32】D.N.アイディット

　こうした事態を背景に、55年総選挙の結果、4大政党（国民党、共産党、マシュミ党、NU）並立の状況が生まれ、政局は主に4大政党の駆け引きを通じて動くようになった。ジャワを主な地盤とし、よりナショナリズム的色彩の濃い他の3党に押され、スマトラなど外島に支持者の多いマシュミ党およびこれと結んだ知識人中心の社会党（1955年選挙での敗北により少数政党に転落）は次第に孤立していった。55年にはバンドンで第1回アジア・アフリカ会議が開かれ、世界的にも反植民地ナショナリズムの機運が大きく高まっていた時代である。国民党を統一戦線を組む友党と見なし、マシュミ党に打撃を集中する戦略をとった共産党は、こうした状況を巧みに利用していっそう党勢を拡大していった。

1-2. 外島反乱と1945年憲法復帰

　1950年代にはまた、地方反乱が続発して主権確立後まだ日の浅い国家の基礎に脅威を与えた。

　独立戦争の際にインドネシア共和国軍はジャカルタと西ジャワを放棄し、中・東部ジャワに拠ってオランダと戦う戦略を採った。この時、西ジャワの山中にはイスラム系のゲリラ組織が残存し、共和国軍とは別個にオランダとの戦いを続けた。彼らは1949年8月にイスラム国家（Darul Islam）の設立を宣言し、

1950年以降はインドネシア共和国への敵対行動を行なうようになった。この運動は、一時期、中ジャワ、南スラウェシ、アチェにも飛び火し、その完全鎮圧は60年代にまで持ち越された。

1950年代後半には、スマトラとスラウェシで地方軍部が中央に反旗を翻した。正規の国家予算だけでは部隊を養えないために、軍がさまざまなサイドビジネスに手を出すという習慣は、この当時から広がっていた。シンガポールと向かい合うスマトラのゴム農園地帯や、フィリピンに隣接しココナツ農園の多い北スラウェシでは、これらのプランテーション産品の密輸が地方軍を養う財源と化していた。中央政府と地方軍の利害が鋭く対立する状態だったのである。

56年12月、西スマトラと北スマトラで発生した地方軍の州政府権力奪取行動は、翌年3月には北スラウェシにも波及、やがて中央政界での抗争に敗れたマシュミ党と社会党の一部指導者をも巻き込み、58年2月には、西スマトラのブキティンギ（Bukittinggi）での「インドネシア共和国革命政府」（PRRI）設立宣言、北スラウェシでの「全面的闘争」（Permesta）宣言にまで発展した。スカルノの反帝国主義ナショナリズムを嫌ったアメリカのCIAが、これを背後で支援した。

このいわゆる外島反乱をきっかけに、1950年憲法によるインドネシアの政党政治は崩壊していく。政党政治の失態に不満を募らせたスカルノは、56年10月には全政党解消論を唱えて、大統領の指導権強化への意志を露わにした。独立とともに大統領に就任した後は政党に属さなかったものの、国民党を主な追随者とするジャワ出身のスカルノ大統領と、マシュミ党との関係が深いスマトラ出身のハッタ副大統領との提携は、政権を支える勢力均衡の象徴であったが、両者の間の溝が次第に広がった。56年12月にハッタはついに副大統領を辞任する。スマトラで反乱が勃発したのは、その直後であった。

57年に入り、スカルノはマシュミ党の反対を押し切って、「指導される民主主義」（Guided Democracy, インドネシア語でDemokrasi Terpimpin）の標語のもとに政治の「全面改造」を提起する。従来の国会・内閣の他に、労働者、農民、軍人、企業家などの代表から成る「職能グループ」（Golongan Karya, のちにスハルト政権の与党となるゴルカルGolkarの前身）を加えた国民評議会を設けること、全政党・グループ代表を加えた挙国一致内閣を作ることがその骨子だった。

既成政党の力を殺いで大統領の指導権を強めるとともに、軍と共産党の政権参加と協力を取りつけることが、「指導される民主主義」なるものの内実であった。外島反乱による治安悪化を理由に非常事態を宣言したスカルノはその実現に突進する。

　57年4月、大統領の直接指名という超憲法的手続きによる内閣がマシュミ党を排除して樹立され、1950年憲法による政党政治は崩壊する。抗争に敗れたマシュミ党、社会党の一部指導者が外島反乱に加担したため、両党は60年には解散、禁止されてしまう。最大の政敵を排除したスカルノは、59年7月、1945年憲法復帰を実現して憲法制定議会を解散し、職能グループ代表の中に大統領任命議員多数を含む暫定国民協議会、ゴトン・ロヨン（Gotong Royong,「相互扶助」の意）国会と銘打たれた翼賛型議会、戦前日本の枢密院にも似た最高諮問会議（DPA）などから構成される新しい統治体制を確立した。すなわち、のちのスハルト政権にまで続く権威主義的支配体制の始まりである。

1-3. スカルノの失脚とスハルト政権の成立

　スカルノの新統治体制を支持した中央軍部は58年3月から外島反乱の掃討に乗り出し、59年までにはほぼ完全にそれを鎮圧した。以後、軍の政治的発言権が強まっていく。「指導される民主主義」という名の大統領専制体制を布いたスカルノは、その正当性を裏づけ国民を動員するスローガンとして「革命」（revolusi）の完遂を叫んだ。まず最初に「革命」の課題とされたのは、オランダの残存権益の一掃であった。57年末から全国でオランダ企業の接収が開始され、58年にはその国有化が決定された。接収に当たっては、最初は国民党系、のちには共産党系の労組連合が大きな役割を演じたが、国有化された企業の管理に当たったのは多くの場合、軍部であった。60年8月オランダとの外交関係は断絶し、翌61年末スカルノは「西イリアン解放」すなわち西ニューギニア（パプア）の奪取に向けた軍事作戦開始を命令する。「マンダラ（Mandala）作戦」と名付けられたこの作戦軍の指揮官は、のちに大統領となるスハルト陸軍少将（Suharto 1921-2008）であった。

　オランダとの対決姿勢を強める中でスカルノは「わが革命の再発見」と題する政治宣言（59年8月）を発して、反帝国主義闘争を国策の基本に据えた。こ

の動向は共産党の党勢拡大の追い風にもなった。だが、それには犠牲が伴った。スカルノは、政党の存立要件をきびしく規制し、党の組織内容の報告を義務づけたうえ、大統領にその承認・監督・解散権を与える規則を設けて、政党の活動にきびしい枠をはめた。そしてこの枠の中で共産党を翼賛与党の一員として取り込む政策をとった。共産党はこのスカルノの誘いに乗り、政府機関への浸透と党勢拡大に成功したが、他面では党組織の公然化、各種規制の順守などを受け入れなければならなくなった。

　国内で共産党を取り込んだ「ナサコム」（NASAKOM）体制、つまり NAS ＝国民党に代表されるナショナリズム、A ＝ NU などに代表される宗教（agama）、KOM ＝コミュニズムの三者提携を構築したスカルノは、対外的には急進的アジア・アフリカ諸国、特に中国との友好を深め、欧米との対決姿勢を強めていった。

　西イリアン[1]については、ゲリラ戦を主体とする軍事的小競り合いが続く中で、62 年 8 月にアメリカの提案による国連の調停が成立、63 年 5 月にインドネシアに移管された。さらにスハルト政権下で「住民投票」を経た 1969 年 8 月に、その正式なインドネシア領編入が決定される（ただし、現在パプア独立を主張する人々は、62 年以降のプロセスのすべてを、住民の意志を無視した無効なものとしている）。

　スカルノの野望は「西イリアン解放」だけでとどまることはできなかった。旧宗主国イギリスの支持も得てマラヤ、サラワク、サバを統合して 1963 年に成立した隣国マレーシアを、インドネシアに敵対する新植民地主義の産物と見なしたスカルノは、これを粉砕する対決政策を発動する。このために英米との関係が急速に悪化したばかりか、国連内での孤立を招き、65 年 1 月には国連脱退を通告するまでに至る。対マレーシア軍事作戦の指揮を委ねられたのはまたしてもスハルトであったが、彼は密かに幕僚をマレーシアに派遣して和平の

---

1) オランダ植民地時代はニューギニアまたは西ニューギニア（West Nieuw Guinea）と呼ばれたが、独立後のインドネシアではビアク（Biak）語起源の西イリアン（Irian Barat）という呼び名が広まり、インドネシア領に編入された後 1973 年にスハルト政権下でイリアンジャヤ（Irian Jaya）という州名が定められた（ジャヤはインドネシア語で「勝利」「栄光」「成功」などを意味する）。しかし、ビアク地方以外の住民の間ではイリアンという呼び名は好まれず、スハルト政権崩壊後はパプア（Papua）という呼び名が広まって 2002 年からは正式の州名となった。また 2003 年に西イリアンジャヤ州がパプア州から分離したが、それも 2007 年に西パプア（Papua Barat）と改名され、イリアンという名称は行政の用語からも姿を消した。

第7章●ナショナリズム革命の終結と強権政治の展開　　　　　143

機を窺うなど、面従腹背ともとれる態度をとった。
「反帝国主義」の大立ち回りとは裏腹に、国内では経済の停滞および共産党とイスラム、軍の間の政治的対立が進んでいった。1965年9月30日深夜から翌日未明にかけて親共派の一部軍部隊が引き起こしたクーデタ未遂事件がきっかけで、対立は共産党への流血の弾圧へと展開する。事件の真相は今日なお明らかではない。いずれにせよ、この事件をきっかけに、共産党の崩壊とスカルノの指導権の凋落が始まる。代わって登場するのが、陸軍戦略予備軍司令官としてクーデタの鎮圧にあたり、陸軍大臣に就任後、66年3月にスカルノからの大統領権限委譲という形で支配の実権を握ることになるスハルトであった。67年3月、68年3月の2回の暫定国民協議会決議を経てスカルノは大統領を解任され、スハルトはついに第2代大統領に正式に就任する。

【写真33】スハルト（大統領在任末期の1995年に発行された5万ルピア札「インドネシア開発の父」と添え書きされている）。

　マレーシア対決の停止、国連復帰、欧米諸国との関係修復、中国との断交、ASEAN結成への参加など対外関係に大変更を加えたスハルトは、国策目標をスカルノ時代の「革命」から「開発」（pembangunan すなわち development）へと切り替える。いわば左から右への大転換が66年からの数年間に断行された。その過程では、共産党への流血の弾圧があり、数十万の生命が犠牲となった。
　欧米、日本など先進資本主義諸国の国際的支援も得て、インドネシアの経済開発が軌道に乗り始めるのはほぼ1970年ごろからである。新規の油田開発がこれに並行し、石油・ガス収入の急増が開発の遂行に拍車をかけることになる。

2. マレーシア連邦、シンガポール共和国の誕生とASEANの結成

2-1. シンガポール自治政府の発足

　1948年3月にイギリス支配下のシンガポールで最初の選挙が、立法評議会 (Legislative Council) 25議席のうち6議席について行なわれた（ただしイギリス国籍を持つ2.3万人だけによる投票で、残り19議席は選任議員であった）。その結果、新たに結成されたシンガポール進歩党 (Singapore Progressive Party: SPP) が3議席を得たが、この党の指導者たちは自治の即時達成を主張する気のない保守的な人々が占めていた。1951年の第2回立法評議会選挙では民選議員が9議席に増え、うち6議席をSPPが獲得した。

　1953年にイギリスは、32議席のうち25議席を民選議員による新しい立法議会 (Legislative Assembly) とこの議会が選出する首席大臣 (Chief Minister) を首班とする自治政府の形成を提案した（ただし、国内治安と外交に関する権限と立法に関する拒否権をイギリスが留保した）。この枠組みによる立法議会選挙が1955年4月に約30万人の有権者によって行なわれ、新たに結成された左派の労働戦線 (Labour Front) が10議席を得て第1党となり、3議席を得たUMNO-MCA連合と連立政府を樹立した（首席大臣にはインド系のデビッド・マーシャル〈David Marshall〉が就任）。なおこの選挙でSPPは4議席にとどまった。また、最左派の人民行動党 (People's Action Party: PAP) が3議席を獲得した。

　新政府発足後1956年にかけてシンガポールでは、争議中のバス会社労働者とこれを支援する学生たちが警察と衝突して死傷者を出したホクリー・バス会社争乱事件（1955年5月）など、社会不安が続いた。マーシャル首席大臣は自治拡大のための交渉（ムルデカ会談〈Merdeka Talks〉と呼ばれた）を55年4月からイギリスと行なっていたが、このような内政不安を理由にイギリスは交渉続行を拒否した。このため、マーシャルは1956年に辞任し新たにリム・ユー・ホック (Lim Yew Hock = 林有福 1914-1984) が首席大臣に就任した。彼は、人民行動党系の左派労働運動に厳しい弾圧を加えるとともに1957年3月からイギリスとの交渉を再開し、独自の市民権を持つシンガポール国家の形成について同意をとりつけた。この新国家においては、51議席に定数を拡張した立法議会議員の全員が民選となり、同議会が選出した総理大臣 (Prime Minister) が

組織する内閣が、防衛、外交を除くすべての行政に責任を持つことになった。

しかし、この自治政府発足のために1959年5月に行なわれた立法議会選挙では、華人系労働組合と学生運動を最大の支持基盤とする人民行動党が51議席中43議席を得て圧勝し、同党を率いるケンブリッジ大学卒業の若い弁護士リー・クアン・ユー（Lee Kuan Yew = 李光耀 1923-）が首相に就任した。実業界の指導者には左派政権の成立に危惧を抱く者も多かったが、財務大臣ゴー・ケン・スイ（Goh Keng Swee = 呉慶瑞 1916-2010）を中心に新政府は税制上の優遇措置やジュロン（Jurong）工業団地の建設などによる産業投資奨励、中国語よりも英語に重きを置いた教育政策による人材育成、政府統制下の国民労働組合会議（National Trades Union Congress: NTUC）への労働組合の再編成、公営住宅計画による高層団地の建設などの新政策を次々に打ち出して、経済発展の基礎を築いた（この過程で、後で述べるように人民行動党左派は脱党し別の政治集団を形成するに至る）。

2-2. マレーシア連邦の形成とシンガポールの独立

1961年5月、マラヤ連邦のラーマン首相はシンガポールの東南アジア・外国人特派員協会の会合で講演し、マラヤ、シンガポール、サバ、サラワク、ブルネイを統合した新国家マレーシアの建設を提案した（サバ、サラワクは第2次大戦後にイギリスの直轄植民地となっていた。一方、マレー人スルタンを戴くブルネイは引き続きイギリスの保護国であった）。この構想の主な動機は、強力な統一政府のもとで特にシンガポールの容共左派の運動を押さえ込むこと、華人住民が多数を占めるシンガポールが独立国家となってマラヤに敵対するのを防ぐこと、非華人系住民が多数を占めるボルネオ諸州の参加によりシンガポールの多数派華人人口を相殺させること、であった。

しかし、この構想に対する関係諸地域の反応は複雑だった。シンガポールのリー・クアン・ユー首相はこの提案に賛成したが、リム・チン・シオン（Lim Chin Siong = 林清祥 1933-1996）らPAP内の容共左派はこれに反対して1961年9月に脱党し、「社会主義陣線」（Barisan Sosialis）という新党を結成した。サラワクやサバでもマレーシアへの統合に反対する声は強かった。サラワクでは1959年にシンガポールのPAPに倣ってサラワク人民連合党（Sarawak United

People's Party: SUPP）が結成されたが、容共左派が指導部内で優勢となりマレーシア構想に反対した（この党はのちに左派を排除してUMNOと提携し、与党「国民戦線」の一翼を担うようになる）。ブルネイでは、スルタンは当初マレーシアへの参加に同意したが、ラブアン出身のアラブ系マレー人で戦時中に日本占領下のジャワで訓練を受けたアザハリ（Sheikh Azahari bin Sheikh MahmudまたはA. M. Azahari 1928?-2002）が1956年に創設し一大勢力となっていたブルネイ人民党（Parti Rakyat Brunei: PRB）が反対の声を上げた。

【写真34】リム・チン・シオン(左)とリー・クアン・ユー

　他方、スカルノ指導下のインドネシアもマレーシアを新植民地主義の産物と見なしてその粉砕を叫び、対決姿勢を強めた。後述のように、スールー王国との歴史的関係を理由に北ボルネオ（サバ）に対する領有権を主張するフィリピンも、マレーシア構想に反対した。
　こうした近隣地域の反対を尻目に、ロンドンで開かれた英連邦首相会議でもラーマンは説得を続け、1961年10月にイギリス政府からも基本的同意を取り付けた。1962年9月シンガポールで住民投票が行なわれ、7割以上の賛成を得てマレーシアへの参加が決定した。マレーシア発足に先立ちシンガポールでは、1963年2月に社会主義陣綾の幹部を含む左翼の反政府活動家111名の一斉逮捕が行なわれた（「冷蔵作戦」〈Operation Coldstore〉と呼ばれた）。他方ブルネイでは1962年12月に、マレーシアへの参加を拒みサラワクと北ボル

ネオを統合した独立国北カリマンタンを結成するよう求める請願を PRB が行なった。この請願が拒否されると、「北カリマンタン国民軍」(Tentara Nasional Kalimantan Utara: TNKU)を名乗る勢力による蜂起がブルネイ各地で起きたが、イギリス軍によって翌年4月までに鎮圧され PRB も禁止された。しかし、この事件がきっかけとなり、ブルネイのスルタンはマレーシアへの参加中止へと方向を変えた。

　1963年9月16日、マラヤ連邦、シンガポール、北ボルネオ（サバ）、サラワクを統合してマレーシア連邦（Federation of Malaysia）が結成された。しかし、マレー人優遇政策の是非をめぐり、シンガポール州政府とクアラルンプルの連邦政府との間に対立が生じた。特にマレー人に対し公務員の採用、政府奨学金の支給、公立学校への入学において連邦政府が特別枠を与えるのを義務づけた連邦憲法153条の是非が鋭い争点となった。シンガポールのリー・クアン・ユー首席大臣らは「マレーシア人のマレーシア」を標語に、このマレー人優先条項を公然と批判した。

　1964年の連邦議会選挙で、PAP が旧マラヤでも勢力を伸ばすことを警戒した UMNO と MCA がシンガポールで PAP に対抗する政党を立ち上げようとした時に両者の対立はいっそう深刻になった。さらに、64年7月と9月にシンガポールで起きた華人とマレー人の衝突（7月に23名、9月に13名の死者が出た）がこれに拍車をかけた。争いは経済政策の面にも及んだ。共通市場創設の取り決めにもかかわらず、マレーシア結成後もシンガポールと半島マラヤの間の関税は撤廃されなかった。報復措置としてシンガポールは、サバ、サラワク両州開発のための借款提供を拒んだ。

　1965年8月、これ以上の対立深刻化を避けるため、ラーマン首相はシンガポールの連邦からの追放を決意、8月9日にクアラルンプルの連邦議会がその提案を満場一致で可決した。同じ日にシンガポールでは、リー首相がテレビ放送された記者会見で声涙ともにくだる演説により、マレーシアからの分離独立を宣言した。

　一方、1963年1月にマレーシア構想への「対決」(konfrontasi)を表明したインドネシアは、7月末のスカルノ大統領による「マレーシア粉砕」(ganyang Malaysia)宣言に続いてサラワク、サバとの国境地帯で軍事作戦が開始され

た。インドネシア軍に連携して、サバでは「北カリマンタン人民軍」(Pasukan Rakyat Kalimantan Utara: PARAKU)、サラワクでは「サラワク人民遊撃隊」(Pasukan Gerilya Rakyat Sarawak: PGRS)がゲリラ活動を展開した。さらに1964年に入ると、ゲリラによるマレー半島（大半が最南端のジョホール州）への侵攻が試みられた。また、1965年3月にはシンガポールに侵入したインドネシア軍ゲリラにより、ビルの爆破が試みられた。しかし、英軍、オーストラリア軍、ニュージーランド軍の支援を受けたマレーシア軍の反撃により、インドネシア軍の作戦はいずれも目立った戦果をあげずに終わった。

1965年9月30日事件をきっかけにスカルノが失脚し、スハルト政権が事実上成立すると、1966年8月までにインドネシアのマレーシア対決政策は公式に終わった。1960年代末までには、ボルネオ島の国境地域で活動を続けたPARAKU、PGRSのゲリラ部隊もマレーシア軍、インドネシア軍双方の手で壊滅させられた。

一方、1962年9月に当時のフィリピン大統領マカパガル（Diosdado Macapagal 1910-1997, のちのアロヨ大統領の父親）は、旧スールー王国の最後の国王（HM Sultan Muhammad Esmail E. Kiram I 生没年不明）がサバの領有権を含む同王国の主権のすべてをフィリピン共和国に譲渡したということを法的根拠に、サバはフィリピン領であると宣言した。そして、マレーシア連邦発足とともにフィリピンとの外交関係は途絶した。1965年末にフィリピンの大統領がマルコス（Ferdinando E. Marcos 1917-1989）に交代すると、彼はマレーシアとの関係修復に動き、1966年6月には外交関係がいったん再開された。しかし、1968年11月に再びサバ問題をめぐって両国関係は緊張、1969年12月のASEAN外相会議で和解が達成されるまで一時的にまた外交関係が途絶えたこともあった。

2-3. ASEANの結成

マレーシア、シンガポール、インドネシア、フィリピンの関係が正常化に向かう中で、1967年8月8日、バンコクで開催されたインドネシア、フィリピン、マレーシア、シンガポール、タイの5ヵ国外相会談の結果、①地域内の経済成長、社会進歩、文化発展を加速する、②域内諸国間の関係において正義と法の支配

を尊重し国連憲章の諸原則を遵守することによって、地域の平和と安定を促進する、の2つを目的として「東南アジア諸国連合」(Association of Southeast Asian Nations: ASEAN) の設立が宣言された（ASEAN宣言またはバンコク宣言と呼ばれる）。

　ベトナム戦争が激化する時期に設立されたため、当初反共諸国連合とも見られていたASEANは1971年11月に東南アジアを「平和・自由・中立」地帯とする宣言を採択し、その後の拡大・発展の基礎を固めていった（1976年2月に、ジャカルタに常設事務局〈ASEAN Secretariat〉が設置された。1984年1月にブルネイ、1995年7月にベトナム、1997年7月にラオスとミャンマー、1999年4月にはカンボジアが加盟して10ヵ国に拡大し、現在に至っている。2011年現在東南アジアで唯一未加盟の東ティモールも、遠からず加盟するものと予測される）。

3. マルコス政権の成立と戒厳令体制

　フィリピンでは、1965年11月に投票が行なわれた大統領選挙で、ナショナリスタ党のマルコスがリベラル党の現職マカパガルを破って同年末に独立後第5代目の大統領に就任し、1969年の選挙でも再選を果たした。彼のもとでフィリピンは南ベトナムへの派兵を決定し、1966年10月にはマニラでベトナム参戦国首脳会議が開催されたが、大規模な反戦デモにも見舞われた。

　一方1968年末、親ソ連派が優勢だった旧来のフィリピン共産党から毛沢東主義を掲げるグループが分かれて新しいフィリピン共産党を結成、その軍事部門として以前のフク団に代わる「新人民軍」（New People's Army: NPA）が創設された。武力革命を目指すその勢力は、中部ルソンをはじめ各地に急速に広がり始めた。また、1970年代初めには武装闘争により南部イスラム教徒地域の自治・独立を目指す「モロ民族解放戦線」（Moro National Liberation Front: MNLF）が結成され、ミンダナオ、スールー諸島で支持を広げ始めた。

　1970年1月末、マニラの大統領官邸を目指した数万の学生・労働者のデモ隊が治安部隊と衝突し、4人の死者が出るという事件が起きた。70年10月にはまた、フィリピン大学はじめ多くの大学で改革を要求する多数の学生たちが校舎を占拠する事件が起きた。

【写真35】フェルディナンド・マルコス

　1972年9月21日、マルコス大統領は全土に戒厳令(martial law)を宣言した。戒厳令下で1935年憲法は停止され、大統領令に基づく独裁体制が布かれた。議会は停止され、言論統制と市民的権利の制限が公然と行なわれるようになった上、ベニグノ・アキノ上院議員はじめ主だった野党指導者は軒並み逮捕、投獄された。マルコスは「新社会」(New Society)の建設を唱え、農地改革や経済開発政策の実施によってフィリピン社会の発展を目指した。1970年代のフィリピン経済は年率平均6%を超える成長を達成したが、1970年代の末ごろからマルコス一族とその取り巻き(crony)たちの汚職と権力の濫用が顕著になり、経済成長率も急速に低下した。そして1981年のいわゆる「ピープルズ・パワー」革命によりマルコス政権は崩壊することになる。

4. サリット政権と軍部独裁体制下のタイ

　1957年の「革命」によりピブーンソンクラーム首相を追放して政権を握ったサリット陸軍元帥(Sarit Thanarat 1908-1963)のもとで、タイは共産主義の脅威を口実に政党や労働団体を禁止し、軍部独裁体制が布かれた。1963年にサリットが死去したのちも、この体制はタノーム(Thanom Kittikachorn 1911-2004)、プラパート(Praphas Charusathian 1912-1997)によって継承され、約10

年間継続した。この間、経済的にはタイは年平均8％を超える経済成長を達成したが、これに伴う社会構造の変化により都市の中間層が次第に拡大した。また教育の普及により、学生数も大幅に増加した。

【写真36】サリット・タナラット

　1970年2月にタイで初めての全国的学生組織である「タイ全国学生センター」(NSCT)が設立された。NSCTは国産品愛用などの社会運動を始めたが、次第に軍事独裁反対の性格を色濃くしていった。1973年10月NSCTのOBらが憲法制定を請願する市民運動を立ち上げ、バンコクの街頭でビラを配布中に逮捕、投獄されるという事件が起きた。これに対して逮捕者の無条件釈放を求める動きが学生・市民の間で急速に拡大、10月13日にはタマサート大学から王宮を目指したデモ隊が目抜き通りを埋め尽くすに至った。14日未明、デモ隊の一部が暴徒化したため軍と警察が武力制圧に乗り出し、多数の死者を出す惨事となった。事態打開のため国王ラーマ9世が動き、タノーム首相ら政府首脳を国外に退去させ、タマサート大学学長のサンヤー（Sanya Dharmasakti 1907-2002）を首相に任命、軍部独裁体制はいったん崩壊することになった（この政変を「学生革命」と呼ぶ）。
　暫定政府のサンヤー首相が1975年2月に退くと、その後は総選挙が繰り返し行なわれる政党政治の時代に入ったが、政党の多くが利権を求める政商的企業家に操られるようになり、金権政治の弊害が目立つようになった。1980年

には陸軍司令官のプレーム（Prem Tinsulanonda 1920-）が軍、政党、王室の支持を得て「半分の民主主義」体制を布き、88年まで比較的安定した政権を維持した。しかし、1990年代に入ると再び軍事クーデタや市民運動への流血の弾圧が起き、タイ政治の民主化は現在にまで続く苦難の道を歩むことになる。

5. ビルマ式社会主義の成立と展開

　1948年イギリスからの独立とともに首相の座に着いたウー・ヌのもとで、ビルマは1956年まで数回の議会選挙を行ない議会制民主主義の体制を維持した。しかし地方では、カレン族などの少数民族、タキン・ソーの率いる「赤旗」派とタキン・タントゥンの率いる「白旗」派とに分裂した共産党、中国国民党残党などの武装勢力との内戦が続き、与党AFPFL（パサパラ）も派閥対立を抱えており政情は安定しなかった。1956年初めに行なわれた議会選挙では、左派の政党連合「国民連合戦線」（National United Front: NUF）が得票率を伸ばしてAFPFLの支配を脅かしたため、ウー・ヌはいったん首相の座を同じAFPFLのウー・バ・スウェ（U Ba Swe 1915-1987）に譲ってAFPFLの党勢建て直しに専念した。1957年2月末にウー・ヌは首相の座に返り咲いたが、1958年に入りバ・スウェら他の閣僚らとの派閥対立が顕在化した。内紛の克服のため、ウー・ヌは同年10月に軍のネ・ウィン将軍を首相とする暫定政権の樹立を国会の議決に基づき依頼した。

　1960年2月に行なわれた議会選挙ではウー・ヌが新たに組織した「連合党」（Union Party）が勝利し、同年4月彼は再び首相の座に就いたが、1962年3月ネ・ウィンが起こした軍事クーデタにより失脚した。革命評議会議長として権力を掌握したネ・ウィンは同年4月末「社会主義へのビルマの道」（Burmese Way to Socialism: BWS）と題する宣言によって、その政治路線を鮮明にした。そして7月には、その実現のために「ビルマ式社会主義計画党」（Burma Socialist Programme Party: BSPP、ビルマ語略称はマサラ）が組織された。1947年憲法に基づく国会は廃止され、1964年3月の革命評議会決定により他のすべての政党は公式に禁止された。さらに1974年には「ビルマ連邦社会主義共和国憲法」が公布されて、形式上は「民政移管」の形をとりつつ実質的には軍部が後ろ盾

となった BSPP の一党独裁体制が公式に定められた。

【写真37】ネ・ウィン

　このビルマ式社会主義体制のもとで、商工業は国有化され、農地の国有化を前提に農産物の生産と流通も国家統制の下に置かれた（共産党支配下のソ連や中国とは異なり、農業の集団化は行なわれなかった）。しかしその後長期にわたって経済は不振と停滞に陥り、1987年にはビルマは国連により「最貧国」（LLDC）として認知されるに至る。

6. 第2次インドシナ戦争とベトナムの統一

　1954年のジュネーブ協定によってフランスがベトナムから撤退した後、北緯17度線以北がベトナム民主共和国となり、土地改革から合作社化へと社会主義化の政策が進められた。他方、17度線以南では1955年に行なわれた国民投票の結果に従い、バオダイのベトナム国で首相の地位に就いていたゴー・ディン・ジェム（Ngô Dinh Diêm 1901-1963）がベトナム共和国大統領となった（同年10月）。彼はジュネーブ協定で定められた全国統一選挙を拒み、ジュネーブ協定への最終的参加を拒否したアメリカの援助に頼って独裁体制を築いた。
　ゴー・ディン・ジェムの独裁体制は農民や都市知識人、仏教徒の反発を買い、1960年になると各地で抵抗運動が起きた。同年12月20日、南ベトナム解放民族戦線が結成され、政府軍との武力衝突が始まった。アメリカは南ベトナム政府に大量の軍事支援を与え、「戦略村」を各地に設置して民衆と解放戦線を

切り離そうとしたが失敗した。

　1963年、ジェム政権の仏教徒弾圧により都市の反政府運動が激化、11月にはアメリカに支持された軍部のクーデタによりジェムは殺害され、ズオン・バン・ミン（Dương Văn Minh 1916-2001）が臨時政府を樹立したが政情は安定せず、65年までの間にクーデタが頻発、政権は何度も交代した。無力な南ベトナム政府軍に代わり、63年以降米軍が直接戦闘に参加するようになった。

　さらに1964年7月～8月の「トンキン湾事件」（北ベトナム海軍が同湾内でアメリカ駆逐艦を攻撃）をきっかけに、翌65年2月から米軍機が北ベトナムへの定期的な爆撃、いわゆる全面北爆を開始した。また、海兵隊のダナン上陸（65年3月）以後米軍地上兵力も大幅に増強され、67年末までに派遣兵力50万人、韓国などの参戦国兵力も5万人に達した。

　しかしアメリカ国内を含む世界的な反米・反戦運動の拡大と解放民族戦線・北ベトナム軍の主要都市一斉攻勢（68年1月の旧正月におけるいわゆる「テト攻勢」）により、アメリカは同年10月に北爆を停止し、翌69年1月からアメリカ、南・北両政府、解放民族戦線の4者による和平会談がパリで開始された。同年7月にはニクソン米大統領が米軍撤退と「戦争のベトナム化」を骨子とする「グアム・ドクトリン」を発表し、70年1月から撤兵が開始された。

　他方では南ベトナム政府軍の後方安定のため、70年3月、アメリカはカンボジアのロン・ノル首相（Lon Nol 1913-1985）にクーデタを起こさせてシハヌーク国王をプノンペンから追い出し、米軍をカンボジアに進入させた。シハヌークは左派のクメール・ルージュと連合して「カンプチア民族統一戦線」を結成し、ゲリラ活動によってこれに対抗した。米軍はまた北ベトナムと南部解放勢力の連絡路を絶つため、71年2月にはラオス南部にも侵攻した。こうして戦争は全インドシナに拡大した（第2次インドシナ戦争）。

　しかし、米軍・南ベトナム軍の作戦は功を奏せず、73年1月下旬のパリ協定により米軍の最終撤退が決定、同年3月末までに軍事顧問団を除く戦闘部隊はすべて撤退した。その後も北ベトナム軍・解放民族戦線と南ベトナム軍の戦闘が続いたが、74年12月から始まった大攻勢に南ベトナム軍は次第に総崩れとなり、75年4月30日にサイゴン入城を果たした北ベトナム軍・解放民族戦線に無条件降伏してベトナム戦争はついに終わった。そして翌76年7月

第7章●ナショナリズム革命の終結と強権政治の展開　　　155

に南北の統一が宣言され、ベトナム社会主義共和国が生まれた。

【写真38】ベトナム中部高原の都市バンメトートにある解放戦争勝利記念碑

　一方、カンボジアでも75年に入るとクメール・ルージュを主体とする統一戦線軍のプノンペン包囲が進み、4月1日にロン・ノルは亡命、17日に統一戦線軍がプノンペンに入城して戦争を終え、76年には「民主カンプチア」と国名を改めた。しかし、プノンペン解放直後からクメール・ルージュ（ポル・ポト派）による恐怖政治が始まり、カンボジアはやがて再び内戦に突入する。
　これに対してラオスでは、左派のパテート・ラオが優位を保つ状況で74年4月に第4次連合政府が生まれた。そして75年8月までに右派勢力が一掃され、12月には王制を廃止してラオス人民民主共和国が誕生、ラオス内戦は基本的に終結した。

製造工業の発展と緑の革命

第8章

1. 工業化の始動と民族・種族間対立

1-1. 工業化の始動

　1950年代初めの朝鮮戦争による好景気が去ると、それまでの一次産品輸出に全面依存した経済構造を変革して工業化を図る動きが東南アジアのいくつかの国々で出てきた。当初それは、いわゆる輸入代替工業化、つまり従来輸入に依存してきた消費財を中心とする工業製品を自国内で生産するための工業化を中心に進められた。そのためにとられた政策は、輸入関税による国内工業の保護と減免税など工業投資を行なう国内外の資本に対する優遇措置であった。

　このような政策を東南アジアで最初に打ち出したのは、フィリピンとタイであった。フィリピンでは1940〜50年代に新規必需産業法（New and Necessary Industries Act）、60年代に基礎産業法（Basic Industries Act）が制定されるとともに、1957年から高関税政策による工業化促進が図られた。またタイでは、1957年のクーデタで政権を握り「民族・仏教・王制」の護持を掲げて独裁体制を布いたサリット政権のもとで、外資導入と経済計画を軸とする開発政策が始動した。そして1960年代後半になると、スハルト政権下のインドネシアもこの流れに加わる。

　外資誘致の前提となる法的措置として投資法制の整備は1950年代末から始

まった。マラヤおよびシンガポールの創始産業法（Pioneer Industries Ordinance, それぞれ1958年および59年に制定）、タイの1960年産業投資奨励法、フィリピンの1967年投資奨励法（Investment Incentives Act）、インドネシアの外国投資法（1967年）および国内投資法（1968年）がそれに当たる。これと軌を一にして、経済発展と工業化を主導するための専門官庁がこれらの国々には設置されていった。すなわちタイの国家経済開発庁（National Economic Development Board: NEDB、1959年設立。のちに国家経済社会開発庁〈NESDB〉と改称）、シンガポールの経済開発庁（Economic Development Board: EDB, 1961年設立）、インドネシアの国家開発企画庁（Badan Perencanaan Pembangunan Nasional: BAPPENAS, 1967年設立）、フィリピンの国家経済開発庁（National Economic Development Authority: NEDA, 1972年設立）である。

　工業団地（industrial estates/parks）の開設も各地で始まった。マラヤのクアラルンプル郊外のプタリンジャヤ（Petaling Jaya）工業団地（1950年代後半開設）とシンガポールのジュロン（Jurong）工業団地（1961年建設開始）は東南アジアで最初に設置された工業団地である。プタリンジャヤには1961年に、マラヤ政府と八幡製鉄（現・新日本製鉄）の合弁によりマラヤワタ製鉄株式会社（Malayawata Steel Berhad）が設立された。またジュロンには、国営製鉄会社（National Iron and Steel Mill Ltd.）の製鉄所と、シンガポール政府と石川島播磨重工業の合弁によるジュロン造船所（Jurong Shipyard）の双方が1963年に設立されている。この例からもわかるように、この時期から1970年代初めまでの東南アジアの工業化は、いわゆる輸入代替工業（import substitution industries: ISI）に重点を置いたものであった。また国民経済全体として見ると、都市国家シンガポールを除き、まだすべての東南アジア諸国では、国内総生産（GDP）に占める製造工業の比率は農林漁業のそれに及ばなかった。輸出指向工業（export oriented indstries: EOI）に重点が移行し、農業国から工業国への本格的転換が始まるのは、シンガポール、マレーシアのような工業化先発国では1970年代、インドネシアのような後発国では1980年代後半以降のことになる。

1-2. マレーシアのブミプトラ政策

　1960年代を通じてマレーシアは年平均実質6.5%の経済成長を達成した（表7）。

その結果、世帯あたりの所得も向上したが、華人系住民とマレー系住民の所得格差は解消せずむしろ拡大の様相を示した（表8）。他方、マレーシア連邦形成の過程でマレー人の民族意識は強まった。そのため、マレー人の華人に対する反感が鬱積していった。特に、マレー人優遇策により教育を受けたにもかかわらず就職の機会に恵まれなかった層の間での不満が高まった。また、華人の間にも差別政策への不満が高まった。

　1969年5月10日に投票が行なわれた第3回総選挙で、華人系党員が多く憲法153条のマレー人優遇規定に反対する野党のマレーシア国民運動党（Parti Gerakan Rakyat Malaysia: 略してグラカン〈Gerakan〉）と民主行動党（Democratic Action Party: DAP）が連邦議会、各州議会の双方で躍進を遂げた。また、議席数ではそれほど伸びなかったが、全マレーシア・イスラム党（Parti Islam Se-Malaysia: PAS）などマレー系野党の得票率も大きく増加した。反面、UMNO、MCA、MICから成る与党連盟党の得票率は48％にとどまり、初めて過半数を割った。5月12日、クアラルンプルでグラカンとDAPの勝利を祝う華人たちの行進が所定のコースを逸脱してマレー系住民の多いカンプン・バル地区に進入し挑発的な言動を行なったことが、マレー人の反華人感情に火を付けた。翌5月13日にクアラルンプルで起きた衝突はたちまち半島部マレーシアのほぼ全域に拡大、数日間で200人近い死者を出す惨事となった（これをふつう「5月13日事件」と呼ぶ）。

　この事態に対処するため、連邦政府は全土に非常事態を宣言する（ただし数日で解除）とともに、アブドゥル・ラザク副首相（Tun Abdul Razak 1922-1976）が実権を掌握、翌1970年9月には公式にアブドゥル・ラーマン前首相に代わり連邦政府第2代首相に就任した。政府は、1960年の非常事態解除の際にそれに代わる措置として公布された「国内治安法」（Internal Security Act: ISA）を適用して議会と政党活動を停止、報道の検閲を行ない、政治活動一般へのきびしい制限を課した（議会は1年9ヵ月後に再開）。またこれまでの連盟党に代わり、グラカンも含めた新与党連合として「国民戦線」（Barisan Nasional: BN）が結成された。

　この強権体制のもとでラザク政権は、「ブミプトラ政策」（Bumiputera Policy, ブミプトラはサンスクリット起源の言葉で「土地っ子」を意味する。マレー人およ

びその他の先住民族を指す）と通称されるマレー人および先住民優先政策を導入した。すなわち1971年に、一連の4ヵ年計画（1971～1990年）を通じて、①特に農村部における貧困の解消、②民族間経済格差の是正をめざした社会構造の再編成、の2つを目標とする「新経済政策」（New Economic Policy: NEP）の実施が宣言された。このうち②は、ブミプトラの社会経済的地位向上を目指したもので、企業におけるブミプトラの株式保有率の引き上げ、産業・職種別雇用における民族別割り当て比率制度の導入、ブミプトラ企業家・経営者の育成などの目標が掲げられ、その実現のために政府は公企業の設立や認可行政の強化、高等教育機関への介入などの措置を実施した。

ラザク首相は1976年に弱冠53歳で死去したが、続くフセイン・オン首相（Datuk Hussein Onn 1922-1990, 在任1976-1981）、マハティール首相（Tun Dr. Mahathir bin Mohamad 1925- , 在任1981-2003）にもその政策路線は継承された。「新経済政策」はマハティール政権下の1990年で終了したが、その後に実施された「国民開発政策」（National Development Policy: 1991-2000）、「国民ビジョン政策」（National Vision Policy: 2001-2010）でも方法・重点を変えながらブミプトラ優先の措置がとられてきている。

1-3. インドネシアのプリブミ優先政策

1967年に外資導入法を制定し、1969年から一連の5ヵ年開発計画を開始したインドネシアでも、輸入代替工業を中心とする製造工業と石油・天然ガスを中心とする鉱業開発の2つを基軸とする、独立後初めての持続的経済成長の過程が始動した。華人系人口が3割近くに達するマレーシアと違い、インドネシアの華人人口は全人口の3～4％に過ぎない。しかしインドネシアの総人口はマレーシアの約10倍であるから、絶対数ではインドネシアの華人人口はマレーシアのそれをやや上回っており、商業・サービス部門を中心に都市部の民間経済活動では支配的な地位を占めてきた。日本企業を中心に1960年代末から急進出した外資系製造業企業も、華人系企業との合弁によって事業展開を図るのがふつうであった。このため、華人資本の製造業への進出が促されて経済発展の担い手に成長すると同時に、華人系住民と非華人系住民の間の経済格差がここでも急速に広がった。

【表7】東アジア・東南アジア地域の実質国内総生産(GDP)成長率(年平均、%)

	1960-69年	1971-80年	1981-89年	1990年(1)
日　本(2)	10.9	5.0	4.0	n.a.
NICs				
香　港	10.0	9.5	7.2	3.0
韓　国	8.5	8.7	9.3	6.3
シンガポール	8.9	9.0	6.9	7.5
台　湾	11.6	9.7	8.1	7.2
ASEAN 4 国				
インドネシア	3.5	7.9	5.2	6.4
マレーシア	6.5	8.0	5.4	7.0
フィリピン	4.9	6.2	1.7	5.0
タ　イ	8.3	9.9	7.1	9.9

(1) 推計値
(2) 1960-69 年は 1960-70 年、1981-89 年は 1981-90 年の平均値で代用。

［出典］Drabble, John H., *An Economic History of Malaysia, c1800-1990: The Transition to Modern Economic Growth*, London: Macmillan Press and New York: St. Martin's Press, 2000, p. 183.

【表8】半島部マレーシアにおける民族別平均世帯所得 1957-84年(1959年価格換算、ドル)

	1957/58年	1970年	1976年	1984年
マレー系	134	170	234	380
華人系	288	390	533	669
インド系	228	300	364	488
全民族	207	261	348	488

［出典］Drabble, *op. cit.*, p. 276.

　1973 年 8 月、西ジャワの州都バンドンで、自家用車に乗った華人とそれに衝突した輪タク（ベチャ）の運転手の喧嘩がきっかけで大規模な反華人暴動が起きた。次に 1974 年 1 月に日本の田中角栄首相がタイ、マレーシアの後インドネシアを訪問した時に、ジャカルタで学生が先導した反日デモが下町の民衆を巻き込んで暴動化し、日本製の自動車が燃やされたり日系企業のオフィスが襲われるなどの騒乱状態となった（1 月 15 日事件）[1]。

　この事件をきっかけにインドネシアのスハルト政権は、外資導入政策に一定の軌道修正を行なった。外資に対する投資許可業種の制限は既に 1972 年にも

---

1) インドネシアでは Malapetaka Limabelas Januari（1 月 15 日の災厄）を略したマラリ（Malari）の略称で呼ばれることが多い。

行なわれ若干の輸入代替的軽工業部門が外資に対して閉鎖されたが、74年中に、化学、金属などいくつかの業種や不動産業などにも禁止部門が広げられた。また「プリブミ」(pribumi, やはり「土地っ子」を意味するサンスクリット起源の言葉で、華人系でないインドネシア人を指す）への優先措置として、新設合弁企業の株式の51％以上はプリブミ企業によって保有されなければならない、という規則などが設けられた。

　しかし、このインドネシアのプリブミ優先政策には、実際にはいろいろな抜け道もあり、マレーシアのブミプトラ政策ほど広範かつ体系的に華人の活動を制限するものではなかったし、外資に対する規制も徹底したものではなかった。そして、1980年代後半以来輸出指向工業育成のために外資、国内華人資本の双方を動員する必要が高まってくると、各種の規制緩和策がとられ、プリブミ優先政策もトーンダウンしていった。そして、1998年にスハルト政権が倒れてからは、プリブミ優先策が公式に説かれることはほとんどなくなった。

2.「緑の革命」と稲作農業の変貌

2-1. 背景と経過

　工業化が進み始めた1960年代後半から1980年代の東南アジア各国では、いわゆる「緑の革命」による食糧、特に主食作物である米の増産が試みられ、それとともに農業と農村の変化が進んだ。

　一般に「緑の革命」(Green Revolution) とは、国際機関や政府の主導下で新たに開発された高収量品種（high yielding varieties: HYV）の導入や化学肥料の大量投入などにより、発展途上国における穀物の単位面積当たり収量を飛躍的に向上させ、穀物の大量増産を達成することを指して言う。この言葉が最初に使われたのは、1968年のアメリカにおいてであったが、それが指す出来事自体の始まりは1940年代にまで遡る。当初「緑の革命」の対象とされた穀物は小麦であり、それが最初に実施されたのは1940年代後半のメキシコであった。アメリカのロックフェラー財団の資金援助によりメキシコシティー郊外で開発された小麦の短稈品種（背丈が低いが収量が多い）の普及により、メキシコの小麦生産は急増した。メキシコは1943年には小麦需要の約半分を輸入していた

が、「緑の革命」が進んだ1956年には、小麦の自給自足を達成した。さらに1964年には、小麦の輸出余力を持つに至った。小麦生産における「緑の革命」は、その後インドなどにも広がった。一方、1960年にはフィリピンのマニラの南方にあるロスバニョス（Los Baños）に、やはりロックフェラー財団の支援で国際稲研究所（IRRI）が設立され、熱帯での栽培に適した稲の高収量品種の開発が始められた。

国際稲研究所が開発した高収量品種IR8の普及政策が、1966年からまずマルコス政権下のフィリピンで開始されたのが、稲における「緑の革命」の端緒であった。IR8はインドネシアの在来優良品種PETAと台湾の優良品種（低脚烏尖）を掛け合わせた交配品種で、背丈が低くて倒伏が少なく、早生種で非感光性のため2期作、3期作が可能な、肥料反応の高い品種で「奇蹟の米」（miracle rice）と呼ばれてその優秀性が宣伝された。このような特性を兼ね備えた稲の品種は、従来のインディカ種やジャポニカ種にはなく、その意味で植物遺伝学的に新しい品種であった。肥料など近代的投入財を充分に与え、水管理を入念に行なえば在来種をはるかにしのぐ収量が得られるため、IR-の名称のIRRI産品種およびそれをもとに各国の農業試験研究機関が独自に改良を加えた各種の高収量品種は、食糧増産政策の切り札として、東南アジア各国への導入が奨励された。

第2次大戦戦後から1960年代までの東南アジアでは農村における貧困と社会不安の問題が深刻であり、ベトナム、フィリピン、インドネシアなどではそのことを1つの背景要因とする共産主義運動が展開されていた。その対策として、フィリピンでは1955年農地改革法以降、また南ベトナムでは1956年自作農創設法、インドネシアでは1960年土地基本法の制定をきっかけに農地改革の試みが行なわれていたが、いずれも不調に終わっていた。こうした事態を背景として、アメリカのイニシアティブのもとで打ち出された農村開発の新戦略が、稲の高収量品種導入と化学肥料増投による食糧増産を基軸とする「緑の革命」計画であったと言える。また、フィリピン、インドネシア、マレーシアなどプランテーション型産業が経済の要となっていた国々では、既に植民地時代から恒常的に米が不足し輸入に依存する状態が続いていたが、1950年代半ば以降のプランテーション産品輸出の低迷は、輸入にあてる外貨の節約とい

う国民経済的観点からも米自給率の向上が重要な課題とされていた。

こうして、1960年代から1980年代にかけて、まずフィリピン、次いでインドネシアとマレーシア、さらに伝統的に米輸出国であったミャンマー、タイへ、最後に1980年代末からはベトナムでも高収量品種の受容による米増産の波が広がっていった。「緑の革命」による農業生産力の向上は、同じ時期にやはり波状的に進み始めた東南アジアの工業化と経済発展の土台を支える役割を果たしたとも言えるだろう。反面、数年おきに更新される新品種の種籾や、化学肥料、農薬などの購入により農家の現金支出は大きくふくらむこととなり、農村経済の商業化とそれに伴う階層格差の拡大が一段と進行する結果ともなった。1980年代以降の東南アジア全体の稲作農業経済の変容についてはまだ総合的な研究が不足しており、「緑の革命」の展開と帰結について全体像を描くことは容易でないので、ここではまず1960年代末から70年代にかけてのフィリピンとインドネシアにおける事例に則して、その様相を素描することにする[2]。

2-2. フィリピンにおける「緑の革命」

1966年にフィリピン政府がIRRIから、発表されたばかりの新品種IR-8をもらい受け、国内の研究機関で別途開発された2品種（BPI-76、C-18）を加えて3つを奨励品種とし、翌67年の雨季作から普及に乗り出したのが、フィリピンにおける「緑の革命」の開始であった。以後全稲作面積に対する高収量品種の普及率は、1970年代半ばまでに6割を突破した。この間フィリピン全国の籾米生産高は、60年代半ばの380〜390万トンの水準から、70年代初めには500万トンを超え、同半ばには600万トン、さらに80年代初めには800万トン台へと飛躍的増大を記録した。この間に栽培面積の増加は1割強に過ぎなかったから、増産はもっぱら技術革新による収量の改善（1967年にはヘクタールあたり1.2トン、1977年には1.7トン）によってもたらされたことになる。

この技術革新をもたらした主要な客観的要因は、種子、投入財（機械、化学

---

[2] フィリピンにおける緑の革命については、主に次を参考にした。梅原弘光「フィリピンにおける『緑の革命』と農民」『アジア経済』19-9、1978年9月、同「1970年代フィリピンの農業変化——種子・投入・融資をめぐる変化を中心として」アジア・低開発地域農業問題研究会編『第三世界農業の変貌』勁草書房、1986年。

肥料)、融資(資金)の3つであった。まず、種子の普及と生産・供給態勢から見よう。IR-8 など初期に導入された高収量品種は、後述のように、病気抵抗性などで欠陥を持っていたために、その後次々に新手の改良種が発表、導入されていった。これらの命名にあたっては、国際稲研究所の IR、フィリピン政府植物産業局の BPI または MRC、フィリピン大学ロスバニョス分校(農学部)の C または UPL など、各育種機関固有の系統名が与えられた。これら新品種の普及は、最初は灌漑整備地域の上層農家から始まったが、やがて中・下層農家にも受容されていった。70 年代末までに、普及の程度に、農民階層間での顕著な格差は認められなくなったが、地域間では、中部ルソンと西ビサヤという米の商品生産の最も進んだ地域で著しかった。奨励品種が年々交代し、主に病虫害の頻発のために農民の間での人気品種の交代期間も著しく短くなる傾向があるので、農民は自家生産で翌年の植え付け用種子を確保することができなくなり、購入種子への依存度が高まった。このことは、種子生産の専門化と商業化を促進することになった。新品種の原種は政府機関などで生産されるが、実際に農民の購入する種子は、これらの原種からいくつかの段階を経て最終的には全国に約 1500 人いる政府指定の種子生産農家(seed growers)によって生産されたものであった。

　また高収量品種の農法上の特性は、それまでのフィリピンで見られた粗放な省力型稲作から、化学肥料などの近代的投入財、農業機械・設備など工業製品に大きく依存した集約型稲作への転換を迫った。非感光性で早生(成育日数 110 〜 120 日)の新品種は、季節に制約されずに、年 2 期作、3 期作を可能にする。しかし、それには灌漑用水の確保が前提になる。しかも、在来品種と異なり、新品種の高収量性の実現のためには、水不足が致命的打撃となる飢えに、精密な水の掛け引きが必要になる。このため、新品種普及とともに、灌漑施設の拡充が大いに進んだ。これと同時に、機械力への依存が進んだ。2 期作、3 期作を行なうためには各作付け期の農作業を迅速に進めることが必要になる。特に、耕耘、刈り取り、脱穀における作業の効率化が重要になる。さらに、通年栽培を行なうと、水田での刈跡放牧ができなくなるので、家畜の飼料を別途入手する必要も生じる。この面からも、従来の畜力依存農法から機械力依存の農法への転換が促進された。この場合、一部の上層農家は、日本におけるよう

に耕耘機、トラクター、小型脱穀機などを自分で購入したが、大半の農家は、大型機械による賃耕、賃脱穀などに依存するようになった。このため、農作業請負業、農業機械リース業などの新しいビジネスが広がるようになった。

　次に、進んだのは化学肥料消費量の急増である。新品種の画期的高収量性は、肥料の増投によって実現されるからである。フィリピン全国の食糧作物生産部門における化学肥料消費量は1967年から10年間に3倍に増加し、米作におけるヘクタールあたりの平均化学肥料消費量も、67年の35kgから77年には89kgに増加した。この肥料消費の増加は、肥料輸入の増加を招いた。フィリピン政府は独立以来、肥料の国産振興政策をとり、肥料会社4社による国産肥料は1970年代初めまで増産を続けた。この間政府は、一方では価格統制によって安価な肥料の農民への供給に努め、他方肥料会社に対しては補助金を支払うことによって保護を加えた。しかし、72年以後は国産肥料は低迷を続け、肥料需要の増大はもっぱら輸入肥料によって満たされるようになった。他方、肥料の米に対する相対価格（米肥価格比）は、60年代末から73年までは低下の傾向にあったものの、第1次オイル・ショックをきっかけに74年から上昇し始め、農家の経営を圧迫するようになった。産油国である近隣のインドネシア、マレーシアと比較すると、フィリピンの肥料価格は米価に対して割高であり、それだけフィリピンの農民は不利な立場に置かれていた。

　高収量品種を用いた新農業技術は、在来の粗放で低収量の稲作に比べてはるかに費用のかかるものであり、一部の上層農家を除けば営農資金の乏しいフィリピン農民にとって、きわめて負担の大きいものであった。しかも、「緑の革命」開始時期には、彼らの多くが小作農であり、土地などの担保物件によって金融機関から資金を借り入れる可能性は閉ざされていた。加えて、彼らの中には、既に高利の負債の累積に苦しむものさえ少なくなかった。こうした状況下で新品種の普及を図るためには、無担保の低利融資を政府が農民に提供することが必要不可欠であった。1960年代後半には、既存のFaCoMaと呼ばれる農業協同組合が窓口となって行なわれる融資がこの役割を果たした。しかし、この農協融資には、融資回収率の悪さ、農民組織率の低さなどいくつかの問題があり、1970年代に入ると、それ以上の新技術普及に必要な融資事業を展開するにはとうてい役不足であることがはっきりしてきた。同時に、台風、旱魃、洪水な

どの自然災害に加えて新品種の病虫害抵抗性の弱さが露呈して、各地で病虫害（特にツマグロヨコバイによるもの）が頻発し、1972、73年には米生産量そのものも大幅減少を見るに至った。

この事態を切り抜け、新品種普及の拡大をいっそう強力に推進するためにフィリピン政府は、1973年から マサガナ99（Masaganaは「豊作」を意味し、99はヘクタールあたり収量目標の99カバン＝籾米4.4トンを示す）と命名された計画を発足させ、農協に代わってフィリピン国立銀行、農村銀行（Rural Bank）を主要窓口とする対農民融資を開始した。これらの政府資金の散布による融資計画の展開に伴い、農村金融における制度金融の比重は大いに増大した。このため、地主、商人の資金に依存してきた伝統的な非制度金融の役割は後退するかに見えた。しかし、1980年代に入ると、農民の商人、高利貸金融依存への復帰がめだつようになった。ただし、かつてのような地主への依存は減少し、各種投入財取扱業者や農民の中の富農層への依存が増加したことが70年代末以降の特徴であった。肥料、農薬、種子、ガソリンなどの農業投入資材を取り扱う商人であり、かつまたトラクター、脱穀機など大型農業機械を所有して耕耘、脱穀、運搬などの農作業を行なう業者でもある「商業エリート」層こそが、実はフィリピンにおける「緑の革命」の最大の受益者であった。

2-3. インドネシアにおける「緑の革命」

インドネシアにおける「緑の革命」は、フィリピンよりわずかに遅れて1960年代末に、やはりIRRIの開発した高収量品種を導入することによって開始された。インドネシアでは、高収量品種を基軸とする食糧増産計画全体のことを「食糧生産集約化」（intensifikasi produksi pangan）計画と呼んだ。1960年代末にスタートした頃、この計画の主体をなしたのは、ビマス（BIMAS =Bimbingan missal, 集団的指導）計画と略称される、投入財パッケージと政府クレジットの供給プログラムであった。ビマス計画の内容には時期により多少の変化があるが、その最終的形態は、政府機関であるインドネシア国民銀行（BRI）の融資するクレジットと引き換えに、政府の農業省出先機関が一定量の組み合わせの投入財（種子、肥料、農薬）パッケージを農民に供給し、政府の農業指導員のガイダンスのもとにこれを生産に投与させて、収穫後に貨幣または生産

物でクレジットの返済を行なわせる、というものであった。しかし、1970年代半ばからはビマス計画の実施面積は縮小に向かい、「食糧生産集約化計画」の中心は、インマス（INMAS = Intensifikasi missal, 集団的集約化）と称する、クレジットやパッケージの受領を義務づけず投入財の入手方法を農民の自由選択に任せて、新品種による営農指導のみに政府の役割を限定する制度に切り換えられていった。

　1970年代のうちに高収量品種の普及は急速に進み、1970年代末におけるその普及率は約7割となり、80年代前半には8割を超えた。米生産量は、精米換算（籾米の約6割）で1970年の1314万トンから1980年には2016万トンと画期的な増加を見た。さらに84年には2500万トンを超え、政府は自給達成を宣言するに至った。1970年代までインドネシアは世界最大の米輸入国であったから、このことは国際米市場の動向にも大きな影響を与えるに至った。

　インドネシアでも「緑の革命」開始後の奨励品種の変遷は目まぐるしかった。初期に導入されたIR-5、IR-8などの品種は、食味において劣る上に、やはり病虫害に弱いという欠陥を露呈した。インドネシアで特に問題になったのは、トビイロウンカの媒介するウィルス病であった。また、水不足に弱いという問題も、1972年の旱魃の際に露呈した。画一的な投入財パッケージの供与によって新技術を広めようとするビマス計画が70年代半ばに挫折、縮小の方向に転換したのも、主として病虫害の問題に原因があったと考えられている。ビマス計画が挫折した直接の原因は、農民からのクレジット償還率の急激な低下である。この背景には、さまざまな要因が考えられるが、決定的に問題だったのは、やはりこの時期に頂点に達したトビイロウンカ（とそれが媒介するウィルス病）の蔓延であった。トビイロウンカへの抵抗性の強い新品種の導入が進んだ1977年以降にその病害は下火に向かい、農民の増産意欲も定着した。また、ビマス計画の縮小とインマス方式への切り替えに伴い、ビマス計画参加者と非参加者を区別する肥料の二重価格制度の撤廃、民間業者による肥料小売制度の公認など、投入財供給における政府の統制を緩める自由化の方針も導入された。増産が軌道に乗るとともに、政府融資の役割がむしろ後退したように見える点で、インドネシアにおける政策展開のパターンは、フィリピンの場合とかなり異なっていた。

高収量品種の普及に伴い、インドネシアでも化学肥料の投入量は激増した。化学肥料の使用自体は、1960年代前半からジャワの一部で既に開始されていたが、それが全国的に拡大したのは60年代末以降の「緑の革命」の過程においてである。1971年以降の10年間に、稲作農家による化学肥料消費量はほぼ5倍増の伸びを見せた。年々の米生産量の伸びと化学肥料消費量の増加の間には明確な相関関係が見出されるとともに、肥料投入量の増加と米肥価格比の推移との間にも強い関連が見出された。フィリピンと比べると、化学肥料原料である石油資源を持つインドネシアでは、石油価格上昇による財政収入の急増のおかげで、補助金による効果的な肥料価格抑制政策が実施可能だった。農民に対する政府融資の後退にもかかわらず化学肥料需要の増大に対応できたのも、肥料価格制政策の成功による。この背景には、石油危機が国家財政に及ぼした正反対の影響という事情とともに、肥料供給事情の違いがあった。フィリピンでは1970年代に国産肥料の低迷と輸入増加という傾向が進んだのと対照的に、インドネシアでは同じ時期に、化学肥料の国産化が急速に進んだ。当時のインドネシアにおける5つの肥料会社のうち4社が国営企業であり、肥料の配給組織もまた、国家の強い統制下に置かれていた。外国との技術提携による先進技術の導入と、安価な国産肥料原料の確保という条件下で、こうした国家統制を通じて割安な肥料供給態勢の確立が可能になったと考えられる。

　灌漑の整備と水利の安定が高収量品種による増産の不可欠の条件であるという事情は、インドネシアにおいても同様であった。インドネシアにおける灌漑制度の特徴は、ジャワを中心に植民地時代から、政府管理下の河川灌漑制度が発達をとげていたことである。政府管理下にある灌漑田のみに限って考えると、1980年の時点でジャワの灌漑田比率がほぼ6割となるのに対して、ジャワ以外の地域のそれは3割以下であった。このことは、1970年代から80年代初めまでの「緑の革命」による増産の主要な舞台がジャワであったことを示唆している。

【写真39】ジャワの水田(1988年撮影)

　次に、苗代作りから耕起・整地、除草など、収穫以前の作業過程については、施肥を除き大きな技術変化が生じなかったことが、インドネシアにおける「緑の革命」の大きな特徴の1つであった。1970年代から小型トラクターや耕耘機による耕起作業の機械化は、若干の地域で少しずつ進み始めたが、その進行の速度はフィリピン、マレーシア、タイなど隣国のいずれに比べても緩慢であり、1990年代初めまで多くの地域では、耕起作業の主役は依然牛か水牛であった（それ以降は、ハンドトラクターと称される耕耘機の普及が急速に進んだ）。逆に、正条植え、除草などの労働集約的作業は、「緑の革命」以前からジャワでは一般化しており、ほとんど変化は生じなかった。したがって、これらの局面では、「緑の革命」による生産経費の増加は特に見られなかった。これは、何よりも、他の地域と比べてジャワの人口がはるかに過密であり、労働の集約化が早くから進み、機械化とは異なる方向への技術の展開が見られたからであった。

　これに反して、著しい変化が生じたのは、収穫と脱穀、精米の過程である。まず収穫作業においては、伝統的な稲刈りナイフ（アニアニ〈ani-ani, ketam〉）から鎌への代替による労働力の節約が次第に進んだ。背丈と出穂位置の低い高収量品種の刈り入れには鎌が適していることがその技術的理由であるが、その背後には、省力化による効率と収益の向上を意図する土地持ち農家の利害が潜んでいた。収穫用具の交替は、脱穀方法に大きな変化を生じさせた。アニアニによる穂首刈りという伝統的な収穫方法では、刈り入れた稲束を束ねて庭先に持ち帰り、歩合制により収穫労働者の取り分（bawon）を分け与えてから天日

にさらし、乾いた稲穂を広げて足踏み、または打ち棒によって脱穀するのがふつうであったが、鎌による根刈りまたは高刈りへの移行とともに、圃場脱穀が主流となった。収穫後処理過程で次に目立ったのは、主に台湾、日本などからの輸入機械を用いた農村小精米所の増加と、杵・臼による手搗き精米の衰退であった。かつては、インドネシアの農家の自家飯米は近隣の婦人労働力の参加を得て手労働で搗精するのがふつうであったが、1970年代のうちにこのような伝統的精米方法はほとんど姿を消し、精米所による賃搗きに代替された。

2-4. 東南アジア全体における稲生産と米貿易の推移

　ここで国連食糧農業機関（FAO）が編纂した統計データにより、1961年から21世紀の初めまでの40年余りの期間における東南アジアの米の生産と貿易の量的推移を、総括的に見ておこう。

　まず図7は、1961年から2004年までの東南アジアにおける国別の米生産量の推移を、インドネシア、ミャンマー、フィリピン、タイ、ベトナムの5ヵ国とその他（カンボジア、ラオス、マレーシア、ブルネイ、東ティモールの合計）に分けてグラフで示したものである（籾米換算の重量が示されている。精米に換算するには、約6割を掛ければよい）。このグラフから読み取れるように、「緑の革命」による高収量品種の受容が早かったフィリピン、インドネシア、ミャンマーでは、1970年代から1980年代半ばまでに米生産量が大きく増加した（特にインドネシアの増産が顕著であった）。しかし、1980年代後半からは増産のペースが低下し、ミャンマーでは90年代の初めまでむしろ減産の傾向さえ見せた。これら3国では「緑の革命」による増産効果は、80年代半ばで一巡したと言えよう。1990年代に入ると、悪天候と経済危機に見舞われた1997〜98年を除いて、再び概して順調な増産の傾向が見える。しかし、これはかつての「緑の革命」によるのとは別の要因によると考えられる。

　以上3国より遅れて高収量品種の普及が始まったタイとベトナムでは、1980年代に「緑の革命」による米増産が進んだ。その後、80年代末から90年代初めにかけて増産には歯止めがかかったが、1993〜94年ごろからやはり新たな増産の局面に入った。特にベトナムの米増産は顕著で、1992年以降の生産量はタイを上回るようになった。

図8によってヘクタールあたりの米収量の推移を見ると、1960年代末から1980年代までの「緑の革命」の足跡がいっそう明瞭に読み取れる。フィリピン、インドネシア、ミャンマーの3国では、「緑の革命」による1970年代後半から1982年ごろまでのヘクタールあたり収量の上昇が顕著であった。ベトナムでは多少の上下動があるものの、1980年代を通じてヘクタールあたり収量はおおむね順調に上昇した。この点やや例外なのはタイで、高収量品種が広がった1980年代のヘクタール当たり収量の上昇はむしろ緩慢で、90年代に入ってからのゆるやかな上昇の方が目につく。これは、安価だが食味の劣る高収量品種よりも、「香り米」（いわゆるジャスミンライス）など収量が多少低くても食味が優れ、国際市場でも高い価格で売れる在来の高級品種の生産の方に近年の商業的タイ稲作の重点が移ってきていることと関係するのかも知れない。

図9は、第2次世界大戦前からの米輸出国であるタイ、ミャンマー、ベトナム3国の米輸出量推移を示したものである。1963年から68年までの5年間にミャンマーの米輸出は激減し、以後「緑の革命」による増産にもかかわらず輸出は最近に至るまで低迷を続けている。対照的にタイは、特に1970年代半ば以降米輸出を順調に拡大し、1970年代半ばからは世界1の米輸出国の地位を保ち続けている。ベトナムは国土が南北に分断され戦争が続いた1960～70年代には米輸入国に転落したが、南北統一を経て後で見る「ドイモイ」政策による市場経済化に転じた後の1988年以降は米生産が急増して米輸出を再開し、1990年代からはおおむねタイに次ぐ世界第2の米輸出国に成長した。

他方、図10は、戦前からの米輸入国であったインドネシア、マレーシア、フィリピン、シンガポールの米輸入量の推移を示したものである。一番最初に「緑の革命」が展開されたフィリピンでは、1978年から81年までの4年間、米輸出量が輸入量を上回る純輸出国となったが、その後は1987年を除いて再び純輸入国に戻り、特に1996年以降は年平均輸入量が100万トンを前後する大輸入国になってしまった。インドネシアも「緑の革命」による大増産を経た1985、86年には純輸出国となり「米自給達成」を高らかに宣言したにもかかわらず、87年からは再び純輸入国に転落、93年を例外として輸入が続き、特に95年以降は輸入量がかつてないほどに激増し、同年に300万トン、さらに99年には400万トンを超える世界一の米輸入国に戻ってしまった。フィリピ

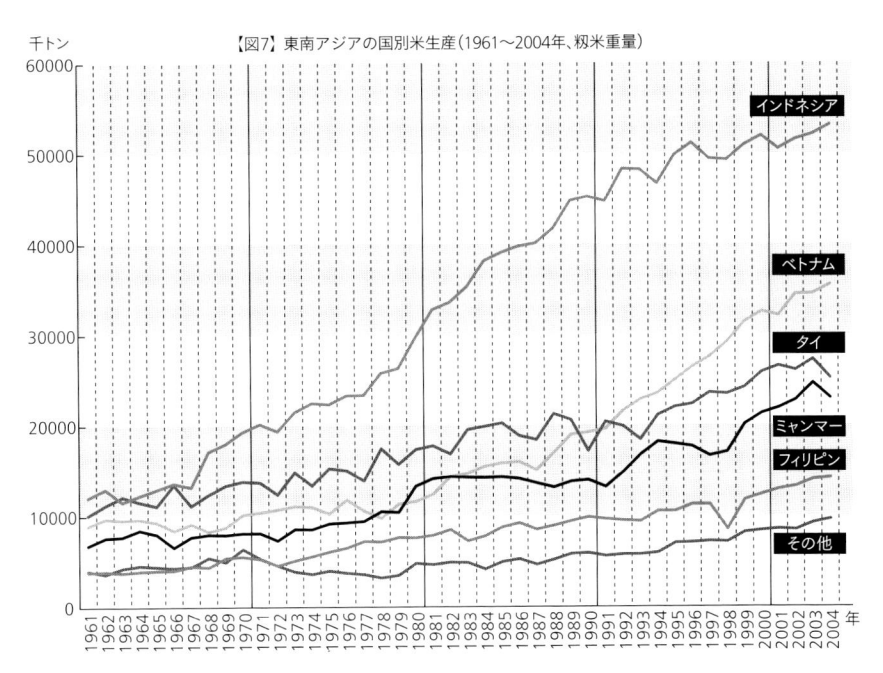

第8章●製造工業の発展と緑の革命

【図7】東南アジアの国別米生産（1961〜2004年、籾米重量）

【図8】東南アジア主要5ヵ国のヘクタールあたり籾米収量（1961〜2004年）

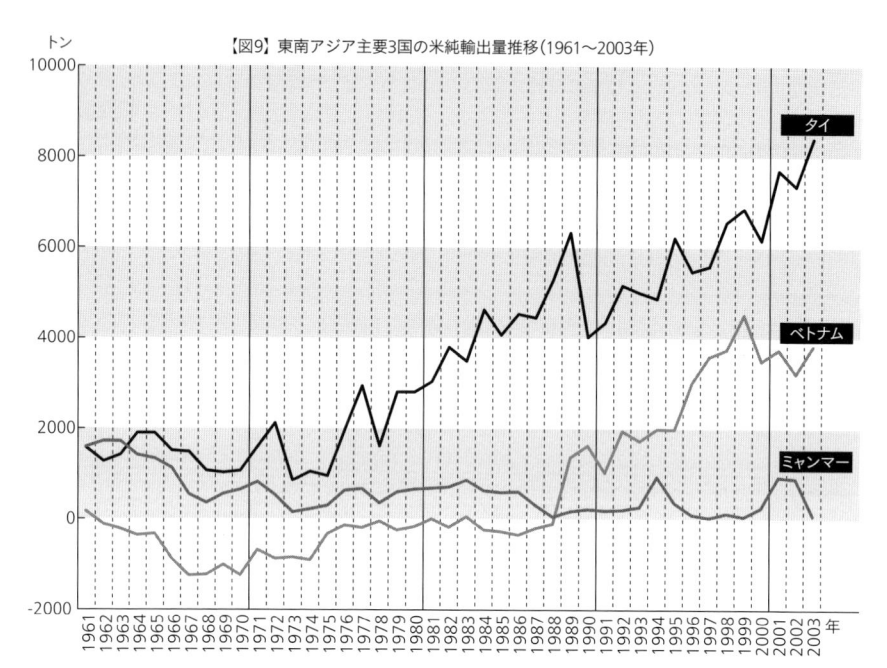

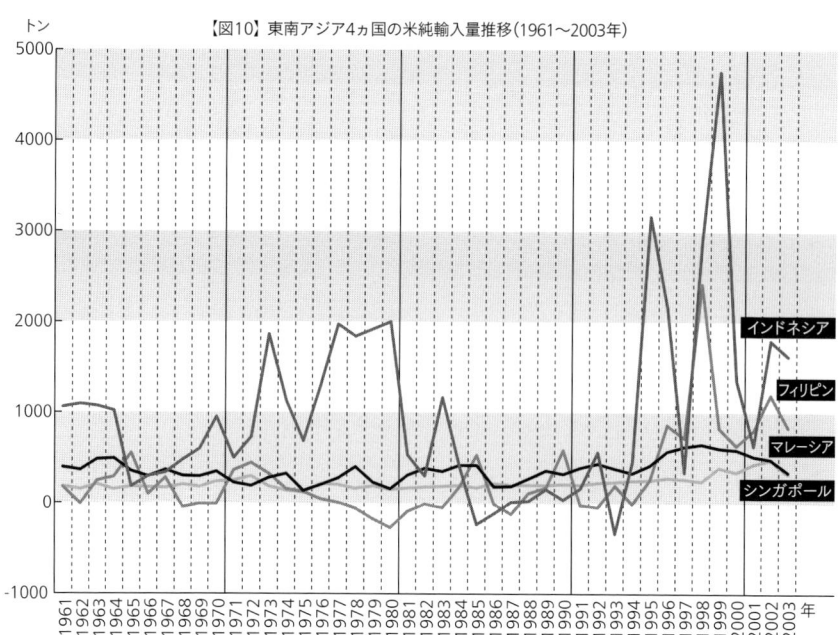

【図9】東南アジア主要3国の米純輸出量推移（1961～2003年）

【図10】東南アジア4ヵ国の米純輸入量推移（1961～2003年）

ンでもインドネシアでも、1990年代にはそれなりに米は増産の傾向にあったのだから、これは何よりも人口増加と経済成長に伴う米の国内消費の拡大が原因であろう[3]。また1970年代にやはり「緑の革命」を経過したマレーシアでは、1960年代から最近まで一貫して年平均数十万トンの米輸入が続いている。結局のところ、これら3国における米自給達成の手段としての「緑の革命」の役割は、未遂とは言わないまでも短命に終わったのである。

3. 貿易統計から見た1970年代のASEAN5ヵ国経済

次に1960年、1970年と1980年の3つの貿易統計により、1960〜70年代のASEAN5ヵ国の経済変化を見ておこう。まず、1970年の主な輸出品目（表10）は、1960年（表9）の場合と大差がない。依然としてゴム、米、木材、砂糖などの一次産品が最重要輸出品目であった。工業化の進行を窺わせる輸出品目と言えば、シンガポールの第3位輸出品目に上がってきた機械・輸送機器ぐらいである。1960年と比較して大きく違うのは、貿易相手国の構成であった。まず輸入相手国から見ると、1970年には5ヵ国のすべてで日本が第1位の輸入元の地位を占めるようになった。輸出先を見ても、インドネシアとタイで日本は第1位の相手国であり、マレーシア、フィリピンでも第2位、最も低いシンガポールでも第3位に上昇した。5ヵ国全体として見れば、輸出入を合計した最大の貿易パートナーは、イギリスやアメリカに代わり日本になりつつあったのである。

次に表11は、それから10年経った1980年の貿易統計である。主要輸出品目を見ると、最も輸出額の多いインドネシア、シンガポール、マレーシアの3国で、石油・石油製品が首位を占めた。1970年代後半から80年代前半にかけて、これら3国における経済は石油の増産と輸出に大きく依存したことが読み取れる。その他の輸出品目では、シンガポールの輸出に機械・輸送設備、基礎製造業製品が重要な役割を演じており、同国の工業化の進展ぶりを示しているの

3）図7から明らかに読み取れるように、緑の革命によるタイの米生産の増加率はインドネシアほど著しくはなかった。にもかかわらずタイが米の輸出量を伸ばすことができたのは、インドネシアとは逆に、経済発展とともに国民1人あたりの米消費量が（食生活の多様化によって）減少したためだと考えられる。

と、タイの第1位輸出品目が伝統的な米から基礎製造業製品に交代したのを除き、木材、ゴム、砂糖などの一次産品が依然上位に位置したことがわかる。他方、貿易相手国について見ると、フィリピンを除く4ヵ国で最大の輸入元は日本であり、そのフィリピンでもアメリカに次ぐ第2位の輸入相手国であった。輸出においても、インドネシア、マレーシア、タイの3国で日本は第1位の輸出先であり、フィリピン、シンガポールでもそれぞれ第2位、第3位の地位を占めた。全体として、この時期東南アジア諸国にとって最大の貿易相手国は日本、次いでアメリカであった。東南アジアにおける貿易を通じた日本の経済的プレゼンスが相対的に最も大きくなったのは、この頃から1980年代前半にかけてであった。

【表9】東南アジア5ヵ国の対外貿易内訳(1960年)

項目	インドネシア	シンガポール	マラヤ	フィリピン	タイ
貿易額(百万米ドル)					
輸出	840	1,136	956	560	399
輸入	574	1,332	703	604	453
輸出主要3品目(輸出総額に対する百分比)					
第1位	ゴム 45.0%	ゴム 41.0%	ゴム 61.2%	コプラ 24.7%	ゴム 30.6%
第2位	鉱物性燃料等 26.3%	鉱物性燃料等 11.3%	スズ 17.3%	砂糖 23.8%	米 30.5%
第3位	スズ鉱石 6.0%	繊維製品 4.1%	鉄鉱石 4.8%	木材 16.4%	トウモロコシ 6.5%
主な輸入相手国(輸入総額に対する百分比)					
第1位	日本 16.1%	インドネシア 24.5%	イギリス 21.5%	アメリカ 42.3%	日本 25.8%
第2位	アメリカ 15.6%	マラヤ 20.9%	インドネシア 15.1%	日本 26.4%	アメリカ 16.8%
第3位	中国 9.9%	イギリス 8.9%	タイ 11.6%	インドネシア 4.8%	イギリス 9.9%
主な輸出相手国(輸出総額に対する百分比)					
第1位	シンガポール 23.1%	マラヤ 24.2%	シンガポール 21.7%	アメリカ 50.7%	日本 18.1%
第2位	アメリカ 23.1%	イギリス 8.2%	イギリス 13.1%	日本 23.5%	マラヤ 16.0%
第3位	イギリス 10.9%	アメリカ 7.0%	日本 12.6%	オランダ 8.3%	アメリカ 14.2%

[出典] United Nations, *Yearbook of International Trade Statistics 1961* のデータから計算。

【表10】東南アジア5ヵ国の対外貿易内訳（1970年）

項　目	インドネシア	シンガポール	マレーシア	フィリピン	タ　イ
貿易額(百万米ドル)					
輸　　出	1,055	1,554	1,764	1,060	710
輸　　入	892	2,461	1,489	1,210	1,293
輸出主要3品目(輸出総額に対する百分比)					
第1位	鉱物性燃料等 32.8%	ゴム 24.7%	ゴム 32.0%	木材・コルク 23.8%	米 17.0%
第2位	ゴム 23.6%	石油・石油製品 23.1%	基礎金属 22.7%	砂糖・砂糖調製品 18.7%	ゴム 15.2%
第3位	木材・コルク 10.0%	機械・輸送機器 11.0%	木材・コルク 15.8%	銅 18.0%	果実・野菜 11.0%
主な輸入相手国(輸入総額に対する百分比)					
第1位	日本 29.5%	日本 19.4%	日本 16.6%	日本 30.5%	日本 37.6%
第2位	アメリカ 17.7%	マレーシア 18.6%	イギリス 12.8%	アメリカ 29.3%	アメリカ 14.9%
第3位	西ドイツ 9.5%	アメリカ 10.8%	アメリカ 8.2%	西ドイツ 5.7%	西ドイツ 8.5%
主な輸出相手国(輸出総額に対する百分比)					
第1位	日本 33.3%	マレーシア 21.9%	シンガポール 20.6%	アメリカ 41.7%	日本 25.5%
第2位	シンガポール 15.8%	アメリカ 11.1%	日本 17.5%	日本 39.6%	アメリカ 13.4%
第3位	アメリカ 14.0%	日本 7.6%	アメリカ 12.4%	オランダ 4.1%	オランダ 8.6%

[出典] United Nations, *Yearbook of International Trade Statistics 1974* のデータから計算。

【表11】東南アジア5ヵ国の対外貿易内訳（1980年）

項　目	インドネシア	シンガポール	マレーシア	フィリピン	タ　イ
貿易額(百万米ドル)					
輸　　出	21,909	19,375	12,939	5,788	6,505
輸　　入	10,834	24,003	10,735	8,295	9,450
輸出主要3品目(輸出総額に対する百分比)					
第1位	石油・石油製品 58.7%	石油・石油製品 28.5%	石油・石油製品 24.7%	砂糖・砂糖調製品 11.4%	基礎製造業製品 21.7%
第2位	ガス 13.2%	機械・輸送機器 26.8%	ゴム 16.4%	ココナツ油 9.8%	米 14.7%
第3位	木材・コルク 8.3%	基礎製造業製品 8.3%	木材・コルク 14.2%	銅 9.4%	ゴム 9.3%
主な輸入相手国(輸入総額に対する百分比)					
第1位	日本 31.5%	日本 17.8%	日本 23.0%	アメリカ 23.6%	日本 20.7%
第2位	アメリカ 13.0%	アメリカ 14.1%	アメリカ 15.0%	日本 19.9%	アメリカ 16.6%
第3位	サウジアラビア 8.9%	マレーシア 13.9%	シンガポール 11.7%	サウジアラビア 10.0%	サウジアラビア 9.9%
主な輸出相手国(輸出総額に対する百分比)					
第1位	日本 49.3%	マレーシア 15.0%	日本 22.8%	アメリカ 27.5%	日本 15.1%
第2位	アメリカ 19.6%	アメリカ 12.7%	シンガポール 19.1%	日本 26.6%	オランダ 13.2%
第3位	シンガポール 11.3%	日本 8.1%	アメリカ 16.3%	オランダ 6.3%	アメリカ 12.7%

[出典] United Nations, *Yearbook of International Trade Statistics 1983* のデータから計算。

1980年代からの東南アジア

第9章

1. フィリピンの「ピープルズ・パワー革命」とマルコス政権の崩壊

　戒厳令下のフィリピン経済は輸出の拡大などに支えられて好調であり、1972年から80年までの年平均GDP実質成長率は6%を超えた。1978年4月、戒厳令布告後初めての国民議会選挙が行なわれた。この露骨な不正選挙で、翼賛与党の「新社会運動」(Kilusang Bagong Lipunan: KBL) が圧勝し、161議席151議席を獲得した。獄中のベニグノ・アキノ (Benigno Servillano Aquino, Jr. 1932-1983) が率いる「人民の力」(Lakas ng Bayan: LABAN) を初めとする野党は全敗に終わった。1980年5月、獄中で心臓発作に見舞われたベニグノ・アキノはアメリカで治療を受けることを認められ、家族とともにアメリカに渡った。一方、1981年1月、マルコスは大統領布告により戒厳令を解除した。しかし、81年4月には再度の憲法改正を行ない、これまで以上に権限を強化した新大統領制を導入した。この憲法改正に基づき81年6月に行なわれた大統領選挙では、マルコスがただ1人の対立候補（ナショナリスタ党）に圧勝した。しかし、民主国民連合 (United Nationalist Democratic Organization: UNIDO) という名の政党連合に結束したLABANなど他の主要野党はみなこの選挙をボイコットした。

　一方、独裁体制が進むにつれマルコス・ファミリーと取り巻きたちによる汚

職と地位濫用が蔓延し、80年代に入ると経済成長率も急下降して、外国からの借款と海外に出稼ぎに出たフィリピン人労働者の送金によりかろうじて経済破綻を免れるという状態に陥った。また、腎臓疾患によりマルコスの健康状態も悪化しつつあり、国民の間には不満と不安が鬱積した。このような状況下で1983年8月、国民の期待感が高まっていたベニグノ・アキノがアメリカから帰国の途に就いた。8月21日台湾を経てマニラ空港に着陸したアキノが飛行機のタラップを踏む前に、何者かが彼の後頭部を銃撃して暗殺した。8月31日にマニラで行なわれた葬儀には多数の市民が参列し、反マルコスの感情は一気に高まった。政情不安を前に外国からの投融資はまったく止まり、83年10月には280億ドルを超す対外公的累積債務の問題が表面化した。これらの悪条件が重なった84年のフィリピン経済はマイナス成長に転じ、72年には6.3％だった失業率は85年には12.6％に倍増した。

　1984年に入ると、それまでマルコスを支持してきたアメリカが距離を置き、改革への圧力をかけ始めた。これに対してマルコスは6年の任期満了を待たずに86年に大統領選挙を行なうことで応じようとした。同年2月7日に行なわれた選挙で野党陣営はコラソン・アキノ未亡人（Corazon Aquino 1933-2009）を大統領候補に立てて争った。民間の選挙監視団体「自由選挙のための全国運動」（National Citizens' Movement for Free Elections: NAMFREL）や公式な投票立会人らの集計ではアキノがほとんど80万票差で勝利したにもかかわらず、中央選挙管理委員会はマルコスが160万票の差で勝利したと公表した。フィリピン・カトリック司教会議やアメリカ上院がこの不正操作を非難する中で、マルコス退陣を求める民衆のデモがマニラ首都圏で始まり、またたくまに拡大した。2月22日、エンリレ国防相（Juan Ponce Enrile 1924-）とラモス（Fidel Ramos 1928-）参謀長がマルコスに離反し軍部隊を率いて決起し、100万人に及ぶ民衆がマニラの大通りを埋めたことでマルコスの命運は尽きた。25日、コラソン・アキノが大統領就任宣誓を行ない、群衆に大統領宮殿を包囲されたマルコス夫妻は米軍が差し向けたヘリコプターで脱出し、ハワイに亡命した（1989年にマルコスはハワイで病死）。

　この「ピープルズ・パワー革命」により成立したコラソン・アキノ政権下で1987年に新憲法が制定されて、1935年憲法で採用されていた上下2院制が

復活、また大統領任期は6年で再任は不可と改められた。しかし、1992年までの任期中に政情は安定せず、経済も停滞が続いた。加えて1991年6月には中部ルソンのピナトゥボ（Pinatubo）火山が未曾有の大爆発を起こし、周辺地域に甚大な被害を与えた。その中には、やはり中部ルソンにある米軍のクラーク空軍基地とスビック湾海軍基地も含まれていた。これをきっかけに、両基地の継続使用をめぐるアメリカとフィリピンの政府間協定延長交渉は暗礁に乗り上げ、まず91年11月にクラーク空軍基地が、次いで92年11月にはスビック海軍基地が閉鎖されて米軍基地はフィリピンから姿を消すことになった。そして1992年5月の選挙でフィデル・ラモス元参謀長が大統領に選出されると、彼の政権下でフィリピンはようやく政治的安定を取り戻し、経済も上向きに転じた。

【写真40】コラソン・アキノ　　　【写真41】フィデル・ラモス

2. インドネシア・スハルト体制の長期化

インドネシアでは、1974年の反日暴動から1980年代までの間にスハルト政権による強権的国民統合の政治が推し進められた。

それに先立ち、1971年に独立後2回目の総選挙が実施された。この選挙では9つの政党だけが参加を認められ、政府と軍が公然と支持する翼賛与党ゴルカル（Golongan Karya: Golkar,「職能グループ」の意）が圧勝した。この選挙を経て形成された新国民協議会（Majelis Permusyawaratan Rakyat: MPR）は72年3月にスハルトを2期目の大統領に再選した。またMPRが73年に定めた

国策大綱により、9政党はゴルカル、イスラム系4党を統合した「開発統一党」(Partai Persatuan Pembangunan: PPP)、世俗ナショナリズムおよびキリスト教政党5党を統合した「インドネシア民主党」(Partai Demokrasi Indonesia: PDI) の3党に統合されることになり、75年制定の新政党法によってこれら3党だけが総選挙への参加を認められることになった。こうして、その後1997年まで計5回にわたる翼賛型総選挙の体制が構築された。

1977年総選挙の後、知識人と学生の間にはスハルト3選に反対する動きが広がったが、スハルトは治安部隊をいくつかの大学構内に導入して学生運動を実力で押さえ込み、78年3月に3選を果たした。以後、82年、87年、92年、97年の総選挙を経てスハルトは大統領再選を果たし続け、その政権は30年を超えて戦後東南アジアで最長のものとなる。

他方ヨーロッパでは1974年4月、軍部の無血クーデタにより1930年代から続いたポルトガルの右派独裁政権が崩壊した(「リスボンの春」または「カーネーション革命」)。新たに成立した革命政府のスピノラ大統領は、7月下旬に植民地独立承認の演説を行なった。ポルトガル領東ティモールでも、これに呼応して左派系の東ティモール独立革命戦線 (Frente Revolucionaria de Timor-Leste Independente: FRETILIN〈フレティリン〉) が結成されたが、これに反対してインドネシアとの合併を主張するグループ (APODETI) やポルトガルとの関係維持を重んじるグループ (UDT) もあった。1975年に入るとその間で内戦が勃発し8月にポルトガル政庁は統治を放棄した。同年11月下旬、内戦で優位に立ったフレティリンは「東ティモール人民民主共和国」の独立宣言を行なった。東ティモールの社会主義化を恐れたインドネシアは、APODETI、UDTの指導者たちに働きかけてインドネシアによる併合の請願を行なわせた。この請願を根拠に、義勇軍に偽装したインドネシア軍部隊が侵攻を開始して12月上旬には首都ディリを占領、翌76年7月にはインドネシアの27番目の州としてその併合を宣言した。しかし、国連安保理はインドネシアの侵攻を非難し、東ティモールからの即時撤退を求める決議を75年12月22日に採択、フレティリンもまたゲリラ戦と国際世論への支持喚起による独立闘争継続の体制を築いたので、東ティモールでは戦争が長期間続くことになった。

他方、1976年12月にはかつて1950～60年代にダルウルイスラム(イス

ラム教国）運動に加担していったん鎮圧されたアチェ独立派が「自由アチェ運動」（Gerakan Aceh Merdeka: GAM）を組織して武装闘争を再開した。1979年にその動きはほとんど封じ込まれたが、1989年から再び活発化し、インドネシア国軍との間に死闘が繰り広げられるようになる。

　一方、1980年代に入ると世界的なイスラム復興の気運と連動しながら、インドネシアでもイスラム急進主義的運動が散発的に展開されるようになった。その影響が拡大するのを恐れたスハルト政権は、1985年2月制定の新政党法と同年6月制定の大衆団体法により、すべての政党と大衆団体にパンチャシラ（建国5原則）を唯一の結成原理（asas tunggal）として明記することを義務づけてイスラム系政党と宗教・社会団体の活動を牽制した。そしてこれに抵抗する者には、スハルト政権と軍部は徹底弾圧で臨んだ。この流れの中で、1984年9月にジャカルタの港町タンジュン・プリウクで、また1989年2月にはスマトラ・ランプン州の農村で、治安部隊が地方の宗教指導者とそれに従う民衆に発砲、多数の死傷者を出すという事件が起きた。

　このような波乱を含みながらも、インドネシアのスハルト政権は1990年代にも延々とその支配体制を維持し続ける。

3. マレーシア・マハティール政権の成立とブミプトラ政策の推進

　マレーシアではラザク首相の急死後1976年1月にフセイン・オン副首相が首相に昇格したが、彼もまた1980年末に心臓病が悪化、翌81年初めに冠状動脈バイパス手術を受けたのち同年7月には首相を辞任、やはり副首相だったマハティールが首相に昇格した。

　ラザク政権、フセイン・オン政権の11年間に行なわれた2回のマレーシア計画（First and Second Malaysia Plan、第1次は1966〜70年、第2次は1971〜75年）により、ブミプトラの経済的地位強化のために各種公営企業が設置された。その中でとりわけ重要なのは、1969年に設立された国営企業公社プルナス（Perbadanan Nasional: PERNAS）である。設立当初プルナスは8つの子会社を各重要産業ごとに設立し、それらの子会社が株式取得や合併などの方法により、イギリス系、華人系の重要企業を傘下に収めることに着手した。その手

続きは、まず株式買収などを経てロンドン登記の企業をマレーシア登記の国内企業に転換し（マレーシア化〈Malaysianization〉）、次いで取締役など役員多数をブミプトラに入れ替える（ブミプトラ化〈Bumiputranization〉）という2段階を経て行なわれた[1]。

その結果、錫鉱業を支配してきたイギリスの「マラヤ錫浚渫会社」（Malayan Tin Dredging Limited, 1911年設立）は1976年に同名のマレーシア国営企業に転換された（のちに「マレーシア鉱業会社」〈Malaysia Mining Corporation Berhad〉と改名）。さらに、ゴムなどプランテーションを支配してきた大手イギリス系経営代理商会のうちサイム・ダービー社がまず1976年に買収され、79年に本社がクアラルンプルに移転された。他方、1974年に制定された石油開発法に基づき、同年8月には新たに国営石油会社ペトロナス（Petroliam Nasional Berhad: PETRONAS）が設立された。

またフセイン・オン首相在任中の1978年3月には、ブミプトラの経済的地位向上を目標にマレーシアで最大の資産運用会社である「国民投資有限会社」（Permodalan Nasional Berhad: PNB）が設立された。さらに1981年4月には同社の最初の子会社として「国民株式信託有限会社」（Amanah Saham Nasional Berhad: ASN）が登場した。PNBは「ブミプトラ投資財団」（Yayasan Pelaburan Bumiputera: YPB）が集めた資金を集中的に管理・運用することによって、ブミプトラ系国民の株式保有比率を1975年のわずか7.8％から1980年には16％にまで高めた。さらにASNは、1口最低10マレーシア・ドル（リンギット）から最高5万ドルまでの範囲で何口でもブミプトラ系国民から資金を預かり、非課税の優遇措置のもとにこれを運用して、毎年10％以上の配当を保証するという計画を始め、大量の資金を集めることに成功した[2]。これらの仕組みは、そのままマハティール政権下でも継承され発展することになる。

マハティールは就任第一声で「迅速・清潔・効率的な行政」を掲げ、経済面ではブミプトラ政策の推進を表明し、81年12月には日本・韓国の集団主義と勤労倫理に学ぶという「ルックイースト政策」の構想を発表した。その一方で

---

1) 堀井健三『マレーシア村落社会とブミプトラ政策』論創社、1998年、24-27ページ。
2) Peter Searle, *The Riddle of Malaysian Capitalism*, Honolulu: Allen & Unwin and University of Hawii Press, 1999, p. 62-63.

【写真42】マハティール・ビン・モハマド

　彼は、イギリス系企業のマレーシア化、ブミプトラ化政策をいっそう強力に進めた。81年中に、やはりゴムとアブラカシのプランテーションを支配してきたイギリス系大手のガスリー社の株式がロンドン株式市場でPNBによって買収され、マレーシア化された。次いで82年、これもゴム農園を多数支配してきたイギリス系大手経営代理商会ハリソンズ・クロスフィールド社の株式がマレーシア企業に譲渡された[3]。

　1983年4月に行なわれた総選挙後を乗り切り第2次政権を組織したマハティールは、以後4回の総選挙を経て2003年まで6次22年にわたる長期政権を築いた。この間、1991年2月末で「新経済政策」(NEP)が終了するのに伴い、新たにマレーシアを2020年までに先進国の仲間入りを達成させるという「ビジョン2020」(Wawasan 2020)プロジェクトが策定され、9つの戦略的国家目標が掲げられた。また1983年と94年の2回にわたって憲法改正を行ない、スルタンの権限を縮小して連邦首相府のそれを拡大した。

　マハティール政権期に、国営プルワジャ(Perwaja)製鉄会社建設(82年)、三菱自動車と合弁で「国産自動車会社(プロトン)」(Perusahaan Otomobil

---

3) ハリソンズ・クロスフィールド社の株式は、のちにその大半がPNBの所有となり、1990年に同社はゴールデン・ホープ・プランテーション社(Golden Hope Plantation Berhad: GHPB)と改称した。さらに2007年には、ガスリー社とともに、既に最も早くマレーシア化されていたサイム・ダービー社に吸収合併された。

Nasional: PROTON）創設（83年）、「全アジア・サテライト・テレビ・ラジオ操業会社」(All-Asian Satellite Television and Radio Operator: ASTRO）創設（96年）、「マレーシア高速道路公団」(Malaysian Highway Authority, 80年創設）によるマレー半島「南北貫通高速道路」(North-South Expressway: NSE）建設（82〜88年）、「マルチメディア・スーパー回廊」(Multimedia Super Corridor: MSC）建設（96年策定、97年起工）、新首都プトラジャヤ（Putrajaya）市建設（95年起工、99年連邦首相府移転）、クアラルンプル新国際空港（Kuala Lumpur International Airport: KLIA）建設（90年設計開始、99年開港）など、大型国家プロジェクトが次々に行なわれた。建設ラッシュに沸いたマレーシアの1988年から1997年までの年平均GDP成長率は10％を超え、国民の平均生活水準も急速に上昇した。

　しかし、マハティール長期政権の持続過程は与党UMNO指導部内部の頻繁な権力闘争の繰り返しでもあった。まず1981年以来マハティールの盟友であったムサ・ヒタム（Musa Hitam 1934- ）との対立が顕在化し、86年にムサ・ヒタムは副首相を辞した。さらに1998年には、次章でも述べるように、マハティールの後継者と目されていたアンワル・イブラヒム副首相を解任し、逮捕、投獄するに至る。2003年10月末に第6次の首相任期を終えて辞任するまで権力を安泰に保ち得たのは、経済発展の成功に加え、マルコスやスハルトに比べ一族や取り巻きによる汚職と権力の濫用が比較的目立たなかったからかも知れない。

4. ブルネイの独立とシンガポールの経済高度化戦略

　1888年来イギリスの保護国でありマレーシア連邦の結成にも加わらなかったブルネイ・ダルサラーム（Brunei Darussalam）国は、1984年1月1日にマレー人スルタンをいただくイスラム教国家として独立し、ASEANに加盟した。少ない人口（現在でも30万人強）と豊富な天然資源（石油・天然ガス）により、1人あたり所得（名目GDP）はかつては東南アジアで最高であり、現在もシンガポールに次いで高い。

【写真43】ブルネイ国王スルタン・ボルキアー（Sultan Hassanal Bolkiah 1946-, 即位は1968年）

　1965年にマレーシアから分離独立したシンガポールの国家としての存続はけっして容易なものではなかった。当時国内の失業率は10％を超えており、社会不安の原因となっていた。国内には天然資源も食糧生産農業もなく、飲料水さえ自給不可能であり、教育水準の高い良質な労働力も不足していた。それまでのようにマレー半島やスマトラを後背地とする中継貿易で経済を支えていく見通しも消えた。

　この窮地を、リー・クアン・ユー指導下のシンガポール政府は、次の方策で乗り切っていった。第1は、与党人民行動党の事実上の一党独裁体制構築と「国内治安法」を用いた左派勢力の解体による強権的国民統合である。第2は、英語を中心とした国民教育制度の普及による良質な労働力の創出である。第3は、1968年に拡充された「経済開発庁」（EDB）が策定する計画に基づく投資の促進と産業発展である。ジュロンなど工業団地の建設と5～10年の免税期間（tax holiday）提供による外資誘致策が奏功し、1970年代半ばまでにシンガポールの工業化は急速に進んだ。また、シェルやエッソなどの石油メジャーによる精油所の建設、港湾設備の近代化と関連サービス産業の育成によるコンテナ貨物輸送基地としての再開発も、この時期のシンガポールの経済発展に大きく寄与した。

　さらに1980～90年代には経済高度化戦略に基づき、集積回路（IC）など半導体素子の素材となるウェハー製造工業の誘致、チャンギ新空港の建設（81

年営業開始)、観光産業振興、公営高層住宅建設、「大量高速鉄道輸送システム」(Mass Rapid Transit: MRT) つまり地下鉄建設 (1987 年に営業開始)、銀行・保険・証券など金融サービス業の振興などが矢継ぎ早に実施されて、シンガポール経済は高度成長を続け、1 人あたり GDP も急上昇を遂げた。

5. ミャンマーの民主化運動と軍事政権

　社会主義計画経済の失敗から深刻な経済停滞に陥ったビルマでは、1988 年にネ・ウィンの退陣と民主化を求める大衆運動 (8888 蜂起) が盛り上がり、ネ・ウィンは同年 7 月に BSPP (ビルマ式社会主義計画党) 議長を辞任した。9 月、ソウ・マウン参謀長 (Saw Maung 1928-1997) らを中心とする軍部がクーデタを起こし国家法秩序回復評議会 (State Law and Order Restoration Council: SLORC) を樹立して実権を握った。SLORC は既存の国会を解散したため、社会主義計画党は政権党としての地位を失い、1990 年には正式に廃止された。さらに SLORC は、軍事力によって民主化運動を鎮圧する一方、複数政党制の導入と総選挙の実施を約束した。これに対してアウンサン・スーチー (Aung San Suu Kyi 1945-) ら民主化運動指導者たちは 88 年 9 月下旬に国民民主連盟 (National League for Democracy: NLD) を結成したが、選挙実施前の 89 年 7 月に SLORC は NLD のティン・ウ議長 (Tin Oo 1927-) とアウンサン・スーチー

【写真44】アウンサン・スーチー

書記長を「国家破壊法違反」として自宅に軟禁し、政治活動も禁止した。

にもかかわらず、1990 年 5 月 27 日投票の選挙では野党の NLD が議席（485議席）の 8 割以上（392 議席）を獲得し圧勝した。NLD は政権移譲と国民議会の早期開催を求めたが、逆に SLORC は新憲法制定（政治体制の確立）を政権委譲より優先させるべきとの判断から、国民議会の招集を拒否するとともに民主化勢力の弾圧を強化した。前後して一部の総選挙当選者は国外に逃れ、亡命政権として 90 年 12 月にセイン・ウィン（Sein Win 1944-）を首相とするビルマ連邦国民連合政府（National Coalition Government of the Union of Burma: NCGUB）を組織し、軍事政権への対抗を続けた。

6. ベトナムの新路線（ドイモイ）と市場経済化の開始

1976 年の南北統一後にベトナム政府が当初追求した経済政策は、南部の社会主義経済化と北部の社会主義工業化推進であった。そのため南部では、農業の集団化と商工業の国有化が進められた。しかし集団化は農民の反発を招いて農業生産は減少、民間企業経営者や資産家の国外逃亡やカンボジア侵攻後の西側諸国と中国からの援助停止により工業生産も減退した。

このため、70 年代末から南部の社会主義化を一時停止し、生産活動促進のために農業請負制の導入、余剰農産物の自由市場での販売許可など、市場経済化の一部導入を図る措置がとられた。これにより、80 年代前半の農業、工業生産は大幅増産に転じた。他方、この頃から旧ソ連が自国経済の困難とペレストロイカ（改革）の開始に伴いベトナムへの援助削減に踏み切ったため、計画経済への復帰は難しくなった。

1986 年 12 月の第 6 回共産党大会で社会主義工業化を急いだのが経済悪化を招いたことが公式に認められ、資源配分と価格決定を原則的に市場メカニズムに委ねるという新路線（ドイモイ）が決定された。これ以後、農業部門では農家世帯による請負生産制が全面的に承認されて農業生産は米を中心に急拡大し、90 年代に入るとベトナムはタイに次ぐ世界第 2 の米の輸出国としての地位を回復していった。工業部門では国営企業の経営自主権拡大と独立採算制移行が進められ、民営企業への規制も緩和されていった。また 89 年には、電力、

灯油、輸送・交通手段などを除き政府による価格統制が全面的に撤廃され、従来行なわれていた複数為替レートも廃止され一本化された。

こうした改革の結果、1992〜96年の実質経済成長率は年平均8.9％を記録するに至った。そして95年のASEAN加盟を転機として、ベトナム経済は開放体制に移り、積極的な外資導入による輸出指向工業化へと転換していく。

7. カンボジアの悲劇と内戦

1975年以降ポル・ポト（本名はサロト・サル〈Saloth Sar〉1925-1998）を最高指導者として民主カンプチアの実権を握ったクメール・ルージュ（カンプチア共産党）は、共産主義社会の即時実現を目標に、都市住民の農村部への強制移住、学校の閉鎖、仏教寺院の破壊、通貨・私有財産の廃止と強制的集団労働制の導入、知識人・専門家の投獄や虐殺などの無謀な政策を繰り広げた。その結果、多数の国民が命を失い、経済も壊滅状態となった。そして77年からは国境地帯でベトナムとの紛争をも引き起こし、同年末にベトナムとの国交を断絶した。ポル・ポト派を脱退してベトナムに逃れていたヘン・サムリン（Heng Samrin 1934-）らが78年12月に「カンボジア救国民族統一戦線」を結成、翌79年1月にベトナム軍とともにプノンペンを制圧して「カンボジア人民共和国」（ヘン・サムリン政権）の樹立を宣言した。

【写真45】ポル・ポト

しかし、1982年には、77年からベトナムとの関係が悪化し79年には国境戦争まで起こした中国の支援を受けて反ベトナム3派（ポル・ポト派、シハヌーク派、ソンサン派）による「民主カンプチア連合政府」が樹立され、タイとの国境地帯を拠点にヘン・サムリン政権軍・ベトナム軍との戦闘が続いた。しかし1989年からパリで和平会議が始まり、日本も含む各国の国際的調停が実を結んで91年10月に「カンボジア和平パリ協定」が締結されて内戦は終わった。

　以後、最近に至るカンボジア政治の展開は、あらまし次のとおりである。パリ協定に基づき、1992年3月、明石康・国連事務総長特別代表を長として発足した「国連カンボジア暫定統治機構（United Nations Transitional Authority in Cambodia: UNTAC）が暫定的にカンボジアの統治に当たり、93年にその監視下で行なわれた総選挙の結果成立した制憲議会が新憲法を採択、シハヌークを国王とする立憲君主制のカンボジア王国が再建された。当初はフンシンペック党を率いるラナリット第1首相（Norodom Ranariddh 1944-）と人民党（旧プノンペン政権）のフン・セン第2首相(Hun Sen 1952-)の2人による連立政権であったが、1997年7月の両党部隊の武力衝突後に失脚したラナリットが国外へ逃れ、翌98年の国民議会選挙で人民党が第一党となってフン・セン首班連立政権が成立、その後2003年、2008年の国民議会選挙でも人民党が第一党の地位を保って同政権が継続している。一方、国王は2004年10月に高齢のシハヌークから息子のノロドム・シハモニ（Norodom Sihamoni 1953-）に交代した。

【写真46】フン・セン

8. 経済発展の新段階へ

8-1. 石油ブームとその終焉

　1970年代のASEAN諸国では、主に60年代から進んだ輸入代替工業化のいっそうの展開が見られたが、それとともに国内企業保護のために各種の外資規制政策も実施された。それは国営、公営企業や時によっては独裁的政治権力と癒着した政商的事業家の優遇と結びつく場合もあった。他方で、インドネシアやマレーシアでは、第1次（1973〜74年）、第2次（1978〜79年）のオイルショックによる国際原油価格の高騰にも支えられた石油輸出増大により、国営独占石油企業が巨利を得るとともに国家財政も大いに潤うことになった。特にインドネシアでは、輸出総額に占める石油・天然ガス輸出額の比率が1972年から86年まで常に5割を超え、特に81、82年には実に8割を上回った。また、石油会社税など石油・天然ガス関連収入が中央政府財政収入に占める比率も1974年から85年まで一貫して4割を超え、特に79年から84年までの6年間は5割を超えた。1968年に発足したインドネシアの単一国営石油企業プルタミナ（Pertambangan Minyak dan Gas Bumi Nasional: PERTAMINA）、1974年に設立されたマレーシアの国営石油会社ペトロナスがこの時代の両国の経済発展に演じた役割は大きかった。また、カルテックス、シェルなど国際石油資本（メジャー）の石油精製基地が集中するシンガポールでも、石油産業は経済成長に大きく貢献した。

　しかし、1980年代に入るとこれらの仕組みは次第に行き詰まり、世界経済の動きとあいまってASEAN諸国は不況にあえぐことになる。その主な原因は、次の3つであった。第1は、国内市場規模の制約による輸入代替工業の非効率の露呈とその行き詰まりである。第2は、国営企業に代表される独占的国内企業への保護体制と汚職・縁故びいき（ネポティズム）などがもたらしたハイコスト・エコノミー体質と国際競争力の欠如である。マルコス政権下のフィリピン経済が行き詰まったのは、独裁体制下での権力濫用と縁故びいきの蔓延のためだったし、1970年代半ばに表面化したインドネシアのプルタミナ社の放漫な多角経営が招いた財務危機や、1980年代に問題化したマレーシア最大の国営銀行（Bank Bumiputera Malaysia: BBM）の香港における子会社ブミプトラ・

マレーシア・ファイナンス（BMF）社の不良債権累積なども、独占的国営企業の抱える問題の端的な現れであった。そして第3は、日本など先進諸国での省エネルギー政策がもたらした国際石油価格の低迷と国内石油消費の増加の双方がもたらした石油輸出依存経済の行き詰まりであった。このため、この時期から、輸出向け新産業の振興と外資規制の緩和のための措置が模索されるようになる。

8-2. 構造調整、規制緩和と輸出指向工業化

以上の問題を抱えたASEAN諸国の経済成長率は、図11が示しているように、1980年代に入ると次第に低下し、1985年には景気後退の谷底に達した。この年、フィリピンのGDP実質成長率は前年に続きマイナス7.3％に落ち、シンガポール、マレーシアもそれぞれマイナス1.6％、マイナス1.1％となった。タイ、インドネシアはマイナス成長を免れたが、そのGDP実質成長率はそれぞれ4.6％、2.5％と、1980年代を通じて最低となった。

経済成長の鈍化とともに、ASEAN先発5ヵ国の貿易収支と総合収

【図11】ASEAN先発5ヵ国のGDP実質成長率推移（1971〜2000年）

支（貿易収支にサービス収支、所得収支、経常移転収支を合わせた経常収支に、さらに資本収支を加えたもの）を記した表12に見られるように、国際収支にも悪化の傾向が見られた。

このため、これらの国々は外国からの借款により資本収支の黒字を増やしてこれに対処した。その結果、表13が示すように、1980年代の最初の5〜7年間ほどの間にこれらの国々の対外債務残高は大きく膨らんだ。その中には、タイやフィリピンのように、世銀などの「構造調整融資」（Structural adjustment loan: SAL）を受け入れた国もあった。

【表12】ASEAN先発5ヵ国の貿易収支と総合収支の推移（1981〜1990年）（100万ドル）

年	貿易収支					総合収支				
	タイ	フィリピン	マレーシア	シンガポール	インドネシア	タイ	フィリピン	マレーシア	シンガポール	インドネシア
1981	-2,029	-2,224	-115	-4,695	6,806	42	-565	-452	909	-374
1982	-731	-2,646	-731	-5,181	1,893	-231	-729	-264	1,177	-1,853
1983	-2,861	-2,482	438	-4,358	963	-320	-3,496	-13	1,059	183
1984	-1,898	-679	2,931	-2,643	5,707	529	-448	492	1,524	981
1985	-1,332	-482	3,573	-1,518	5,822	105	838	1,148	1,337	510
1986	388	-202	3,214	-940	2,458	714	1,134	1,461	538	-1,003
1987	-424	-1,017	5,783	-1,143	4,674	945	-58	1,139	1,095	630
1988	-2,074	-1,085	5,427	28	5,678	2,596	674	-458	1,659	-113
1989	-2,916	-2,598	4,277	-313	6,664	5,029	300	1,235	2,738	495
1990	-6,751	-4,020	2,525	-1,633	5,352	3,235	-45	1,951	5,431	2,251

【表13】ASEAN先発5ヵ国の対外債務残高（年末）推移（1981〜90年）（100万ドル）

年	タイ	フィリピン	マレーシア	シンガポール	インドネシア
1981	10,852	20,786	9,180	2,263	22,761
1982	12,238	24,413	13,354	3,299	25,133
1983	13,902	24,211	17,550	3,709	30,229
1984	14,990	24,357	18,733	3,928	32,026
1985	17,509	26,637	20,269	4,207	36,715
1986	18,492	28,204	21,880	3,587	42,916
1987	20,330	29,785	22,839	3,896	52,535
1988	21,710	28,932	18,567	3,842	54,079
1989	23,489	28,653	16,278	4,198	59,402
1990	28,094	30,580	15,328	3,772	69,872

[出典] 日本貿易振興機構（ジェトロ）アジア経済研究所のwebサイト「アジア動向データベース」からダウンロードしたデータをもとに作成（図11、12も同じ）。

構造調整融資とは、世銀、国際通貨基金（IMF）など資金の貸し手が、累積債務問題に対処するため発展途上国の政府に対して要請する経済構造や経済政策の改革案の受け入れを条件（コンディショナリティー）とする公的融資のことである。具体的には、①経常赤字と財政赤字の削減（輸出促進と輸入制限、財政支出の削減）、②公共部門の縮小と経営の効率化（政府系企業の民営化）、③価格と貿易の自由化（各種補助金や関税の削減・撤廃）、④為替の自由化（対ドル為替レートの切り下げ）、および⑤貨幣・信用統制（通貨供給量の削減、利子率の引き上げ）など一連の構造調整プログラムの実施がそれに当たる。

　また、この時期に構造調整融資の受け入れにまで踏み込まなかった国々でも、国営企業の民営化、外資規制の緩和、為替レート切り下げ、金融自由化などの措置がとられ、新たな輸出産業の育成が試みられた。1982年にタイが行なった外国企業規制法の緩和、1985年5月にインドネシアが打ち出した非石油産品と液化天然ガスLNG輸出振興のための貿易規制緩和と外資規制緩和を主目的とする新包括経済政策、1986年にシンガポールが行なった金融市場育成のための証券業の銀行、外資などへの開放、同じ年にマレーシアが実施した外資規制緩和などがそれである。

　なおインドネシアはさらに、1988年10月に金融自由化を、11月に商業、工業、農業および海運部門の規制緩和を行なって、外資への門戸を大きく開いた。しかし、のちに1997～98年のアジア経済危機に際して、この拙速な金融自由化政策が裏目に出ることになる。

9. プラザ合意、円高と新産業投資ブーム

　しかし、東南アジアの輸出指向工業化が本格的に軌道に乗るためには、さらに1987年以降の新たな国際経済環境の変化が必要であった。それに先立ち、1985年9月22日、ニューヨークで開かれた主要5ヵ国蔵相・中央銀行総裁会議（G5）が、ドル高是正の経済政策協調推進で一致した。会場となったプラザホテルの名前にちなみ「プラザ合意」と呼ばれるこの取り決めにより、急速な円高が誘導される結果となった。発表の翌日の1日（24時間）で米ドルの円に対する交換レートは1ドル235円から約20円下落、1年後にはドルの価

値はほぼ半減して150円台で取引されるようになった。日本では急速な円高による輸出競争力の低下が不況を招く恐れがあったために、低金利政策が継続的に採用された。この低金利政策が、不動産や株式への投機を加速させ、やがてバブル景気をもたらすこととなる。また、賃金の安い国への工場移転などが相次ぎ、とりわけ中国と東南アジアへの直接投資が急増した。日本国内では産業の空洞化を招いたこの動向が、東南アジアでは不景気からの脱出と輸出指向工業化の加速による急速な経済発展を促す結果となった。

しかし、この経済発展は、東南アジアの全域で同時に同じパターンで起きたわけではない。日本の近隣アジア諸国への毎年の対外直接投資額の推移を1980～90年代について見ると、表14のとおりである。プラザ合意の翌年の1986年から87年にかけて、まず日本の直接投資が急増したのは中国、香港、韓国、台湾の東アジア4国に向けてであった（うち香港向けは製造業よりも銀行、証券、保険など金融業の投資が主であったと考えられる）。しかし、88年以降中国、韓国、台湾向け投資は減少し、代わってタイ、シンガポール、マレーシアへの直接投資が急増した（うちシンガポール向けは香港と同じく金融業の投資が主であったと考えられる）。そして80年代末になるとインドネシア向けの投資が増え始めた。反面、他の東南アジア諸国への投資はまだわずかであり、1992年から97年にかけてかなりの額のベトナム向け投資が行なわれたのを除けば、ASEAN先発5ヵ国を除く国々への投資額は限られていた。なお表15から読み

【表14】日本の近隣アジア諸国への対外直接投資推移（1981～2000年）（100万米ドル）

	年	1981	1982	1983	1984	1985	1986	1987	1988	1989	1990
東南アジア	インドネシア	2,434	410	374	374	408	250	545	586	631	1,105
	シンガポール	266	180	322	225	339	302	494	747	1,902	840
	マレーシア	31	83	140	142	79	158	163	387	673	725
	フィリピン	72	34	65	46	61	21	72	134	202	258
	タイ	31	94	72	119	48	124	250	859	1,276	1,154
	ベトナム	0	0	0	0	0	0	0	0	0	0
東アジア	中国	26	18	3	114	100	226	1,226	296	438	349
	香港	329	401	563	412	131	502	1,072	1,662	1,898	1,785
	台湾	54	55	103	65	114	291	367	372	494	446
	韓国	73	103	129	107	134	436	647	483	606	284

［出典］日本貿易振興機構（JETRO）のWebサイトのデータを引用。

取れるように、1990年代に入ると日本に続いて台湾、韓国、香港、シンガポールなどいわゆるアジアNIES諸国から東南アジアへの直接投資が活発化し、全体として東南アジアの製造工業への国境を越えた投資はかつてないほどに増加した。

けれども、その投資先とそれを誘因とする経済発展は地域的不均衡の拡大を伴いながら進んだ。それを端的に示すのは、図12である。この図が示しているように、1971年の1人あたりGDPはシンガポール1061ドル、マレーシア396ドル、フィリピン197ドル、タイ194ドル、インドネシア83ドルであった。1990年にはシンガポール1万2234ドル、マレーシア2525ドル、タイ1572ドル、フィリピン724ドル、インドネシア685ドルに増加したが、格差もまた著しく広がった（シンガポールの1人あたりGDPは1971年にはインドネシアのそれの13倍であったが、1990年には18倍に膨張した）。後で述べるように、この傾向は1990年代にはいっそう目立つようになる。

最後に、1990年のASEAN先発5ヵ国の国際貿易を表16で見ておこう。輸出品目から見ると、「機械・輸送機器」がシンガポール、マレーシアでは第1位、フィリピン、タイでも第2位を占め、全体として最も重要な輸出品目となった。フィリピン、タイでは「各種製造業製品」が第1位、「基礎製造業製品」が第3位となっており、かつてのような一次産品輸出経済の面影はすっかり薄れた。「石油・石油製品」はインドネシアで第1位、シンガポール、マレーシアで第

1991	1992	1993	1994	1995	1996	1997	1998	1999	2000
1,193	1,676	813	1,759	1,605	2,414	2,514	1,116	959	420
613	670	644	1,054	1,185	1,115	1,824	655	1,038	457
880	704	800	742	575	572	791	521	527	232
203	160	207	668	717	559	524	381	637	465
807	657	578	719	1,240	1,403	1,867	1,405	837	932
0	10	46	176	200	319	311	51	99	21
579	1,070	1,691	2,565	4,478	2,510	1,987	1,076	770	1,008
925	735	1,238	1,133	1,147	1,487	701	639	975	946
405	292	292	278	455	521	450	224	287	511
260	225	246	400	449	416	442	304	980	817

2位の輸出品目の地位を保ったが、後の2国では既に輸出総額の2割以下であり、製造業製品の輸出額には遠く及ばなかった。インドネシアを除く残り4国の貿易は1980年代のうちに工業国型のそれに転換したと言える。貿易相手国を見ると、輸入元では日本がなお断然優越しており、アメリカが輸入元第1位を保ったフィリピンでも日本からの輸入額はアメリカからのそれに肉薄していた。しかし輸出先を見ると、大量の石油と天然ガスを日本向けに輸出したインドネシアを除く4ヵ国では、対米輸出が対日輸出を大きく上回った。輸出における対米依存、輸入における対日依存の高さがこの頃のASEAN諸国の国際貿易の特徴であった。これは、電機産業に代表されるように、部品や構成材（コンポーネンツ）を日本から輸入し、組み立ての終わった最終製品を主にアメリカ市場向けに輸出するという形が、1980年代後半のASEAN先発諸国の製造工業発展の典型的パターンとなったことを示すと言えよう。

【表15】東アジア諸国の対外直接投資額と東南アジア諸国における外国直接投資額推移(100万米ドル)

	年	1980	1990	1995	2000	2005	2008	2009
東アジア諸国の対外直接投資額	日本	2,385	50,775	22,630	31,557	45,781	128,019	74,699
	韓国	26	1,052	3,552	4,999	4,298	18,943	10,572
	台湾	42	5,243	2,983	6,701	6,028	10,287	5,868
	中国	--	830	2,000	916	12,261	52,150	48,000
	香港	82	2,448	25,000	59,374	27,196	50,581	52,269
	シンガポール	98	2,034	6,787	5,915	11,218	-8,478	5,979
東南アジア諸国における外国直接投資額	インドネシア	180	1,092	4,419	-4,495	8,336	9,318	4,877
	マレーシア	934	2,611	5,815	3,788	4,064	7,318	1,381
	フィリピン	114	550	1,459	2,240	1,854	1,544	1,948
	シンガポール	1,236	5,575	11,535	16,484	15,460	10,912	16,809
	タイ	189	2,575	2,780	3,410	8,067	8,544	5,949
	ベトナム	2	180	1,780	1,289	2,021	8,050	4,500

［出典］日本アセアンセンターのホームページに掲載されたデータから作成。

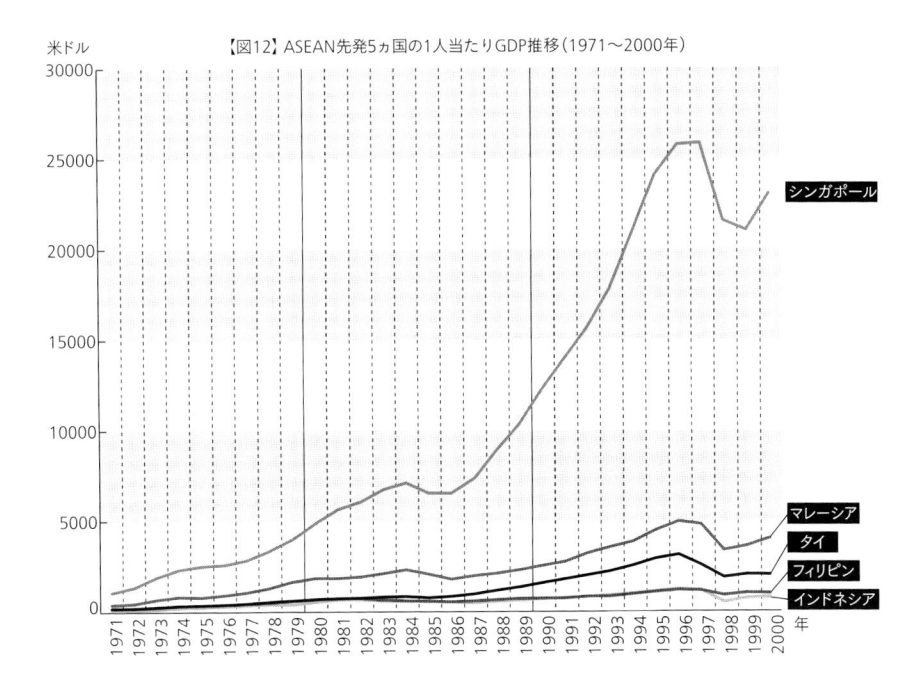

【図12】ASEAN先発5ヵ国の1人当たりGDP推移（1971〜2000年）

【表16】東南アジア5ヵ国の対外貿易内訳（1990年）

項　目	インドネシア	シンガポール	マレーシア	フィリピン	タ　イ
貿易額（百万米ドル）					
輸　出	25,553	52,627	29,446	8,186	23,067
輸　入	21,837	60,647	27,841	13,040	33,129
輸出主要3品目（輸出総額に対する百分比）					
第1位	石油・石油製品 24.3%	機械・輸送機器 50.2%	機械・輸送機器 35.7%	各種製造業製品 16.4%	各種製造業製品 26.1%
第2位	基礎製造業製品 11.5%	石油・石油製品 18.1%	石油・石油製品 14.9%	機械・輸送機器 12.5%	機械・輸送機器 22.0%
第3位	ガス 6.9%	各種製造業製品 9.0%	木材・コルク 9.6%	基礎製造業製品 9.3%	基礎製造業製品 13.7%
主な輸入相手国（輸入総額に対する百分比）					
第1位	日本 25.9%	日本 20.1%	日本 25.3%	アメリカ 19.5%	日本 30.6%
第2位	アメリカ 15.3%	アメリカ 16.0%	アメリカ 17.6%	日本 18.4%	アメリカ 10.9%
第3位	ドイツ 14.6%	マレーシア 13.7%	シンガポール 14.6%	サウジアラビア 4.4%	ドイツ 7.5%
主な輸出相手国（輸出総額に対する百分比）					
第1位	日本 42.7%	アメリカ 21.3%	シンガポール 22.8%	アメリカ 37.9%	アメリカ 22.7%
第2位	アメリカ 13.2%	マレーシア 13.0%	アメリカ 16.9%	日本 19.8%	日本 17.2%
第3位	シンガポール 7.1%	日本 8.7%	日本 15.8%	ドイツ 4.8%	シンガポール 7.3%

［出典］United Nations, *Yearbook of International Trade Statistics 1993* のデータから計算。

20世紀末以降の東南アジア

第10章

1. 貿易自由化とASEAN地域統合

　図11に示したように、1991～93年のフィリピンを除き、ASEAN先発5ヵ国の経済は1991～96年の間に工業化に伴う順調な経済成長を維持し、1人あたりのGDPも図12に見られるとおり右肩上がりの上昇を続けた。1995年にASEAN加盟を果たしたベトナムもこの動きに加わった（ミャンマーとラオスも1997年に、またカンボジアも1999年にASEANに加盟し、20世紀中にASEANは東南アジア全域にその範囲を拡張した）。

　この時期にはまた、いわゆるグローバリゼーションの進展と軌を一にして多角的な貿易自由化の機運がASEAN域内と世界全体の双方で高まり始めた。冷戦体制の崩壊、カンボジア問題の一応の解決という事態を背景として1992年1月下旬にシンガポールで開かれた第4回ASEAN首脳会議では、「シンガポール宣言」「ASEAN経済協力基本協定」「共通有効特恵関税協定」の3つが調印された。そのうち「シンガポール宣言」では、15年以内に「ASEAN自由貿易地帯」（AFTA）を創設するため、1993年1月からさらなる関税の引き下げを実施することが取り決められた。すなわち、域内経済の活性化を促進するため、CEPT（共通有効特恵関税）という域内関税制度を用いて、当時のASEAN6ヵ国（ブルネイ、インドネシア、マレーシア、フィリピン、シンガポール、

タイ）は2002年までに、ベトナムは2003年までに、ラオス、ミャンマーは2005年までに原則として域内関税を0～5％まで引き下げることが定められたのである。

他方、1986年9月のGATT（関税と貿易に関する一般協定）閣僚会議が採択した新多角的貿易交渉開始宣言（いわゆるウルグアイ・ラウンド）に基づき、1995年1月にはGATTを発展解消させたWTO（World Trade Organization, 世界貿易機関）が成立した。今のASEAN諸国のうち、インドネシア、シンガポール、タイ、フィリピン、ブルネイ、マレーシア、ミャンマー（当時はASEAN未加盟）の6ヵ国が発足時からWTOに加盟し、のちにカンボジア（2003年10月）、ベトナム（2007年1月）もこれに加わった。その結果、ASEAN各国政府は従来の産業保護育成政策を転換し、主要産業の規制緩和や輸入関税の引き下げなどいっそうの自由化政策を進めることとなった。

こうした多角的貿易自由化の進展や1992年以降の中国における改革開放政策の推進とあいまって、後で見るようなASEAN域内、その他の近隣アジア地域との貿易が1990年代から急速に拡大していくことになる。ASEANはまた、上に述べた1992年1月の「シンガポール宣言」で、それまで不定期であった加盟国首脳会議（いわゆるASEANサミット）を毎年開催することを決定した[1]。そして1995年の第5回公式首脳会議では「サービスに関する枠組み協定」が結ばれて、金融、海運、電気通信、航空、観光、建設、ビジネス等の分野での自由化を促進することが決められた。次節で述べるアジア経済危機以降もASEAN域内の経済統合の動きは進み、1998年10月の経済閣僚会議では「ASEAN投資地域（AIA）枠組み協定」により域内の投資自由化促進が、また同年12月の第6回公式首脳会議では「運輸簡易化枠組み協定」および「相互認証枠組み協定」によって域内貿易障壁のいっそうの削減が決定された。

21世紀に入ってからも、2003年10月にバリ島で開かれた第9回ASEAN首脳会議でASEAN安全保障共同体（ASC）、ASEAN経済共同体（AEC）、ASEAN社会・文化共同体（ASCC）の3つから成るASEAN共同体（ASEAN Community）を2020年までに形成することを宣言し、さらに2007年1月にフィ

---

[1] 当初は公式会議は3年おきとし、その他の年には非公式会議を開くこととされたが、2002年からは公式、非公式の区別をなくし毎年開催するようになった。

リピンのセブで開かれた第12回首脳会議ではその形成を5年早めて2015年までとすることが決定された。また、同年11月にシンガポールで開かれた第13回ASEAN首脳会議では「ASEAN憲章」を採択・署名し[2]、さらに「ASEAN経済共同体のための青写真」(ロードマップ)にも署名するなどASEAN地域統合の動きが加速している。

2. アジア経済危機(1997〜98年)と東南アジア

2-1. 背景と序曲

1980年代後半から90年代前半にかけてASEAN先発諸国では、外国為替取引と金融の自由化も進められた。1988年10月下旬と12月下旬にインドネシア政府は、それぞれ金融自由化と資本市場育成を目的とする政策パッケージを発表したが、これと並行して(韓国とともに)為替取引の制限を撤廃したIMF8条国へと移行した。東南アジアでは、既に1960年代のうちに移行していたシンガポール、マレーシアに次いで3番目の8条国移行であった(日本は1964年に移行)。これに続いて、1990年5月にはタイ政府がIMF8条国移行を宣言し、外国為替規制を大幅に緩和した。さらに5年遅れて、ラモス政権下でようやく経済の不調から脱したフィリピンが1995年9月に8条国となり、ASEAN先発5ヵ国のすべてで外国為替取引の制限が撤廃された。

既に1988年以来大幅な金融自由化に踏み切ったインドネシアに続き、1990年代に入るとまずタイ、次いでフィリピンが金融自由化を進めた。タイは1990年以来預金・貸出金利の上限規制撤廃、オフショア取引[3]業務の承認、外国為替管理規制の緩和などの措置を進め1992年までに外国銀行の支店設置基準を設けて、そのタイへの進出に門戸を広げた。また、94年1月には、金融・証券業務の分離、オフショア取引銀行の地方支店開設許可、海外投資を目的とする外貨送金規制の緩和(第3次の外国為替規制緩和)などが決定された。フィリピンでも1995年に金融自由化の措置がとられ、国内参入を認められた外国

---

2) 翌2008年12月に発効。
3) 非居住者から調達した資金を非居住者に貸し付けるなど、原則として運用・調達とも非居住者と行なう取引のこと。

銀行 10 行が決定された（日本の銀行では当時の東京銀行と富士銀行が参入した）。
　その結果、新たな外国銀行の進出が相次ぐとともに、国内の民間銀行の新規創業も盛んに行なわれた。しかし、業務を急拡大した銀行のリスク管理は一般に甘く、政府の監督や規制も不十分であったために不良債権がふくらんでいった。特に、不動産事業への過度の投資によるバブル経済の発生がタイやインドネシアでは 1995 年ごろから目立つようになった。
　その背景には、次のような問題が存在した。それまで ASEAN 先発 5 ヵ国の通貨の為替レートはいずれも米ドルに対して固定されていたが、1985 年 9 月のプラザ合意以降はドル安の基調が続いて各国通貨の相場は比較的安定していた。各国政府は、固定相場制のもとで金利を高めに誘導して外国資本の流入を促し、輸出需要で経済成長を促進する政策を採り続けた。しかし、1992 年以降の中国改革開放政策の推進により、外資による製造工業への直接投資の流れはいっせいに中国に向かい、ASEAN5 ヵ国の輸出成長にはかげりが生じた。このため、表 17 に見られるように、1994 年以降貿易収支が黒字に転じた域内最先進国シンガポールを除く残り 4 ヵ国の貿易収支は悪化または低迷の傾向を見せた。さらに 1995 年以降アメリカが「強いドル政策」を採用し、ドルと連動したこれら諸国の通貨が割高に転じたことも輸出不振に拍車をかけた。他方では、金融自由化後これら諸国には経常収支赤字を超える海外資金、それももっぱら短期資金が大量に流入し続けており、経常収支に資本収支を加えた総合収支は黒字が続いていた。しかしこれらの海外資金は、経常収支の改善ではなく不動産など非生産的・非効率・高リスクの分野に投じられて資産バブルが形成されていた上、自国の長期投資資金を外貨建ての短期借入で調達するというミスマッチも進行していたのである。
　一方、アジア諸国の通貨の過大評価に目をつけたのが、ジョージ・ソロスなどに代表されるヘッジファンド[4]であった。1997 年に入りヘッジファンドはアジア諸国の通貨に大規模な売り浴びせを行ない、安くなったところで買い戻して利益をあげるという投機を仕掛けてきた。各国の当局は自国通貨の買い支えによってこれに対抗しようとしたが支えきれず、変動相場制を導入せざるを

---

4) 通常は私募（非公式の縁故募集）によって機関投資家や富裕層から大規模な資金を集め、金融派生商品等を活用した様々な手法で運用するファンドのことをこう呼ぶ。

得ない状況に追い込まれて通貨価値が急激に下落した。この通貨危機に端を発したアジア経済危機が1997年から98年にかけて韓国などとともにASEAN諸国を襲った。

【表17】ASEAN先発5ヵ国の貿易収支と総合収支の推移(1991～2000年)(100万ドル)

年	貿易収支					総合収支				
	タイ	フィリピン	マレーシア	シンガポール	インドネシア	タイ	フィリピン	マレーシア	シンガポール	インドネシア
1991	-5,989	-3,211	391	-110	4,801	4,618	1,755	1,236	4,197	1,528
1992	-4,161	-4,695	3,150	-1,821	7,022	3,029	1,689	6,618	6,100	2,070
1993	-4,288	-6,222	3,037	-2,724	8,231	3,907	336	11,350	7,578	594
1994	-3,700	-7,850	1,577	1,354	7,901	4,169	2,327	-3,160	4,736	784
1995	-7,968	-8,944	-103	8,459	6,533	7,159	1,235	-1,763	8,637	1,573
1996	-9,488	-11,342	3,848	9,333	5,948	2,167	4,338	2,513	7,398	4,503
1997	1,572	-11,127	3,510	8,800	10,075	-18,250	-3,094	-3,875	8,129	-8,137
1998	16,238	-28	17,505	14,475	18,429	-2,696	1,279	10,018	3,030	-3,437
1999	14,013	-5,977	22,644	13,927	20,643	1,388	3,767	4,712	4,266	1,916
2000	11,701	-5,971	20,827	13,956	25,042	-1,806	-477	-1,009	6,822	3,926

[出典] 日本貿易振興機構(ジェトロ)アジア経済研究所のWebサイト「アジア動向データベース」からダウンロードしたデータをもとに作成。

2-2. 危機の波及

東南アジアでまずこの危機に見舞われたのは、タイであった。図11で見たように1991～95年のタイ経済は年率8～9％の成長を維持していたが、96年に入り成長が伸び悩みを見せ始めていた。また貿易赤字の増加により経常収支も悪化していた。1997年5月中旬から始まったヘッジファンドのバーツ売りに対して、タイ中央銀行は外貨準備を切り崩して買い支えたが支えきれず、7月初めに変動相場制移行へと追い込まれた。その結果、それまで1ドル=24.5バーツだった為替レートが一気に29バーツ台にまで下がった。このため国際通貨基金（IMF）などは同年8月に合計172億ドルの救済融資を行なった。しかし1998年1月に最低の56バーツ台を記録するまで通貨の下落は続いた。それまで外国資金によって融資されていた不動産バブルの崩壊に加え、IMFが融資条件として課した政府支出の削減と利子率の引き上げが、景気後退期における総需要のいっそうの減少を招いたこともあり、それまで好景気を

謳歌していたタイ経済は不況に陥り、企業の倒産・リストラが相次ぎ、失業者が街にあふれた（1997、98年のGDP実質成長率はそれぞれマイナス1％、マイナス11％）。

次いでマレーシアの通貨リンギットも1997年7月からヘッジファンドの売り浴びせにあい、同年8月中旬に、管理された変動相場制（事実上の固定相場制）から本物の変動相場制へ移行した。1997年初めに1ドル=2.5リンギット程度だったレートが年末には1ドル=5リンギット程度に下落、さらに1998年9月にリンギットはドルペッグ制へ移行し、1ドル=3.8リンギットとなった。1998年のマレーシアのGDP実質成長率はマイナス7％に落ち込んだ。

しかし、経済危機の影響が最も深刻だったのはインドネシアであった。タイを起点とする通貨不安は1997年7月中旬にはインドネシアにも飛び火し、やはりヘッジファンドの売り浴びせによる通貨ルピアの下落が始まった。それまで1ドル=2300ルピア程度で推移していた為替相場は、たちまち2500ルピアを割り込み、中央銀行の買い支えにもかかわらず、下げ止まる様子を見せなかった。たまりかねたインドネシア政府は8月中旬、変動相場制に移行したが、同月末に相場は1ドル=3000ルピアの大台を割った。その後もルピアの対ドル為替相場は下げ止まらず、ドル建て対外債務の加重に耐えきれなくなったインドネシア政府は、10月についにIMFに救援を要請した。支援受諾と引き換えにIMFは、国家や一部私企業による各種の独占廃止、不良金融機関の整理など、きびしい経済改革の注文を付けた。これが、スハルト大統領一族とその取り巻き企業家たちの権益とぶつかり、表向き改革策の実施を約束しながら、実際にはその骨抜きを図ろうとするスハルト政権とIMFとの間のきしみが次第に大きくなっていった。年が明けて98年の1月6日、インドネシア政府が1ドル=4000ルピアという仮定の上に前年比32％増という危機意識を欠いた次年度予算案を公表すると、ルピアの下落には加速度的なはずみがついた。同日内に1ドル=7000ルピアのラインを突破、2日後にはあっという間に1万ルピアの大台に達し、23日には1万3000ルピアという未曾有の水準に落ち込んでしまった。

外国に多額の借金のある政府や企業にとっては事態はまさに破滅的だった。また、部品や原材料の供給を輸入に頼っている産業の場合も、生産費が一挙に

高騰し、操業停止や労働者の一時帰休に追い込まれる企業が続出した。こうして、事態は単なる通貨不安から経済全体の危機へ、そして1998年5月のスハルト大統領辞任に至る社会・政治危機へと急展開していった。また、1998年のインドネシアのGDP実質成長率は、アジアで最悪のマイナス13％に落ち込んだ。

2-3. 危機からの回復

　1997～98年にはタイ、インドネシアを中心に深刻な不況に見舞われた東南アジア諸国も、1999年以降は当初の予想以上に速いテンポで回復に向かっていった。通貨価値の急落が皮肉にも輸出競争力の大幅強化をもたらしたことも幸いした。タイのGDP実質成長率は99年に4％、2000年に5％へ回復、マレーシアは99年が6％、2000年が9％と高成長に反転、最も打撃が大きかったインドネシアでも99年が1％、2000年が5％と回復の兆しが見えた。なおインドネシアでは多くの企業グループが債務を抱えて危機に陥り、1998年2月に設立された政府機関「金融再建庁」（Badan Penyehatan Perbankan Nasional: BPPN）[5]の管理下に入ったが、株式の売却などによる負債整理と企業再建が順調に進み、2004年2月に同庁は役目を終えて解散した。そして21世紀に

【表18】ASEAN10ヵ国のGDP実質成長率(2001～2010年)

	年	2001	2002	2003	2004	2005	2006	2007	2008	2009	2010
先発5ヵ国	インドネシア	3.6	4.5	4.8	5.0	5.7	5.5	6.3	6.0	4.5	6.0
	シンガポール	-1.2	4.2	4.6	9.2	7.4	8.6	8.5	1.8	-1.3	15.0
	マレーシア	0.5	5.4	5.8	6.8	5.3	5.8	6.5	4.7	-1.7	6.7
	フィリピン	1.8	4.4	4.9	6.4	5.0	5.3	7.1	3.7	1.1	7.0
	タイ	2.2	5.3	7.1	6.3	4.6	5.1	4.9	2.5	-2.2	7.5
後発5ヵ国	ブルネイ	2.7	3.9	2.9	0.5	0.4	4.4	0.2	-1.9	-0.5	0.5
	ベトナム	6.9	7.1	7.3	7.8	8.4	8.2	8.5	6.3	5.3	6.5
	ミャンマー	11.3	12.0	13.8	13.6	13.6	13.1	11.9	3.6	4.9	5.3
	ラオス	4.6	6.9	6.2	7.0	6.8	8.6	7.8	7.8	7.6	7.7
	カンボジア	8.1	6.6	8.5	10.3	13.3	10.8	10.2	6.7	-2.0	4.8
	10ヵ国全体	1.9	4.8	5.4	6.5	5.8	6.1	6.5	4.3	1.2	5.1

［出典］日本アセアンセンターのWebサイトから引用。　　　　＊灰色に白字の箇所は、推定値。

5）英語名はIndonesian Bank Restructuring Agency（IBRA）。

入ると、表18が示すように、2001年に軽い景気後退があったが（この年シンガポールはマイナス成長）、2002〜2007年の6年間、東南アジア経済はベトナム、ミャンマーなど後発の諸国も含めて高成長を維持した。

3. リーマン・ショック（2008年）後の東南アジアの経済成長

2008年9月のアメリカのいわゆるリーマン・ショックに端を発する金融危機がもたらした世界不況の結果、東南アジアでも同年末から2009年にかけて不況または経済成長率の下降を経験した。特にアメリカ、日本など先進国への輸出依存度が高かったシンガポール、マレーシア、タイ、ブルネイ、カンボジアの2009年の実質成長率はマイナスに落ち込んだ。反面、輸出依存度のあまり高くないインドネシア、ベトナム、ミャンマー、ラオスの成長率低下はわずかなものにとどまった。1997〜98年のアジア経済危機の場合とは逆に、インドネシアでは今回の不況からの打撃は軽微であり、1998年以降ASEAN内で低下していたインドネシア経済の存在感が再び高まる傾向にある[6]。しかしいずれにせよ、ASEANとの経済関係が急速に深まりつつある中国経済の高成長にも支えられて、2010年のASEAN経済は回復の様相を強め、2011年も好調を続けた。

表19が示すように、1980年代以来の持続的経済成長の結果、ASEAN諸国の1人あたりGDPはめざましい上昇をとげた。2009年のシンガポールのそれ（3万6000ドル以上）は同じ年の日本の1人あたりGDP（3万9000ドル以上）とほぼ肩を並べており、購買力平価ベースでは既に勝っているとも言われる。1人あたりGDPがほぼ7000ドルに達したマレーシアは、2020年までに先進国入りするという国家目標に向かい突き進んでいるように見えるし、1990年代から中進国を自認するタイの1人あたりGDPも4000ドル前後に達している。アジア経済危機後の20世紀末には1人あたりGDP 1000ドル以下に落ち込んでいたインドネシアも、21世紀に入ってからの順調な成長により、2008

---

[6] インドネシアの輸出総額の対GDP比率は、2000年41%、2005年34%、2010年25%と顕著な低下を示した。21世紀に入ってからのインドネシア経済の好調は、民主化や地方分権政策が刺激した内需の拡大に支えられるところが大きかったと考えられる。

第10章●20世紀末以降の東南アジア　　209

年には2000ドルの大台を超えて中進国のグループに足を踏み入れた。表20に見られるように、先発5ヵ国は言うまでもなく、後発のベトナム、ミャンマー、カンボジアでもGDPに占める製造工業の比率はずいぶん高くなってきている。

このように後発諸国における経済成長も目覚ましいとはいえ、1人あたりGDPの東南アジア域内の格差は無視できない。先頭を走るシンガポールの1980年における1人あたりGDPは同じ年のフィリピン、ミャンマーの7.2倍、26倍であったが、1995年にはそれぞれ26倍、194倍に広がり、2008年にお

【写真47】旧シンガポール港(現マリーナ・ベイ)上空から見たシンガポール都心地区の景観

【表19】ASEAN10ヵ国の1人あたりGDP(1980～2009年 当年価格 米ドル)

年		1980	1990	1995	2000	2005	2006	2007	2008	2009
先発5ヵ国	インドネシア	644	699	1,144	807	1,300	1,636	1,916	2,238	2,329
	シンガポール	4,990	12,745	24,702	22,791	28,498	31,616	36,527	39,266	36,379
	マレーシア	1,812	2,432	4,358	4,030	5,319	5,951	6,967	8,143	6,950
	フィリピン	672	718	1,105	987	1,159	1,351	1,624	1,848	1,748
	タイ	696	1,518	2,826	1,967	2,709	3,174	3,759	4,108	3941
後発5ヵ国	ブルネイ			16,478	18,477	25,753	29,949	31,403	36,223	25,386
	ベトナム	514	98	289	402	637	724	825	1,048	1,068
	ミャンマー	186	68	123	178	216	257	350	533	571
	ラオス	310	217	391	303	464	596	694	856	886
	カンボジア		106	297	288	455	526	627	805	768
10ヵ国全体の平均		663	793	1,410	1,163	1,617	1,913	2,260	2,592	2,503

[出典] 日本アセアンセンターのWebサイトのデータから作成。　　＊灰色に白字の箇所は、推定値。

いても推定 21 倍、64 倍となお巨大な格差が横たわっている。先に述べたように ASEAN は最近地域統合への動きを強めているが、域内格差の問題がその障害にならないかどうか、今後の変化に注目が必要であろう。また、2010 年のギリシャ財政危機に端を発し 2011 年にはイタリア、スペインなどにも広がって全欧州をおおう様相を見せ始めたユーロ危機が今後世界経済に及ぼす影響は、2008 年のリーマン・ショックを上回ると予想されており、それが今後東南アジアの経済に及ぼす影響も予断を許さない。

【表20】ASEAN諸国の産業部門別GDP構成比（1997年と2008年、％）

産業部門	先発5ヵ国									
	インドネシア		シンガポール		マレーシア		フィリピン		タイ	
	1997	2008	1997	2008	1997	2008	1997	2008	1997	2008
農業	16.1	14.4	0.2	0.1	10.7	10.2	18.9	14.9	9.4	11.6
鉱業	8.9	11.0			6.6	17.2	0.7	1.5	1.7	3.5
製造工業	26.8	27.9	22.6	19.5	27.3	26.3	22.3	22.3	30.2	36.0
電気・ガス・水道	1.2	0.8	1.8	1.4	2.6	2.3	2.7	3.2	2.5	2.9
建設業	7.4	8.5	7.9	5.1	6.3	2.7	6.4	4.7	5.7	2.8
商業	15.9	14.0	12.7	17.2	14.2	13.2	13.1	14.7	17.2	13.5
運輸・通信	6.1	6.3	11.1	12.8	6.4	6.2	4.9	6.9	7.8	7.0
金融業	8.7	7.4	26.4	27.2	13.0	11.8	4.7	5.5	9.9	6.2
行政	5.1	5.2	17.3	16.6	6.4	7.3	9.8	7.0	3.8	4.3
その他	3.8	4.6			6.4	2.8	16.6	19.5	11.7	12.3

産業部門	後発5ヵ国									
	ブルネイ		ベトナム		ミャンマー		ラオス		カンボジア	
	1997	2007	1997	2008	1997	2006	1996	2008	1997	2008
農業	1.2	0.7	25.8	22.1	63.0	43.5	52.9	30.0	46.3	30.5
鉱業	31.5	57.2	6.3	8.9	0.5	0.8	0.3	9.9	0.2	0.4
製造工業	15.0	10.4	16.5	21.1	6.2	14.1	15.6	8.5	12.2	14.5
電気・ガス・水道	1.0	0.6	2.7	3.2	0.3	0.7	1.5	2.8	0.5	0.5
建設業	8.6	2.9	6.5	6.5	1.6	3.9	3.5	4.7	4.2	5.8
商業	5.7	3.0	15.6	13.9	21.5	21.2	8.7	18.9	15.7	12.6
運輸・通信	5.0	2.8	4.0	4.5	2.9	12.1	5.4	4.6	5.8	7.0
金融業	4.0	2.9	1.7	1.8	0.2	0.1	1.3	3.2	7.2	13.0
行政	15.6	12.7	9.5	7.7	2.1	2.0	4.7	4.6	3.1	1.7
その他	12.4	7.0	11.4	10.3	1.8	1.7	6.1	12.8	4.9	14.0

［出典］ *Key Indicators of Developing Asian and Pacific Countries 2009*, Asian Development Bank.
日本アセアンセンターの Web サイトのデータから作成。

4. 最近の貿易統計から見た東南アジア経済

　ここで20世紀末（2000年）のASEAN先発5ヵ国と2008年のASEAN10ヵ国全部の貿易統計を見ることにより、国際分業の面から見た東南アジア経済の現状を確認しておこう。

　まず表21により20世紀末の主要輸出品目を見ると、従来石油輸出中心の構造が続いていたインドネシアでも、第2位の「基礎製造業製品」と第3位の「機械・輸送機器」を加えた製造工業製品の輸出総額は既に4割近くに達し、第1位の「鉱物性燃料」の25％を大きく上回った。先発5ヵ国の工業国への転換は20世紀中に行き渡ったと言えよう。次に輸入相手国では、5ヵ国のすべてで日本が第1位でアメリカを大きく上回ったが、輸出先としてはアメリカが日本を上回り、その差が1990年より拡大した。

　次に表22を見ると、先発5ヵ国の輸出品目では製造工業製品中心の構造が続き、ベトナムやカンボジアでも工業製品輸出が増えていることが確認できる。（ただし、インドネシアでは「鉱物性燃料」の比率が増すという逆転現象が見られる。これは、天然ガス輸出に加え、国際石油価格高騰と反比例して石炭の採掘と輸出が増加していることによる。）しかし、それ以上に注目されるのは、輸入相手国における日本の比重の低下と、中国の登場である。21世紀に入って東アジアにおける製造工業の中心が日本から中国に移るにつれ、中国と東南アジアの貿易は飛躍的に拡大しつつある（2010年1月のASEANと中国の自由貿易協定〈FTA〉の発効により、その傾向はさらに加速されつつある）。主な輸出相手国を見ると、やはり中国とASEAN域内への輸出が急増していることが読み取れる。21世紀に入ってからの変化の大きさと速さが感じられる。

　日本アセアンセンター作成のグラフを図13に借用して、この点を確認しておこう。2000年から2009年の間に、ASEAN域内貿易と対中貿易が急増し、日本、アメリカ、EUとの貿易の比重が急低下したことがわかる。このことをどう考えたらよいであろうか。多国籍企業化した企業の製造拠点の移転による東アジア、東南アジア全域の工業化といわゆる水平分業の拡大がその大きな要因であることは間違いないが、アジアの域内貿易の多くは、ヨーロッパとアメリカの市場に向けられた最終製品に合体される部品と構成材から成るという側

面も無視できない。統計数字上の比率が下がったとはいえ、最終製品の先進国市場向け輸出は、東南アジア（と東アジア）の経済成長の起動点として依然無視できない重要性を保っている。欧米諸国における金融危機が、アジアの中でも特に輸出依存度の高い国々の経済に直ちに影響を及ぼすのはそのためである。ユーロ危機が誘発するかも知れない世界経済の不安と停滞が、今後東南アジアの経済にどのように影響していくか注目される。

【表21】東南アジア5ヵ国の対外貿易内訳(2000年)

項目	インドネシア	シンガポール	マレーシア	フィリピン	タイ
貿易額(百万米ドル)					
輸出	62,102	137,932	98,153	38,207	65,160
輸入	33,511	134,630	82,195	31,694	56,915
輸出主要3品目(輸出総額に対する百分比)					
第1位	鉱物性燃料 25.2%	機械・輸送機器 67.4%	機械・輸送機器 62.5%	機械・輸送機器 36.9%	機械・輸送機器 43.7%
第2位	基礎製造業製品 19.9%	鉱物性燃料 9.7%	鉱物性燃料 9.6%	各種製造業製品 7.0%	基礎製造業製品 15.4%
第3位	機械・輸送機器 17.3%	各種製造業製品 8.1%	各種製造業製品 8.0%	食料品及び動物 3.4%	食料品及び動物 14.1%
主な輸入相手国(輸入総額に対する百分比)					
第1位	日本 16.1%	日本 17.2%	日本 21.1%	日本 19.0%	日本 25.9%
第2位	シンガポール 11.3%	マレーシア 17.0%	アメリカ 16.6%	アメリカ 16.8%	アメリカ 11.7%
第3位	アメリカ 10.1%	アメリカ 15.1%	シンガポール 14.3%	韓国 7.4%	シンガポール 10.6%
主な輸出相手国(輸出総額に対する百分比)					
第1位	日本 23.2%	マレーシア 18.2%	アメリカ 20.5%	アメリカ 29.9%	アメリカ 22.5%
第2位	アメリカ 13.7%	アメリカ 17.3%	シンガポール 18.4%	日本 14.7%	日本 15.7%
第3位	シンガポール 10.6%	香港 7.9%	日本 13.0%	シンガポール 8.2%	シンガポール 9.2%

[出典] 日本アセアンセンターのWebサイトのデータから作成。

【表22】ASEAN諸国の対外貿易内訳（2008年）

項　目	インドネシア	シンガポール	マレーシア	フィリピン	タイ
貿易額（百万米ドル）					
輸　出	137,022	339,414	219,790	64,905	173,235
輸　入	129,274	319,779	185,573	77,588	178,526
輸出主要3品目（輸出総額に対する百分比）					
第1位	鉱物性燃料 29.0%	機械・輸送機器 50.8%	機械・輸送機器 33.2%	機械・輸送機器 67.3%	機械・輸送機器 42.3%
第2位	基礎製造業製品 14.9%	鉱物性燃料 18.5%	鉱物性燃料 18.2%	各種製造業製品 8.3%	基礎製造業製品 12.6%
第3位	機械・輸送機器 12.7%	化学製品 9.4%	基礎製造業製品 8.7%	基礎製造業製品 8.1%	食料品及び動物 12.6%
主な輸入相手国（輸入総額に対する百分比）					
第1位	シンガポール 16.9%	マレーシア 11.9%	シンガポール 23.0%	日本 14.2%	日本 18.8%
第2位	中国 11.8%	アメリカ 11.8%	中国 12.7%	アメリカ 11.8%	中国 11.2%
第3位	日本 11.7%	中国 10.5%	日本 9.8%	中国 11.4%	アメリカ 6.4%
主な輸出相手国（輸出総額に対する百分比）					
第1位	日本 20.2%	マレーシア 12.1%	シンガポール 15.6%	中国 25.7%	アメリカ 11.4%
第2位	アメリカ 9.5%	インドネシア 10.5%	アメリカ 12.9%	アメリカ 12.7%	日本 11.4%
第3位	シンガポール 9.4%	香港 10.3%	中国 12.5%	日本 12.4%	中国 9.2%

項　目	ブルネイ	ベトナム	ミャンマー	ラオス	カンボジア
貿易額（百万米ドル）					
輸　出	9,487	60,268	6,555	1,637	4,292
輸　入	2,654	82,488	6,891	2,814	8,065
輸出主要3品目（輸出総額に対する百分比）	（2006年）	（2007年）			（2004年）
第1位	鉱物性燃料 96.3%	各種製造業製品 32.9%	NA	NA	各種製造業製品 95.4%
第2位	各種製造業製品 1.8%	鉱物性燃料 20.7%	NA	NA	非食品原材料 1.9%
第3位	機械・輸送機器 1.2%	食料品及び動物 18.9%	NA	NA	基礎製造業製品 1.1%
主な輸入相手国（輸入総額に対する百分比）					
第1位	シンガポール 35.8%	中国 21.3%	中国 32.0%	タイ 68.7%	タイ 27.5%
第2位	マレーシア 19.0%	シンガポール 11.7%	タイ 21.0%	中国 11.3%	ベトナム 16.2%
第3位	日本 7.5%	日本 10.4%	シンガポール 20.5%	ベトナム 4.7%	中国 15.4%
主な輸出相手国（輸出総額に対する百分比）					
第1位	日本 43.8%	アメリカ 20.9%	タイ 52.6%	タイ 34.8%	アメリカ 53.9%
第2位	インドネシア 23.2%	日本 13.7%	インド 12.0%	ベトナム 13.2%	ドイツ 7.7%
第3位	韓国 11.2%	オーストラリア 7.4%	中国 9.2%	中国 8.6%	カナダ 5.9%

[出典] 日本アセアンセンターのWebサイトのデータから作成。

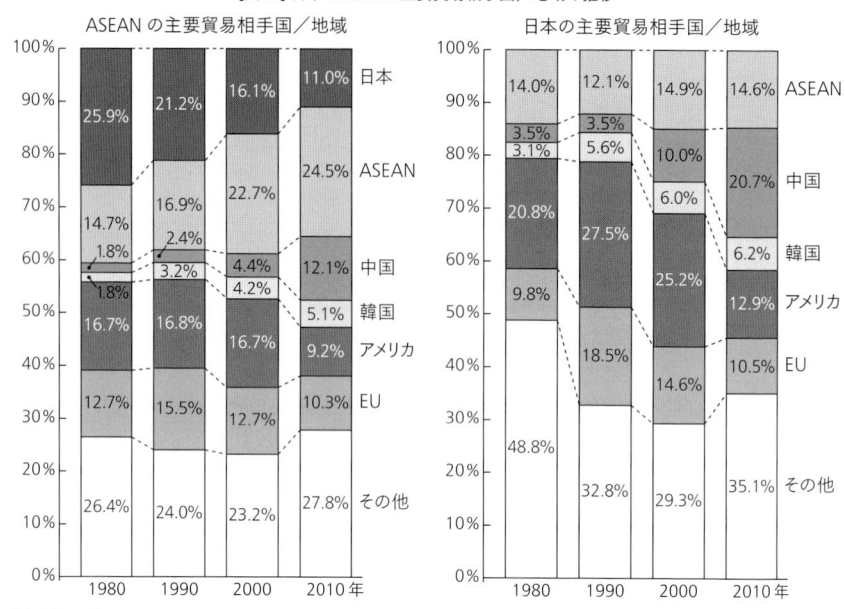

【図13】日本・ASEANの主要貿易相手国／地域の推移

ASEANの主要貿易相手国／地域

	1980	1990	2000	2010年	
日本	25.9%	21.2%	16.1%	11.0%	
ASEAN	14.7%	16.9%	22.7%	24.5%	
中国	1.8%	2.4% / 3.2%	4.4% / 4.2%	12.1%	
韓国	1.8%			5.1%	
アメリカ	16.7%	16.8%	16.7%	9.2%	
EU	12.7%	15.5%	12.7%	10.3%	
その他	26.4%	24.0%	23.2%	27.8%	

日本の主要貿易相手国／地域

	1980	1990	2000	2010年	
ASEAN	14.0%	12.1%	14.9%	14.6%	
中国	3.5% / 3.1%	3.5% / 5.6%	10.0% / 6.0%	20.7%	
韓国				6.2%	
アメリカ	20.8%	27.5%	25.2%	12.9%	
EU	9.8%	18.5%	14.6%	10.5%	
その他	48.8%	32.8%	29.3%	35.1%	

[出典] 日本アセアンセンターのWebサイトのデータから作成。

5. スハルト体制の終わりとインドネシアのレフォルマシ

　経済のグローバル化と自由化、経済発展と都市化に伴う社会構造の変動、1990年代からの携帯電話とインターネットの急速な普及がもたらした情報化の進行、これらは東南アジアの政治構造にも変化をもたらさずにはいなかった。国家権力と少数の支配者が情報を独占し、強権的支配によって国民を管理する体制は、もはや維持困難となったのである。最も劇的な変化はまず、30年以上にわたってスハルト長期政権が君臨したインドネシアで起こった。

　1997年5月、アジア経済危機到来前に行なわれた総選挙での与党ゴルカル圧勝に基づき、既に危機の暗雲が頂点に達した翌98年3月に開催されたインドネシア国民協議会総会はスハルトを7期目の大統領として再選した。しかし、5月にジャカルタはじめ各地で暴動が発生する中で、スハルトは大統領辞任を余儀なくされ、憲法の規定によりハビビ副大統領（B. J. Habibie 1936-）が大統

領に昇格した。翌1999年6月に行なわれた出直し総選挙を経て10月に行なわれた国民協議会総会は、ハビビに不信任を突きつけ、イスラム系諸政党が担ぎ出したアブドゥルラフマン・ワヒド（Abdurrahman Wahid 1940-2009）が第4代大統領に選出された。しかし、ワヒド大統領はその後議会との衝突を繰り返したため、2001年7月の国民協議会臨時総会で解任され、副大統領だったメガワティ・スカルノプトリ（Megawati Sukarnoputri 1947-、初代大統領スカルノの娘）が第5代大統領に選出された。

【写真48】アブドゥルラフマン・ワヒド（グス・ドゥル）　　【写真49】メガワティ・スカルノプトリ

　この間、東ティモール問題をめぐり大きな変化が起きた。ハビビ政権下の1999年8月に国連の管理下で行なわれた東ティモールの住民投票でインドネシアからの分離独立が決定され、同年10月から東ティモールは国連東ティモール暫定行政機構（UNTAET）の管理下に入り、メガワティ政権期の2002年5月に東ティモール民主共和国としてインドネシアから独立した。
　また1999年から2004年にかけ大幅な憲法改正が繰り返し行なわれて、（共産党を除く）政党活動の自由化、大統領の3選禁止、地方分権の強化など、インドネシアの政治体制の民主化が進んだ。2004年の総選挙では、国民投票による初の正副大統領選で、元軍幹部のスシロ・バンバン・ユドヨノ（Susilo Bambang Yudhoyono 1949-）が現職のメガワティを破って第6代大統領に選出された。ユドヨノ政権下では、内戦が続いていたアチェの問題をめぐって大きな進展が見られた。2004年12月下旬のスマトラ沖地震と津波で大災害を

被ったアチェ州では以後和平の機運が強まり、フィンランド政府の仲介により 2005 年 8 月にヘルシンキで自由アチェ運動（GAM）とインドネシア共和国政府が和平協定に調印して、アチェ独立を目指した内戦が終結した。そして 2006 年 12 月にはアチェ特別州知事選挙で旧独立派の候補が圧勝し、大幅な特別自治権を獲得した同州の統治に当たることになった。

2009 年 4 月に行なわれた総選挙ではユドヨノ大統領を支持する民主党(Partai Demokrat)が国会で第一党に躍進し、7 月の正副大統領選でも、ユドヨノ大統領が再選されてユドヨノ政権は 2 期目に入った。21 世紀に入ってからのインドネシアの安定的な経済成長は、改革（Reformasi〈レフォルマシ〉、「民主化」のことをインドネシアではこう呼んでいる）が一巡して政治的・社会的安定度が増した上、地方分権政策などにより地方経済が活性化し内需拡大につながったことによるところが大きい。

【写真50】スシロ・バンバン・ユドヨノ(SBY)

6. 市民社会の目覚めと強権政治の後退

インドネシアほど劇的ではないが、1960 年制定の国内治安法[7]を反対勢力に対する弾圧の武器として強権的な国民管理の体制を布いてきた隣のマレーシア、シンガポールや、長期の軍部支配が続くミャンマーでも、紆余曲折を経ながらも市民的権利と自由に譲歩するゆっくりした動きが進み始めた。以下、その様子を簡単にまとめておこう。

6-1. マレーシア

　マハティール政権下のマレーシアでは、憲法の多くの条文を改正して国王や議会の権力が削減され、首相への権力集中が進められた。このことは強力なリーダーシップのもとでの開発政策の推進を可能にしたが、ブミプトラ政策のもとで特権を与えられたマレー人官僚・与党エリートの腐敗を生む結果にもなった。これに対し、インドネシアにおける改革運動の高まりに刺激されつつ、与党UMNOにはびこる縁故主義の蔓延を政権内部から槍玉にあげようとしたアンワル・イブラヒム副首相（Anwar Ibrahim 1947-）が1998年9月に解任、逮捕され、翌1999年には有罪判決を受けて投獄された。しかし、1999年11月に行なわれた総選挙でUMNOを中核とする与党連合「国民戦線」は国会の議席を大きく減らし、野党の「全マレーシア・イスラム党」(PAS)の躍進を許す結果となった。

　2003年にマハティールが辞任し、副首相だったアブドゥラ・バダウィ（Abdullah Ahmad Badawi 1939-）が第5代首相に就任すると、彼は汚職の撲滅を謳い、マハティール政権時代に要職にあった数名を逮捕、追放した。これは国民に支持され、2004年3月の総選挙では与党連合「国民戦線」が国会議席の9割以上を得て地滑り的勝利を勝ち取った。同年9月、マレーシア連邦裁判所は同性愛の罪による原判決を覆しアンワル・イブラヒムの釈放を命じたが、バダウィ政権はこれに干渉を加えなかった。また、マハティール時代に着手されていた複数の大型開発プロジェクトをとりやめて財政の健全化を図り、貿易政策の面でも日本との自由貿易協定（FTA）締結など保護主義から自由化へと舵を切り直した。このため、マハティール前首相との不協和音が次第に目立つようになり、2006年6月には前首相がバダウィ首相をメディアで公然と批判するなどの事件も起きた。しかし、前首相の影響力は次第に後退していった。

---

7) 1950年代の共産ゲリラに対する掃討作戦が終わって非常事態が解除された1960年に当時のマラヤ連邦政府は、引き続き裁判に拠らない予防拘禁を可能とする「国内治安法」(Internal Security Act: ISA) を制定・公布し、治安対策の強力な手段とした。1963年のマレーシア連邦結成後、同法はシンガポールにも適用され、1965年の分離独立後も維持された。当初この法律は残存共産勢力だけを対象にするとされていたが、1989年にマラヤ共産党が最終的に投降し武装闘争が消滅したあとも政府に対する反対派の弾圧のために用いられた。マレーシアでは、この法律による逮捕者は累計1万人を超え、12名が死刑に処せられたと言われる。シンガポールでも、この法律の前に適用されていた1955年制定の「公安維持条例」(Preservation of Public Security Ordinance: PPSO) の時期も含め、逮捕者は累計1000人を超えると言われている。

【写真51】アンワル・イブラヒム　　【写真52】ナジブ・ラザク

　在野勢力による民主化への圧力もいっそう高まっていった。2007年11月、クアラルンプルの街頭で「清潔で公正な選挙のための連合」(Bersih)[8]による大規模なデモが敢行された。2008年3月の総選挙では「国民戦線」が国会の議席を198から140へと減らす一方、野党は20議席から82議席と躍進を遂げた[9]。特にアンワル・イブラヒム夫人のワン・アジザー (Wan Azizah Wan Ismail 1952-) が党首の「国民正義党」(Parti Keadilan Rakyat: PKR) は、1議席から一挙に31議席に勢力を伸ばし、野党第一党に躍り出た。次いでワン・アジザーが議員辞職した後に行なわれた8月の国会補欠選挙では、夫人に代わって立候補したアンワル・イブラヒムが圧勝して政治の表舞台に返り咲いた。2009年4月、バダウィ首相が辞任し副首相だったナジブ・ラザク (Najib Tun Razak 1953-, 第2代首相アブドゥル・ラザクの長男) が第6代首相に就任すると、2大野党である国民正義党と全マレーシア・イスラム党の機関誌に対する発禁処分が解除され、国内治安法により逮捕されていた政治犯13人が釈放された。2011年7月、「清潔で公正な選挙のための連合」がクアラルンプルで再び大規模な街頭デモを行ない、警官隊と衝突して1600人以上の逮捕者が出た。同年9月、ついにナジブ首相は2012年のうちに国内治安法を廃止し、新しい法律に換えることを宣言した。

6-2. シンガポール

　1990年5月、リー・クアン・ユー政権下で第1副首相だったゴー・チョク・

---

[8] 英語では Coalition for Clean and Fair Elections、マレー語では Gabungan Pilihanraya Bersih dan Adil と名付けられた。マレー語由来の略称 Bersih は「清潔」を意味する。
[9] クアラルンプルの計11選挙区では、定数11議席のうち10議席を野党が獲得した。

トン（Goh Chok Tong = 呉作棟 1941- ）が首相に就任し、リー・クアン・ユーは新設された上級相（Senior Minister）という職に退いた。翌1991年の総選挙で与党「人民行動党」（PAP）は議席を3つ減らしたものの、得票率61％で国会81議席中77議席を確保して勝利した。ゴー政権下でシンガポールは、アジア経済危機（1997年）、イスラム過激派の爆弾テロ計画（2001年）、2001年と2003年の景気後退、2003年のSARS（重症急性呼吸器症候群）流行などの危機を無事に乗り切り、1997年と2001年の総選挙では人民行動党は65％、71％と得票率を伸ばした。

　2004年8月、ゴーは上級相に退き、リー・クアン・ユーの長男で副首相だったリー・シェン・ロン（Lee Hsien Loong = 李顕龍 1952-）が首相に就任した。2006年5月の総選挙では、人民行動党が84議席中82議席を確保したが、得票率は66.6％で前回より低下した。さらに2011年5月の総選挙では、人民行動党の得票率は60.1％で過去最低となり、野党の労働者党（Workers' Party: WP）が6議席を得て躍進した。また、同年8月に18年ぶりに行なわれた大統領選挙では4人が立候補して、人民行動党が推すトニー・タン（Tony Tan Keng Yam = 陳慶炎 1940-）が当選したが、得票率は35％にとどまり、国民の間に与党に批判的な感情が高まっていることが示された[10]。生活費の上昇や家賃高騰、所得格差の拡大、大量の外国人労働者導入による雇用喪失などへの不満が底流にあり、長く続いた人民行動党による事実上の一党独裁体制には、変化の兆しが見え始めている。

【写真53】リー・シェン・ロン

10）ただし、シンガポールの大統領職は儀礼的なもので政治的実権は首相の側にある。

6-3. ミャンマー

　野党の国民民主連盟（NLD）が勝利した1990年選挙の結果に基づく国民議会の招集を拒み、新憲法の制定による政治体制の成立を優先したミャンマーの軍事政権（国家法秩序回復評議会〈SLORC〉）は、1992年4月のタン・シュエ将軍（Than Shwe 1933-）の議長就任後、93年1月に新憲法策定のために制憲国民会議を招集、9月に国家の基本原則を公表した。このような動きにNLDは反発したが、SLORCはNLD所属の国民議会議員の逮捕、議員資格の剥奪などの処置で抵抗を封じようとした。95年11月、複数政党制、2院制議会、州の自治承認などについて審議する制憲国民会議が招集された際には、90年の総選挙で選出された議員は会議出席者の約14％に減少してしまった。NLD書記長で民主化運動の象徴的指導者アウンサン・スーチーらは95年7月にいったん自宅軟禁を解かれたが、会議に反発したNLDはこれをボイコットし、1996年6月15日の党大会で独自の憲法草案を発表して、軍政との対立関係は再び深まった[11]。

　その後SLORCは97年11月に「国家平和発展評議会」（State Peace and Development Council: SPDC）に改組され、軍事政権の最高決定機関として存続した。2005年11月、軍事政権は首都をヤンゴンから320km北に離れた新都市に移転し、翌年3月にはこれをネピドー（Naypyidaw）と命名した。2007年8月中旬に前触れもなく燃料補助金が打ち切られて石油価格が高騰すると、これに対する僧侶たちの抗議行動をきっかけに、ヤンゴンなどで反政府街頭行動が広がった。これは9月末までに鎮圧されたが、その過程で取材中の日本人ジャーナリストが射殺されるという痛ましい事件が起きた。

　2008年2月、軍事政権は新憲法制定のための国民投票と議会選挙を2010年までに実施すると発表した。野党がボイコットを呼びかけた上、直前にサイクロンによる多数の犠牲者が出たにもかかわらず、新憲法草案をめぐる国民投票は2008年5月に強行された。その結果、草案への賛成票が9割を超えたと発表され、8月には独立後3つ目の憲法が公布された。この新憲法に基づき2010年11月に20年ぶりに行なわれた総選挙では、新たに結成された与党「連

11）アウンサン・スーチーは、その後2000年9月から2002年5月まで再び自宅軟禁となった。さらに2003年5月末に逮捕され、その3ヵ月後から2010年11月まで三たび自宅軟禁の処分を受けた。

邦団結発展党」（Union Solidarity Development Party: USDP）が議席の8割を獲得した。野党NLDはこの選挙に参加しなかったが、投票日の直後にアウンサン・スーチーは自宅軟禁を解かれた。翌11年3月、連邦団結発展党を率いるティン・セイン（Thein Sein 1945-）を大統領とする新政府が組織され、国家平和発展評議会はこれに政権を委譲して解散した。この時、国家の名称も「ミャンマー連邦共和国」（Republic of the Union of Myanmar）に変更された。

　NLDを排除した選挙で成立した新政権のティン・セイン大統領はやはり軍部出身（退役陸軍大将）で、2007年以来SPDC政権の首相を務めてきたが、比較的穏健な人物と目されており、アウンサン・スーチーらとの対話に踏み出した。この対話の結果、2011年11月にNLDは新政権に歩み寄り、政党として再登録し、2011年中に行なわれる国会補欠選挙に参加することを決定した。これを機に、ミャンマー政治の民主化への歯車はようやくゆっくり回り始めたように思われる。

7. フィリピン——アロヨ政権から新アキノ政権へ

　フィリピンでは1992年5月に成立したラモス政権のもとでようやく政治的安定を取り戻し、長らく停滞していた経済も上向きに転じた。しかし財政再建のために耐乏生活を強いられた国民の間には次第に不満がたまり、1998年5月の選挙ではポピュリストのエストラーダ（Joseph Estrada 1937-）が次の大統領に選ばれた。けれども汚職疑惑による大統領弾劾裁判と民衆の抗議デモにより、エストラーダ政権はわずか2年半で崩壊し（「第2ピープルズ・パワー革命」）、副大統領だったグロリア・マカパガル・アロヨ（Gloria Macapagal-Arroyo 1947-）が2001年1月に臨時大統領就任を宣誓、2002年5月の国会選挙と2004年5月の大統領選挙を経て大統領に再任された。

　しかし翌2005年6月に、法務省の捜査機関の前副局長が、前年の大統領選挙で開票結果を自分に有利に操作するようアロヨ大統領が選挙管理委員会幹部に働きかけた電話の盗聴記録を暴露した。このため国民の間に大統領不信の空気が広がり、何人かの閣僚が辞任して大統領にも辞任を求める事態となった。また否決はされたものの、同年と2006年の2回にわたり、この件で大統領弾

劾裁判を求める動議が国会に提出された。さらに 2006 年 2 月末、クーデタを企んだ容疑で軍の将官を含む数名が逮捕されて非常事態が宣言され、1 週間後に解除されるという事件が起きた。反対派は、これを人気回復のために大統領が演出した茶番劇と非難した。また 2007 年 10 月には、大統領宮殿から地方自治体の首長たちに向け公金を用いた大がかりな贈賄が行なわれたことをある州知事が暴露し、大統領の弾劾を求める声が再び高まった。

　他方、アロヨ政権下でフィリピン経済は比較的順調であり、2007 年の経済成長率は 7% と過去 30 年間で最高となり、2008 年のリーマン・ショックの際もほとんど打撃を被らなかった。しかし、不正選挙と汚職の疑惑がつきまとったために、2004 年末以降、世論調査の示す大統領支持率は低迷を続けた。任期切れとなる 2010 年 5 月の大統領選挙では、故コラソン・アキノ元大統領の息子のベニグノ・アキノ 3 世上院議員（Benigno Simeon Cojuangco Aquino III, 愛称 Noynoy Aquino 1960-）が、エストラーダ元大統領らの対立候補を退けて当選し、7 月にアロヨに代わり新大統領に就任した。一方、アロヨ前大統領は大統領選挙と同時に行なわれた議会選挙に立候補して当選し、上院議員となった。しかし 2011 年 11 月、彼女は 2007 年の国会選挙の結果を改ざんした嫌疑と、自身の選挙戦に公金を流用した嫌疑で、病気治療のため入院中のまま逮捕され、エストラーダに続き 2 代にわたり前任の大統領が罪状を問われるという事態となった。

【写真54】グロリア・マカパガル・アロヨ

【写真55】ベニグノ・アキノ3世（ノイノイ）

8. タイの政治抗争――黄色派と赤色派の死闘

　シンガポール、マレーシアに続き高い経済成長率を達成してきたタイでも、政治的には不安定な状態が続いてきた。1980年代末から最近までの動きを簡単に振り返ってみよう。

　「半分の民主主義」と呼ばれた体制下で8年間にわたり比較的安定した統治を続けたプレーム政権が1988年4月の総選挙後7月に退陣すると、代わってタイ国民党を率いるチャートチャイ将軍（Chatichai Choonhavan 1920-1998）の内閣が成立した。しかし、2年余りのちの1991年2月に起きた軍部のクーデタによって彼は政権の座を追われた。クーデタの主体となった「国家平和維持団」は、外交官出身のアナン（Anand Panyarachun 1932-）を首班とする内閣を作ったが、翌1992年3月の総選挙を経て同年4月には「国家平和維持団」のリーダーであった軍総司令官スチンダー大将（Suchinda Kraprayoon 1933-）自身が首相を務める内閣に代わった。しかし、これには国民の間から強い反発が出た。5月に起きた学生デモに流血の弾圧（「暗黒の5月」事件）を加えたスチンダーは国王ラーマ9世の介入により辞任したが、以後1997年まで5つの短命内閣が交互に政権を担当する不安定な状態が続いた。

　そこで政治不安を取り除くために新しい民主的な憲法の制定を求める声が高まり、1996年にアナン元首相を委員長とする新憲法起草委員会が設立された。1997年の経済危機も、新憲法のもとでの政治安定を求める機運を高めた。各地方から国民の直接選挙で選ばれた委員が多数を占め、学者や知識人も加わったこの委員会によって作成された憲法草案は国会において圧倒的多数で可決され、1997年10月に公布された。国民の直接選挙で選ばれる2院制議会の仕組みをタイ史上初めて導入し、人権の保障に関する多くの条項を備え「国民の憲法」とも呼ばれたこの新憲法のもとで、タイにも安定した議会制民主主義のシステムが定着することが期待された。

　しかし、アジア経済危機のため同年11月に軍人出身のチャワリット首相（Chavalit Yongchaiyudh 1932-）が在任わずか1年で辞職し、代わって弁護士出身の民主党指導者で1992年から95年まで首相を務めたチュアン（Chuan Leekpai 1938-）が国会決議に基づき再び首相の座に着いた。けれども、IMFの

【写真56】プレーム・ティンスーラーノン　　【写真57】タクシン・チナワット

　勧告に従ってチュアン政権が採用した経済改革政策とそれと並行して進んだ企業のリストラは、庶民を犠牲にして大手金融機関の救済を図り、国家的資産を外国に売り払うものとして野党陣営から反発を招いた。また、往年の独裁者タノーム将軍を国王の名誉親衛隊長に任命しようとして失敗したり、ダム建設反対運動に加わった農民を大量逮捕するなど、専制的姿勢も批判を浴びた。
　2001年1月、1997年憲法に基づいて行なわれた最初の総選挙では、警察官僚出身で携帯電話ビジネスで巨万の富を築いた企業家タクシン（Thaksin Shinawatra 1949-）らが1998年に創設した野党のタイ愛国党が248議席を得て、それまでの与党民主党（128議席）に圧勝した。この選挙結果に基づき、愛国党を中心とする政権が同年5月に成立し、タクシンが首相の座に着いた。
　タクシン政権は貧困解消と農村開発のポピュリスト的スローガンを掲げて、特に貧しい東北タイに財政資金を散布する政策を進め、かなりの成果を上げた。また、IMFの処方箋に背くこのような支出政策にもかかわらず、全体経済が好調だったため財政事情も改善した。しかし、麻薬撲滅のキャンペーンに際して何百人もの容疑者を司法手続きもなく殺害したり、分離独立運動が存在する南部タイのマレー系住民にも流血の弾圧を繰り返すなど、強権的姿勢も目立った。また、1990年代に閣僚だった時期に虚偽の資産申告を行なった容疑で2001年末に国家汚職追放委員会から告発されるなど、汚職の疑惑にも事欠かなかった。
　2006年1月、タクシン一族が支配してきた企業の持ち株がシンガポールに売却されたが、その売却益への課税逃れが議会で批判を浴びた。また同年2

月に首相退陣を求める「民主市民連合」(PAD) が結成され、シンボルカラーの黄色いシャツを着て街頭デモなどを始めた。そこでタクシンは国民の信を問うため下院を解散し4月に総選挙を行なったが、野党のボイコットにあって有効票が確保できず再選挙を行なうことになった。この時いったん首相を辞任したものの、実際には暫定首相として職務を続けたため反発が高まった。同年9月、国王の諮問機関である枢密院の支持のもとに軍部がクーデタを起こして憲法を改正し、スラユット陸軍大将 (Surayud Chulanont 1943-) が暫定首相に就任した。国連総会出席のためアメリカに滞在していたタクシンはイギリスへ移り、その後あちこちを転々とする事実上の亡命生活に入った。

　2007年12月の総選挙で旧タクシン派の「人民の力」党 (PPP) が勝利し、党首のサマック前バンコク都知事 (Samak Sundaravej 1935-2009)[12] を首班とする内閣が組織された。しかし、2008年5月にはいったん解散していた「民主市民連合」が再組織され、サマックをタクシンの傀儡として攻撃するとともに、タイとの国境地帯にあって周辺地域の帰属が問題になっているプレアビヒア寺院遺跡を世界遺産に申請したカンボジア政府を支持している、と批判をエスカレートさせた（同年7月には両国軍隊の衝突事件が発生し、以後にらみ合いが続いた）。8月下旬、黄色のシャツを着た「民主市民連合」のデモ隊はバンコクにおいて大規模な示威行動を行ない、国営テレビ局や首相府等の政府庁舎を包囲、約4ヵ月にわたり占拠した。さらに9月には首相府占拠に抗議する親タクシン派の「反独裁民主戦線」(UDD) と死傷者の出る衝突事件が発生、11月には国会の封鎖と首相府占拠後に政府の臨時庁舎となっていた国内線用ドーンムアン空港の旅客ターミナルや、スワンナプーム国際空港の管制塔の占拠が行なわれた。

　このように騒然たる雰囲気の中で2008年9月、サマックが首相就任後も民放のテレビ番組の司会を続けて報酬を得ているのは違憲である、という憲法裁判所の判断が示されて退陣を余儀なくされ、代わって同じ「人民の力」党のソムチャイ (Somchai Wongsawat 1947-) が首相の座に着いた。しかし同年12月に、憲法裁判所が先の総選挙での選挙違反を理由に旧タクシン派の与党「人民の力」党に解党を命じる判決を下した。このため、ソムチャイ政権も崩壊し、反タク

---

12) サマックは、1976年のタマサート大学での学生運動弾圧、1992年の民主化運動武力鎮圧（血の5月事件）などにも深く関わったという疑惑を持たれていた。

シン派の「民主党」を中核とするアピシット（Abhisit Vejjajiva 1964-）を首班とする内閣が成立して、「民主市民連合」は矛を収めた。

　しかし、翌 2009 年の 4 月に今度は、やはりシンボル・カラーの赤いシャツを着た「反独裁民主戦線」のデモ隊がアピシット首相およびその後ろ盾と見られたプレーム元首相など枢密院幹部の辞任を求め、バンコク郊外のパタヤで行なわれていた ASEAN 首脳会議会場にも乱入して会議を中止に追い込むという事件が起きた。政府はバンコク首都圏に非常事態宣言を出してデモ隊を排除し、ようやく沈静化した。しかし、2010 年 3 月から議会の解散と選挙の実施を要求する親タクシン派のデモが再び活発化し、4 月にはバンコク都心の繁華街を占拠するに至った。その際、治安部隊と赤シャツのデモ隊との衝突により日本人カメラマンを含む多数の死傷者が出る惨事になった。アピシット首相は今回もバンコクと周辺地区に非常事態宣言を発令したが、事態は収まらなかった。5 月、バンコクで街頭を再び占拠していたデモ隊に治安部隊が突入して排除に踏み切り、「反独裁民主戦線」幹部がデモ終了を宣言してからようやく沈静化に向かい、12 月下旬に非常事態は解除された。

　だが 2011 年に入ってからもデモは散発し、5 月に勅令により国会が解散されて総選挙が実施されることになった。7 月初めの投票の結果、タクシン元首相の妹インラック（Yingluck Shinawatra 1967-）の率いる野党「タイ貢献党」が国会の定数 500 議席のうち 265 議席を得て勝利した。アピシット首相の率いる与党民主党は 159 議席にとどまったため、同首相は退陣し、8 月にタイ史上初めての女性首相インラックを首班とする新政権が発足して、5 年にわたる抗争にはいちおう終止符が打たれた[13]。

9. おわりに──21世紀世界と東南アジア

　1970 年代から現在までの約 40 年間は、1870～1910 年頃（東南アジアにお

---

13) この間、2009 年 4 月に、プレアビヒア寺院遺跡付近の国境でタイとカンボジアの軍隊が砲火を交わし双方に犠牲者が出る事件が起きた。同年 11 月には亡命中のタクシン元首相がカンボジア政府の顧問に任命されて同国を訪問し、両国がたがいに大使を召還するなど対立が続いた。しかし、2011 年 4 月に停戦が合意され、軍事衝突は終息した。

ける近代の開始期）に起きた変化に匹敵する第2の交通・通信革命が全世界に波及した時代だったと言えよう。この時代にはまず自動車とオートバイが世界の隅々にまで普及して、モノとヒトの動きの量と速度を飛躍的に増加させた。また、大型ジェット機による航空輸送の発達とコンテナ船による海上輸送の増大も、それを国際的な規模で推進した。1940～50年代に先進諸国で始まったテレビ放送は、1970年代から東南アジアでも急速に普及し、通信衛星の発達ともあいまって映像による情報の素早い伝達が僻地にまで及ぶようになった。有線通信の分野では、1986年にイギリスとベルギーの間に初めて敷設された海底光ケーブルが、1989年には太平洋にも敷かれ、21世紀に入るまでには東南アジアの各地を結ぶに至った。その結果、従来よりはるかに安価で高品質のダイヤル直通国際電話ばかりでなく、パソコンによるインターネットの急速な普及も可能になった。また、1990年代から普及し始めたデジタル信号による携帯電話は、21世紀に入ると東南アジアでも爆発的に普及し、それまで電話機を持たなかった一般庶民の間にまで広がった。

　このような交通・通信の革命的発達が、経済のグローバル化に伴う多国籍化した製造工業企業の東南アジア進出と新たな国際分業システムの構築とあいまって、これまで見てきたように、東南アジアの経済・社会・政治に大きな変化を引き起こしたのである。そして、第2次大戦後に進められた脱植民地化と、学校教育の急速な普及に代表される植民地的後進性の一掃が、このような変化

【写真58】クアラルンプル都心の繁華街（国際色とローカル色が共存している）

【写真59】インドネシアの地方都市のインターネット＆携帯電話ショップ（同種の店が全国に普及している）

への東南アジア社会側の主体的対応を可能にしたことも見逃すことのできない歴史的事実である。

　しかし、その変化には「光と陰」の両面が存在する。工業化とサービス産業の発達、都市化と経済発展による所得の上昇、中間層の拡大と生活様式、価値観の多様化、画一的規範による強権的統治システムの後退と民主化の進展、などが「光」の面とすれば、情報化と同時に急増したマネーゲームの暴走（いわゆるカジノ資本主義）による経済危機の頻発、熱帯林破壊と地球温暖化、大気汚染、水質汚染、ゴミ問題など生活環境の悪化、経済発展と裏腹の格差の拡大、貧困や格差を温床とするテロリズムの横行[14]、民主化とやはり裏腹の政党政治の腐敗と汚職、権益の争奪を背景とする権力抗争の拡大などが、誰の目にも明らかな「陰」の面と言えよう。

　21世紀の東南アジア地域の平和・安定・繁栄は、私たちにとって遠い異国の出来事ではなく、日本の平和・安定・繁栄と連動しており、逆に東南アジアの危機と不安は日本の危機と不安にもつながるという、切っても切れない構造的相互依存の関係が東南アジアと日本の間には過去40年あまりのうちに既に形成、蓄積されている。ほんの一例を挙げれば、本書をまとめている時期（2011

---

14) たとえばインドネシアでは、2002年から2011年までの間に、イスラム過激派による自爆テロが計7回起きた。うち2002年10月と2005年10月にバリ島のビーチ・リゾートで起きた自爆テロでは、外国人観光客などそれぞれ202人、25人の死者が出た。

年10〜11月）に日々報道されたタイのチャオプラヤー川下流域の洪水被害、とりわけその地域の工業団地に集中する日系製造企業の工場操業停止の波紋は、今や東南アジア全体に張り巡らされた製造工業の分業体制、いわゆるサプライチェーンの切断が直ちに日本経済全体に大きな影響を及ぼすことを明らかにした。また、政治的、外交的な面から見ても、アメリカと台頭する中国という2大強国のはざまにあって日本が21世紀の世界で賢明に生き延びていくためには、ASEANに結集する東南アジア諸国との友好・連帯はこれまで以上に死活の重要性を帯びてくるに違いない。こうして、東南アジア現代史を学ぶことは、日本の現代史を学び将来を構想するためにも有益、いや今や不可欠なのである。

あとがき

　本書は平成21(2009)年度から平成23(2011)年度の毎年夏学期に、東京大学教養学部で筆者が担当した「東南アジア近現代史」の講義ノートに加筆を行ない、一般読者向けの概説書に仕立てたものである。主に19世紀半ばから21世紀初めまでの東南アジア全体の政治・経済史の要点を叙述しているが、それ以前の歴史についても、近現代史を理解するのに必要最低限と思われる範囲で簡単な解説を加えた。筆者はもともと経済史が専門のため、その分野に関連する記述が多い反面、社会史、文化史の分野についてはほとんど触れていない。また、専門研究者ではなく学生や一般読者を読者として想定しているため、参照文献の記載や注は最小限に留める一方、簡単な年表、地図とやや詳しい索引を巻末に添えた。バランスのよい記述を心がけたつもりではあるが、ふつう類書が取り上げることが少ない事項に踏み込んだり、逆にふつうよく取り上げられる事柄を省略したりしている場合もあると思う。これは、良くも悪くも本書の個性を示すものとお考えいただきたい。また、国や地域ごとに民族や言語が大きく異なる東南アジア全体の歴史を1人で描くという冒険をしているために、個々の記述に思わぬ誤りを犯していることを恐れる。巨細を問わず、読者の皆さまからのご叱正をいただきたいと思う。

　私事にわたるが、2012年3月末を最後に、筆者は30年以上勤務した東京大学を定年退職する。在職中繰り返し同大学教養学部（後期課程）で「東南アジア近現代史」、経済学部で「東南アジア経済史」の講義を担当したが、当初は各種の参考書に頼り、その解説や輪読もまじえて、どちらも1学期間13回前後の授業時間を埋めてきた。何年も授業を行なううちに自分自身で書きためた講義ノートの形が次第に整うようになり、最後の2、3年はもっぱらその講義ノートだけで授業を進めるようになった（経済学部での授業は、本書の内容以上に経済史に力点を置き、政治史についてはより簡略にした）。その講義ノートを

もとにまとめた本書は、研究者というよりは一教員としての筆者の、退職に当たっての卒業レポートのようなものかも知れない。

　毎年の講義を聴講してくれた学生諸君と、本書を上梓する機会を与えてくださっためこんの桑原晨社長に厚く御礼申し上げる。

2012 年 2 月

　　　　　　　　　　　　　　　　　　　　　　　　　　　　　加納啓良

東南アジア近現代史　参考文献

東南アジア全体または各国の近現代史全体を概観した内外の主な著作を、刊行年の新しい順に以下に挙げる。特定の分野、個々の史実についての詳しい文献については、これらの著作の中に挙げられている参考文献や注などを手がかりに探索していただきたい。

【東南アジア全体】

中野亜里、遠藤聡、小高泰、玉置充子、増原綾子
　『入門 東南アジア現代政治史』（福村出版／ 2010 年）

桐山昇、栗原浩英、根本敬
　『東南アジアの歴史 人・物・文化の交流史』（有斐閣／ 2003 年）

岩波講座／東南アジア史
　『5 東南アジア世界の再編』（山本達郎 他 編　岩波書店／ 2001 年）
　『6 植民地経済の繁栄と凋落』（同上／ 2001 年）
　『7 植民地抵抗運動とナショナリズムの展開』（同上／ 2002 年）
　『8 国民国家形成の時代』（同上／ 2002 年）
　『9「開発」の時代と「模索」の時代』（同上／ 2002 年）

Tarling, Nicholas
　Southeast Asia: A Modern History. Oxford University Press, 2001.

新版／世界各国史
　『5 東南アジア史Ⅰ 大陸部』（石井米雄、桜井由躬雄編／山川出版社／ 1999 年）
　『6 東南アジア史Ⅱ 島嶼部』（池端雪浦編／同上）

Tarling, Nicholas (ed.)
　The Cambridge History of Southeast Asia, Volume Two: The Nineteenth and the Twentieth Centuries. Cambridge University Press, 1992.

滝川勉 他
　『東南アジア現代史　民族自立への模索』（有斐閣選書／ 1982 年）

世界現代史
　『5 東南アジア現代史1 総説・インドネシア』（和田久徳、森弘之、鈴木恒之／山川出版社／ 1977 年）
　『6 東南アジア現代史2 フィリピン・マレーシア・シンガポール』（池端雪浦、生田滋／同上／ 1977 年）
　『7 東南アジア現代史3 ヴェトナム・カンボジア・ラオス』（桜井由躬雄、石沢良昭／同上／第2版／ 1988 年）
　『8 東南アジア現代史4 ビルマ・タイ』（荻原弘明 他／同上／ 1983 年）

ヤン・M・プルヴィーア／長井信一監訳
　『東南アジア現代史 植民地・戦争・独立』（上）（下）（東洋経済新報社／ 1977 年）

Tate, D.J.M.
　The Making of Modern Southeast Asia. 2 volumes. Oxford University Press, 1971-1979.

【フィリピン】

Corpuz, O. D.
　The Roots of the Filipino Nation: Volume II. Diliman, Quezon City: The University of the Philippine Press, 2006. (First published in 1989 by AKLAHI Foundation Inc., Quezon City.)

レナト＝コンスタンティーノ／池端雪浦・永野善子訳
　　『フィリピン民衆の歴史』ⅠⅡ（井村文化事業社・勁草書房／ 1978 年）

テオドロ・アゴンシルリョ／岩崎玄訳
　　『フィリピン史物語：政治・社会・文化小史』（井村文化事業社・勁草書房／ 1977 年）

【インドネシア】

Ricklefs, M. C.
　　A History of Modern Indonesia since c. 1200, Fourth Edition. Stanford, Calif. : Stanford University Press, 2008.

増田与
　　『インドネシア現代史』（中央公論社／ 1971 年）

【マレーシア】

Andaya, Barbara W. and Andaya, Leonard Y.
　　A History of Malaysia, Second Edition. Honolulu: University of Hawaii Press, 2001.

Ongkili, James P.
　　Nation-building in Malaysia 1946-1974. Oxford University Press, 1985.

【シンガポール】

Turnbull, C. M.
　　A History of Modern Singapore 1819-2005, Third Edition. Singapore: NUS Press, 2009.

【ブルネイ】

Saunders, Graham
　　A History of Brunei. London: Routledge, 2002.

【タイ】

パースック・ポンパイチット、クリス・ベーカー共著／北原淳、野崎明監訳／日タイセミナー訳
　　『タイ国　近現代の経済と政治』（刀水書房／ 2006 年）

Terwiel, B. J.
　　Thailand's Political History: From the Fall of Ayutthaya to Recent Times. Bangkok: River Books Co. Ltd., 2005.

Wyatt, David K.
　　Thailand: A Short History, Second Edition. Yale University Press, 2003.

【ミャンマー（ビルマ）】

Steinberg, David I.
　　Burma / Myanmar: What Everyone Needs to Know. Oxford University Press, 2010.

Charney, Michael W,
　　A History of Modern Burma. Cambridge University Press, 2009.

佐久間平喜
　　『ビルマ（ミャンマー）現代政治史』（勁草書房／ 1993 年）

【ベトナム】

Trurong Biru Lam
　A Story of Vietnam. Denver, Colorado: Outskirts Press, Inc., 2010.

Corfield, Justin
　The History of Vietnam. Westport, Connecticut and London: Greenwood Press, 2008.

SarDesai, S. R.
　Vietnam: Past and Present, Fourth Edition. Boulder, Colorado: West View Press, 2005.

Nguyen Khac Vien
　Vietnam: A Long History, Revised Edition. Hanoi: The Gioi Publishers, 1999.

【ラオス】

マーチン・スチュアート‐フォックス／菊池陽子訳
　『ラオス史』（めこん／ 2010 年）

Evans, Grant
　A Short History of Laos: The Land in Between. Boston: Unwin Hyman, 2003.

【カンボジア】

Chandler, David
　A History of Cambodia: Fourth Edition. Philadelphia: Westview Press, 2008.

北川香子
　『カンボジア史再考』（連合出版／ 2006 年）

写真出典

【写真 1】噴煙を上げる中部ジャワのムラピ山／加納撮影
【写真 2】ボロブドゥールの仏教寺院遺跡／加納撮影
【写真 3】プランバナンのヒンドゥー教寺院遺跡／加納撮影
【写真 4】シンガポールの旧船着き場付近に建てられたラッフルズ像／加納撮影
【写真 5】ディポヌゴロ候の肖像画／en.wikipedia.org
【写真 6】18世紀に建立されたポンティアナックのアルカドリー・モスク／加納撮影
【写真 7】ジョン・バウリングの肖像画／en.wikipedia.org
【写真 8】タイピン（旧ラルート）の錫鉱山跡／加納撮影
【写真 9】ラーマ5世／en.wikipedia.org
【写真10】旧蘭印国鉄がジャワで用いた蒸気機関車／加納撮影
【写真11】スペイン銀貨の一例／setenilhistoriaynumismatica.blogspot.com
【写真12】蘭印ギルダー紙幣（10ギルダー札）／numismundi.com
【写真13】海峡ドル紙幣（1ドル札）／en.wikipedia.org
【写真14】中部タイの米作地帯の脱穀風景／加納撮影
【写真15】1920年代のシンガポールの街角／Gretchen Liu, Singapore— A Pictorial History 1819-2000
【写真16】スマトラのゴム農園／加納撮影
【写真17】アンドレス・ボニファシオ／en.wikipedia.org
【写真18】エミリオ・アギナルド／en.wikipedia.org
【写真19】タン・マラカ／maliqmaliq.wordpress.com
【写真20】ファン・ボイ・チャウ／vietnamtheky20.vn
【写真21】ピブーンソンクラーム／en.wikipedia.org
【写真22】アウンサン／aungsan.com
【写真23】ホー・チ・ミン／dichvudoingoai.com.vn
【写真24】ベトナム人民軍／加納撮影
【写真25】ノロドム・シハヌーク／suosdeycambodia.wordpress.com
【写真26】インドネシア独立宣言文草案／Gedung Perumusan Naskah Proklamasi 所蔵（加納撮影）
【写真27】スカルノ／en.wikipedia.org
【写真28】モハマド・ハッタ／en.wikipedia.org
【写真29】外套を着て敬礼を交わすスディルマン／kaskus.us
【写真30】タン・チェン・ロック／mca.org.my
【写真31】アブドゥル・ラーマン／atcloud.com
【写真32】D.N. アイディット／wong-sangar.blogspot.com
【写真33】スハルト（5万ルピア札）／加納撮影
【写真34】リム・チン・シオンとリー・クアン・ユー／sgwiki.com
【写真35】フェルディナンド・マルコス／en.wikipedia.org
【写真36】サリット・タナラット／en.wikipedia.org
【写真37】ネ・ウィン／news.bbc.co.uk
【写真38】ベトナム中部高原の都市バンメトートにある解放戦争勝利記念碑／加納撮影
【写真39】ジャワの水田／加納撮影
【写真40】コラソン・アキノ／hk.news.yahoo.com
【写真41】フィデル・ラモス／en.wikipedia.org

【写真42】マハティール・ビン・モハマド／en.wikipedia.org
【写真43】ブルネイ国王スルタン・ボルキアー／royaltyinthenews.com
【写真44】アウンサン・スーチー／en.wikipedia.org
【写真45】ポル・ポト／vi.wikipedia.org
【写真46】フン・セン／en.wikipedia.org
【写真47】旧シンガポール港上空から見たシンガポール都心地区の景観／加納撮影
【写真48】アブドゥルラフマン・ワヒド（グス・ドゥル）／en.wikipedia.org
【写真49】メガワティ・スカルノプトリ／en.wikipedia.org
【写真50】スシロ・バンバン・ユドヨノ（SBY）／en.wikipedia.org
【写真51】アンワル・イブラヒム／en.wikipedia.org
【写真52】ナジブ・ラザク／en.wikipedia.org
【写真53】リー・シェン・ロン／en.wikipedia.org
【写真54】グロリア・マカパガル・アロヨ／en.wikipedia.org
【写真55】ベニグノ・アキノ3世（ノイノイ）／en.wikipedia.org
【写真56】プレーム・ティンスーラーノン／en.wikipedia.org
【写真57】タクシン・チナワット／en.wikipedia.org
【写真58】クアラルンプル都心の繁華街／加納撮影
【写真59】インドネシアの地方都市のインターネット＆携帯電話ショップ／加納撮影

東南アジア近現代史略年表

1819	イギリスがシンガポールを領有。
1824	英蘭（ロンドン）条約でマラッカ海峡を境界とする両国の勢力圏を確定（東南アジア植民地領土分割の開始）。
1824-26	第1次イギリス・ビルマ（英緬）戦争。イギリスがアラカンとテナセリムを獲得。
1825	東南アジアで最初の蒸気船がジャワに導入。
1825-30	ジャワ（ディポヌゴロ）戦争。オランダのジャワ直轄支配が拡大、強化。
1826	イギリスがシンガポール、ペナン、ムラカをあわせて海峡植民地（The Straits Settlements）を設立。
1828	オランダがニューギニア島の西半分の領有権を主張。
1830	ジャワなどで強制栽培制度導入（1870年に廃止の方針が確定）。
1842	イギリス人ジェームズ・ブルックがサラワクの王（ラジャ）となる。
1845	ヨーロッパと東南アジアを結ぶ定期郵便船の航行開始。
1851	スペインがホロを占領しスールーに宗主権を認めさせる。
1852	第2次イギリス・ビルマ（英緬）戦争。イギリスが下ビルマを獲得。エーヤーワディ・デルタの輸出用米作発展の端緒。
1855	イギリスの香港総督ジョン・バウリングがバンコクを訪問し英タイ友好通商条約を締結。チャオプラヤー・デルタの輸出用米作発展の端緒。
1858-60	オランダが南スラウェシのボネへ遠征。
1858-65	オランダがシアクなどスマトラ東海岸中部地域を制圧。
1858-67	フランスがベトナム侵攻を開始しコーチシナを占領。メコン・デルタの輸出用米作発展の端緒。
1859-60	南カリマンタン（ボルネオ）でバンジャルマシン戦争。オランダがスルタン王国を滅ぼす。
1861	スペインがマギンダナオの王都コタバトを占領。
1863	カンボジアがフランスの保護国となる。
1864	東南アジアで最初の鉄道がジャワで敷設開始。
1867	イギリスが海峡植民地をインド省の管轄から分離。
1868	タイ（シャム）でラーマ5世（チュラーロンコーン王）が即位し近代化政策を開始。
1869	スエズ運河開通。
1871	東南アジアとヨーロッパを結ぶ海底電線が敷設。
1873	フランスがトンキン侵攻を開始。
1873-1912	アチェ戦争。オランダがスマトラ全島を制圧。

1881	ロンドンで北ボルネオ会社（North Borneo Chartered Company）創設。
1883-84	フランスが２度の条約（第１次および第２次フエ条約）によりベトナムを保護国化。
1885	清仏戦争の講和条約である天津条約により、清朝がベトナムの宗主権を放棄しフランスによる保護国化を承認。
	第３次イギリス・ビルマ（英緬）戦争。イギリスがコンバウン朝を滅ぼしビルマ全土を植民地化。
1886	ビルマを英領インドに編入。
1887	ベトナム（トンキン、アンナン、コーチシナ）にカンボジアを加えたフランス領インドシナ連邦（仏印）発足。
1888	イギリスがブルネイ、北ボルネオ（サバ）、サラワク（ブルック王国）を保護領化。
1893	フランス・シャム条約により、ラオスがフランスの保護国となり仏印に編入。
1896	マレー半島の４つのスルタン王国を統合して、イギリス支配下の連合マレー諸州（FMS）発足。
	フィリピン革命勃発。
	英仏協約でシャムを緩衝地帯とすることを決定。
1898	フィリピン共和国独立宣言。
	米西戦争。終結後のパリ条約により、アメリカがフィリピンの領有権を獲得。
1898	オランダが西ニューギニア（パプア）に最初の駐屯地を開設。
1902	アメリカがフィリピンの平定を宣言。
1903	アメリカがフィリピン南部のイスラム教徒地域にモロ州を設置して武力による平定を推進。
1909	イギリス・シャム協定によりクダーなどマレー半島の４州がイギリスの保護領（非連合マレー諸州）となる。
1914	パナマ運河開通。
1915	スールーのスルタンが主権を最終的にアメリカに委譲する協定に調印。
1916	ジョーンズ法（フィリピン自治法）成立。
1920	アメリカとの新条約締結によりシャムが関税自主権を回復。以後数年間に他の欧米諸国とも条約を改正。
1929-30	世界大恐慌。
1932	シャムで人民党による立憲革命。
1934	第１次日・蘭印会商。
1935	フィリピン・コモンウェルス発足。
1937	改正ビルマ統治法（1935年公布）施行によりビルマがインドから分離。
1939	シャムからタイに国名を変更。

東南アジア近現代史略年表

1940	日本軍が北部仏印に進駐（9月）。
1940-41	第2次日・蘭印会商（41年7月に決裂）。
1941	日本軍が南部仏印に進駐（7月）。
1941-42	日本軍が東南アジア各地を占領し軍政を布く（41年12月〜42年5月）。
1945	日本による仏印処理（明号作戦、3月）。
	日本が無条件降伏（8月）。
	インドネシア共和国独立宣言（8月）。
	ベトナム民主共和国独立宣言（9月）。
	インドネシア独立戦争始まる（9月）。
1946	フランスが暫定協定によりカンボジアの内政自治を承認（1月）。
	マラヤ連合発足（4月）。
	フィリピン共和国独立（7月）。中部ルソンでフク団の武装闘争始まる（8月）。
	第1次インドシナ戦争始まる（12月）。
1947	米比軍事援助協定調印（3月）。
1948	ビルマ連邦共和国独立（1月）。
	マラヤ連邦成立（2月）。マラヤ共産党が武装闘争を開始（2月）。
	ビルマで白旗共産党が武装蜂起（3月）。
	マラヤで全土に非常事態宣言（6月）。
	インドネシアで左派が武装蜂起し鎮圧される（マディウン事件、9月）。
	ビルマで土地国有化法成立（10月）。
	ビルマでカレン民族防衛軍と政府軍が武力衝突（12月、翌年にかけて内戦が激化）。
1949	フランス連合内でベトナム国（バオダイ政権）、カンボジア王国、ラオス王国が独立（6月〜11月）。
	ベトナム民主共和国が小作料減額令を公布（7月）。
	ハーグ円卓協定によりオランダがインドネシアの主権を承認、独立戦争が終結（11月）。
	円卓協定発効によりインドネシア連邦共和国成立（12月）。
1950	マラヤで「新しい村」建設による共産党鎮圧作戦開始（4月）。
	ラオスで左派が抗戦政府（パテート・ラオ）を樹立（8月）。
	インドネシアが連邦制を廃し単一共和国発足（8月）。
1951	インドシナ共産党第2回党大会、ベトナム労働党に改組（2月）。
1953	カンボジアでシハヌークが国民議会を解散し全権を掌握（1月）。
	カンボジアで独立式典が挙行されフランス軍がプノンペンから撤退（11月）。

	ベトナム民主共和国国会が土地改革法を採択（12月）。
	タイが公営企業設置法を制定（12月）。
1954	ベトナム人民軍がディエンビエンフーでフランス軍を撃破（5月）。
	フィリピンでフク団指導者のルイス・タルクが投降（5月）。
	ジュネーブ協定締結により第1次インドシナ戦争終結（7月）。
	東南アジア条約機構（SEATO）創設8ヵ国会議をマニラで開催（9月）。
	日本ビルマ平和条約・賠償および経済協力に関する協定がラングーンで調印(11月)。
1955	インドネシアのバンドンで29ヵ国が参加してアジア・アフリカ会議を開催（4月）。
	マラヤ総選挙で連盟党が圧勝し、アブドゥル・ラーマンが首相に就任（7月）。
	インドネシアで第1回総選挙、4大政党が議席を分け合う（9月）。
	南ベトナムでゴー・ディン・ジェムが大統領に就任し、国名をベトナム共和国に改称して南北統一選挙を拒否（10月）。
1956	カンボジアがSEATO加盟拒否を声明（2月）。
	インドネシアがハーグ円卓協定破棄を決定（3月）。
	日比賠償協定調印（5月）。
	改訂米比通商協定（ラウレル-ラングレー協定）調印（7月）。
	北ベトナムで労働党が土地改革における過失を認め、チュオン・チン書記長が辞任（9月）。
1957	マラヤ連邦がイギリスから独立（8月）。
	インドネシアでオランダ企業の接収が始まる（12月）。
1958	日本インドネシア平和条約・賠償協定調印（1月）。
	インドネシアのスマトラとスラウェシで地方軍部が反乱（2月）。
	北ベトナムで労働党が農業・手工業・私営資本商工業の社会主義的改造を決定（11月）。
1959	北ベトナムで労働党が南部での武装闘争を容認（1月）。
	シンガポールの選挙で人民行動党が圧勝（5月）。
	シンガポール自治政府発足（首相リー・クアン・ユー、6月）。
	インドネシアでスカルノ大統領が制憲議会を解散し1945年憲法復帰を布告(7月)。
1960	カンボジア国会が憲法を改正しシハヌークを国家元首に選出（6月）。
	マラヤ政府が非常事態を解除（7月）。
	ラオスで中立派がクーデタを起こし、プーマ内閣が成立（8月）。
	インドネシアで土地基本法を制定（9月）。
	タイが産業投資奨励法を改正し本格的外資導入が始まる（10月）。

南ベトナム解放民族戦線が結成される（12月）。

1961　マラヤのラーマン首相がマレーシア構想を提起（5月）。

ラオス3派（右派、中立派、愛国戦線）が停戦し連合政府樹立で合意（5月～6月）。

シンガポールで人民行動党左派が脱退し社会主義陣綫（BS）を結成（7月）。

米大統領軍事顧問のテイラー大将がサイゴンを訪れ、南ベトナムにおける米の軍事力増強と介入を勧告（10月）。

インドネシアのスカルノ大統領が西イリアン解放の3項目国民命令（トリコラ）を発令（12月）。

1962　インドネシア軍が西イリアン解放作戦最高司令部を設置（1月）。

タイが新産業投資奨励法を公布（1月）。

ビルマでネ・ウィンによる軍部クーデタ、革命評議会を結成（3月）。

ビルマの革命評議会が「ビルマ式社会主義への道」を発表（4月）。

フィリピンがサバの領有権を宣言しマラヤとの間に領土問題発生（6月）。

ラオスで第2次連合政府成立（6月）。

インドネシア軍が西イリアンへの軍事行動（マンダラ作戦）を展開（7月）。

アメリカのバンカー特使の仲介に基づき国連で「西イリアンに関する協定」調印（8月）。

ブルネイで北カリマンタン国民軍が武装蜂起（12月、英軍の支援により翌年4月までに鎮圧）。

1963　ラオスで愛国戦線閣僚がビエンチャンから引き揚げ、第2次連合政府が崩壊（4月）。

西イリアン施政権をインドネシアに移管（5月）。

マラヤ連邦、シンガポール、北ボルネオ（サバ）、サラワクが合同してマレーシア連邦を結成（9月）。

ビルマで企業国有化法が公布（10月）。

南ベトナムでズオン・ヴァン・ミン将軍らがクーデタを起こしゴー・ディン・ジェムを殺害（11月）。

1964　インドネシアのスバンドリオ外相がマレーシアへの対決政策をとると言明（1月）。

南ベトナムでグエン・カーン将軍によるクーデタ（1月）。

インドネシア共産党指導部が農地改革のための「一方的行動」を提起（2月）。

インドネシアのスカルノ大統領が「マレーシア粉砕」を宣言（7月）。

ベトナム民主共和国艦艇が米駆逐艦に発砲（トンキン湾事件）、アメリカが報復の爆撃（8月）。

マレーシアが全土に非常事態を宣言（9月）。

1965　インドネシアが国連から脱退（1月）。

	米軍がベトナムで北爆を開始（2月）。
	米海兵隊3500名がベトナムのダナンに上陸、米地上兵力のベトナムへの直接介入開始（3月）。
	南ベトナムでグエン・カオ・キ、グエン・ヴァン・チューによるクーデタ（6月）。
	シンガポールがマレーシアから分離独立（8月）。
	インドネシアで左派系軍部隊によるクーデタ失敗（9月30日事件）。これをきっかけに共産党への弾圧が始まる。
1966	インドネシアでスカルノ大統領が3月11日命令書に署名して政治的実権をスハルト陸相に移譲。翌12日、共産党禁止令公布。
	フィリピンがマレーシアと国交を再開（6月）。
	インドネシア・マレーシア関係正常化協定（8月）。
	インドネシアが国連に復帰（9月）。
1967	インドネシアが外国投資法を制定（1月）。
	アムステルダムでインドネシア債権国会議（IGGI）発足（2月）。
	インドネシアで暫定国民協議会がスカルノから全権を剥奪しスハルトを大統領代理に任命（3月）。
	バンコクでASEAN（東南アジア諸国連合）設立宣言（8月）。
	インドネシアが中国との国交を断絶（10月）。
1968	英首相がスエズ以東の英軍を1971年末までに撤退させると発表（1月）。
	南ベトナムで人民軍・解放民族戦線がテト攻勢（1月～2月）。
	インドネシア暫定国民協議会、スハルトを正式に大統領に任命（3月）。
	ベトナム民主共和国とアメリカの公式会談がパリで開始（5月）。
	インドネシアで単一国営石油会社プルタミナが発足（8月）。
	マレーシアがIMF8条国に移行（11月）。
1969	フィリピンで共産党軍事組織の新人民軍（NPA）結成（3月）。
	インドネシアで第1次開発5ヵ年計画開始（4月）。
	マレーシアで反華人暴動（5月13日事件）、全土に非常事態宣言。
	マレーシア政府が新経済政策（NEP）を発表、のちのブミプトラ政策の原型となる（7月）。
	西イリアン（パプア）が住民投票によりインドネシア帰属を決定（8月）。
1970	カンボジアでロン・ノルらによるクーデタ（3月）。
	米軍とベトナム共和国軍がカンボジアに侵攻（4月）。
	北京でカンプチア民族統一戦線結成、王国民族連合政府樹立（5月）。

東南アジア近現代史略年表 243

	マレーシアでラザクが第2代首相に就任しブミプトラ政策（マレー人優遇政策）を推進（9月）。
	カンボジアでロン・ノル政権が共和制移行を宣言し国名をクメール共和国と改名（10月）。
1971	インドネシアが第2回総選挙を実施、与党ゴルカルが圧勝（7月）。
	シンガポールのイギリス極東軍司令部が解散（10月）。
	タイでタノーム首相を議長とする革命団がクーデタで全権を掌握（11月）。
	クアラルンプルでASEAN外相会議、ASEAN中立化宣言を採択（11月）。
1972	フィリピンのマルコス大統領が戒厳令を布告（9月）。
	タイが新投資奨励法公布（10月）。
1973	パリでベトナム和平協定調印（1月）。
	ベトナム駐留米軍最終部隊が撤収（3月）。
	インドネシアが従来の「投資技術委員会」に代わり、投資調整庁（BKPM）を設立（6月）。
	タイで憲法早期制定を要求する学生のデモに軍隊が発砲（10月14日事件）、翌15日タノーム、プラパートらが亡命（学生革命）。
	OAPEC10ヵ国が石油戦略を発動（10月）。翌74年にかけて第1次オイルショック。
1974	田中首相が訪問したジャカルタで反日暴動発生（1月15日事件）。
	ラオスで臨時民族連合政府（第3次連合政府）発足（4月）。
	米比間のラウレル-ラングレー協定が失効（7月）。
	マレーシアで国営石油会社ペトロナスが発足（8月）。
1975	タイで新労使関係法制定、労働組合連合体の設立を承認（2月）。
	ベトナム人民軍、南ベトナム中部高原で大攻勢（3月）。
	カンボジアの解放勢力（クメール・ルージュ）がプノンペン入城（4月）。
	ベトナム人民軍がサイゴンに入城（4月）。
	タイが中国と国交樹立（7月）。
	東ティモール人民民主共和国独立宣言（11月）。
	ラオス人民民主共和国樹立（12月、王制を廃止）。
1976	カンボジアで新憲法発布、国名を民主カンボジアとする（いわゆるポル・ポト政権の成立、1月）。
	バリ島でASEAN第1回首脳会議、東南アジア友好協力条約に調印（2月）。
	ベトナムで南北統一選挙（4月）。
	東ティモールで親インドネシア派臨時政府がインドネシアへの併合を宣言（5月）。
	ベトナムで統一国会開催、ベトナム社会主義共和国成立（6月〜7月）。

	フィリピンがベトナムと国交樹立（7月）。
	タイがベトナムと国交を回復（8月）。
	タイのタマサート大学で流血事件、サガット国防相がクーデタを起こしタニン政権擁立（10月）。
	ベトナム労働党第4回大会、ベトナム共産党に改称（12月）。
	フィリピン政府とモロ民族解放戦線（MNLF）の停戦協定成立（12月）。
1977	ベトナムが国連に加盟（9月）。
	ベトナムとカンボジアの国境地帯で武力紛争発生（10月）。
	タイでサガット大将が再びクーデタを起こしクリアンサック政権擁立（11月）。
	民主カンボジア政府がベトナムと断交（12月）。
1978	ベトナムが南部の商業資本家の経済活動停止を実施（3月）。
	ベトナム華人の中国への大量帰国始まる（4月）。
	中国がベトナムへの経済・技術援助停止と派遣技術者の引き揚げを決定（7月）。
	インドネシア政府がルピアの50％切り下げを発表（11月）。
	ヘン・サムリンを議長とするカンボジア救国民族統一戦線結成（12月）。
	OPEC総会が79年の原油価格を大幅に引き上げることを決定（12月）。第2次オイルショックを誘発。
1979	カンボジアの救国民族統一戦線軍がベトナム軍とともにプノンペンを制圧、カンボジア人民共和国（ヘン・サムリン政権）成立（1月）。
	中越国境戦争（2月〜3月）。
1980	マレーシアで国営投資会社の「マレーシア重工業公社」（HICOM）が設立される（1月）。
	タイでクリアンサック首相が退陣し、プレーム陸軍司令官を新首相に選出（2月〜3月）。
	フィリピンのアキノ元上院議員がアメリカに亡命（5月）。
1981	シンガポール政府が「80年代経済開発計画」を提出、経済高度化戦略を集大成（3月）。
	マレーシアで株式資本のマレー人所有比率向上を目的に国家投資信託事業が発足（4月）。
	マレーシアでマハティールが第4代首相に就任（7月）。
	カンボジアの反ベトナム3派がシンガポールで首脳会談を行ない、連合政府樹立を表明（9月）。
	マレーシアのマハティール首相が在外公館長会議の席で「ルック・イースト」政策を公式に提起（12月）。
1982	民主カンプチア連合政府（3派連合政府）が成立（6月）。

	インドネシアのスハルト大統領がパンチャシラ（建国5原則）を全社会政治勢力の単一原則とすることを提唱（8月）。
1983	マハティール首相が「マレーシア株式会社」構想を発表（2月）。
	アメリカから帰国したアキノ元上院議員がマニラ空港で射殺される（8月）。
1984	ブルネイが独立しASEANに加盟（1月）。
	インドネシアでパンチャシラを単一原則として義務づける政治関係5法を制定（6月）。
	ジャカルタでイスラム勢力のグループに軍が発砲し死者多数（タンジュンプリオク事件）。
1985	インドネシアが新通商政策を発表し非石油・天然ガス製品を中心とする輸出振興策を明示（4月）。
	ニューヨークで開かれた主要5ヵ国蔵相・中央銀行総裁会議（G5）が、ドル高是正の経済政策協調推進で一致（プラザ合意、9月）。以後、急激な円高が進む。
	マレーシアのクダー州で警察とイスラム急進派が衝突して死者多数（11月）。
1986	シンガポールのリー首相が、85年の経済成長率が独立後初のマイナスになったことを公表（1月）。
	マレーシアが工業マスタープラン1986〜95年を発表、輸出指向工業化の推進を表明（2月）。
	フィリピンで「ピープルズパワー」革命によりマルコス政権が崩壊、コラソン・アキノが大統領に就任（2月）。
	インドネシアが新包括経済政策を発表（5月）。
	石油価格暴落に直面しイラクを除くOPEC12ヵ国が減産に合意（8月）。
	ガット閣僚会議、新多角的貿易交渉（新ラウンド）開始宣言を採択（ウルグアイ・ラウンド、9月）。
	ベトナム共産党第6回大会、グエン・ヴァン・リン新書記長を選出し刷新（ドイモイ）を提起（12月）。
1987	フィリピンで、国民投票により批准された新憲法が公布、発効（2月）。上下2院制が復活し、大統領任期を6年とし再選を禁止。
1988	ネ・ウィン将軍の退陣と民主化を求める大衆運動（8888民主化運動）をビルマの軍部が武力で鎮圧（8月〜9月）。
	ビルマの軍部がクーデタにより国会を停止して立法権と行政権の双方を持つ国家法秩序回復評議会（SLORC）を設立（9月）。
	インドネシア政府が金融自由化を目的とする政策パッケージを発表（10月）。
	インドネシアが韓国とともにIMF8条国に移行（11月）。
	インドネシア政府が資金調達多角化、資本市場の発展を目的とする政策パッケージを発表（12月）。

1989	SLORCが正式の国名をビルマ連邦（Union of Burma）からミャンマー連邦（Union of Myanmar）に改称（6月）。
	ベトナム軍がカンボジアからの撤退を終了（9月）。
1990	ミャンマーの総選挙でアウンサン・スーチーが率いる国民民主連盟（NLD）が圧勝したが、軍部は選挙結果に基づく議会招集を拒否し、民主化勢力の弾圧を強化（5月）。
	タイ政府がIMF8条国移行を宣言し、外国為替規制を大幅緩和（5月）。
	インドネシアが1967年以来途絶えていた中国との国交を再開（8月）。
	シンガポールでゴー・チョク・トンがリー・クアン・ユーに代わり首相に就任（11月）。
1991	タイで軍事クーデタによりチャートチャイ政権が崩壊。アナン臨時政権が成立（2月）。
	フィリピンの中部ルソンでピナトゥボ火山が大爆発し、山麓一帯に甚大な被害が出る（6月）。
	ラオスの最高人民議会が新憲法を採択し、人民革命党の一党独裁体制維持を確認（8月）。
	カンボジア和平パリ協定調印によりカンボジア内戦が終結（10月）。
	米軍がピナトゥボ山の噴火で損傷したフィリピンのクラーク空軍基地を返還して撤収（11月）。
1992	ASEAN自由貿易地帯（AFTA）協定に加盟国がシンガポールで調印（1月）。
	国連カンボジア暫定統治機構（UNTAC, 事務総長は明石康）が平和維持活動を開始（2月）。
	タイで総選挙（3月）の結果タイ国民党が勝利し、スチンダー陸軍大将を首相とする内閣が成立（4月）。
	フィリピンでフィデル・ラモス元国軍参謀総長が大統領に選出される（5月）。
	タイのスチンダー政権が民主化運動を武力で鎮圧（暗黒の5月事件）。国王ラーマ9世が調停に乗り出してスチンダーを解任（5月）。
	タイで第2次アナン政権が成立（6月）。
	タイで総選挙が行なわれて民主党がタイ国民党を破って第1党となり、第1次チュアン・リークパイ政権が成立（9月）。
	米軍がフィリピンのスビック湾海軍基地から撤収（11月）。
1993	国連監視下でカンボジアの国民議会選挙実施、全120議席のうち、フンシンペック党が58議席、カンボジア人民党が51議席を獲得し、フンシンペック党党首でシハヌークの2男 ラナリットを第1首相、カンボジア人民党のフン・センを第2首相とする「2人首相制」を導入（4月）。
	カンボジアの制憲議会が新憲法を発布して立憲君主制を採択、ノロドム・シハヌークが国王に再即位（9月）。

1995	世界貿易機関(WTO)設立(1月)。インドネシア、シンガポール、タイ、フィリピン、ブルネイ、マレーシア、ミャンマーが加盟。
	ベトナムが ASEAN に加盟(7月)。
	フィリピンが IMF8 条国に以降(9月)。
1997	タイのバーツ通貨の変動相場制移行と暴落(7月)をきっかけにアジア経済危機が東南アジア各国に連鎖し、1998年まで続く。
	ラオスとミャンマーが ASEAN に加盟(7月)。
	カンボジアでフンシンペック党とカンボジア人民党の軍隊が衝突。第1首相だったラナリットはパリに逃亡(7月)。
	タイで選挙で選ばれた立法府が作った最初の憲法が公布され、2院制議会を導入(10月)。
	アジア経済危機のために、タイでチャワリット・ヨンチャイユット首相が辞任し、国会決議により新首相にはチュアン・リークパイが就任(11月)。
	ミャンマーの SLORC が国家平和発展評議会(SPDC)に再編成される(11月)。
1998	1997年7月以降のルピア通貨暴落と経済危機の拡大、暴動の発生を背景にインドネシアのスハルト大統領が辞任し、ハビビ副大統領が後継に昇任(5月)。
	カンボジアの国民議会選挙でカンボジア人民党が第1党となり、フン・センが第1首相に就任(7月)。
	ジョゼフ・エストラーダがフィリピンの新大統領に選出される(7月)。
	マレーシアのアンワル・イブラヒム副首相がマハティール首相に解任され、汚職などの容疑で逮捕、投獄される(9月)。
1999	カンボジアが ASEAN に加盟(4月)。ポル・ポト元主席が病死(4月)。
	マレーシアのアンワル・イブラヒム前副首相が懲役6年の有罪判決を受ける(4月)。
	インドネシアで48政党が参加して出直し総選挙(5月～6月)。
	国連管理下の東ティモール住民投票で、インドネシアからの分離独立が決定(8月)。
	インドネシアの国民協議会(MPR)がアブドゥルラフマン・ワヒドを第4代大統領に選出(10月)。
	国連東ティモール暫定行政機構(UNTAET)設立(10月)。
	マレーシア総選挙で与党連合「国民戦線」が94議席から72議席に後退。野党「全マレーシア・イスラム党」(PAS)が42議席を獲得(11月)。
1999-2004	インドネシアで4次にわたり憲法改正。
2000	フィリピンの国会(下院)が汚職容疑でエストラーダ大統領の弾劾裁判への訴追を決議(11月)。

2001	マニラでエストラーダ大統領の罷免を要求する大規模な街頭デモ。最高裁判所が大統領の辞任とグロリア・マカパガル・アロヨ副大統領の昇格を宣言（1月）。
	タイの総選挙で野党のタイ愛国党が圧勝し、同党を率いる警察官僚出身の事業家タクシン・チナワットが首相に就任（2月）。
	インドネシアの国民協議会（MPR）がアブドゥルラフマン・ワヒドを解任し、メガワティ・スカルノプトリを第5代大統領に選出（7月）。
2002	東ティモール民主共和国独立式典（5月）。
	バリ島でイスラム過激派の自爆テロ。オーストラリア人観光客など202人が死亡（10月）。
2003	バリ島で開かれた第9回ASEAN首脳会議で、ASEAN安全保障共同体（ASC）、ASEAN経済共同体（AEC）、ASEAN社会・文化共同体（ASCC）の3つから成るASEAN共同体（ASEAN Community）を2020年までに形成することを宣言（10月）。
	マレーシアでマハティールに代わりアブドゥラ・バダウィ前副首相が第5代首相に就任（10月）。
	カンボジアがWTOに加盟（10月）。
2004	マレーシアの総選挙で与党連合「国民戦線」が国会議席の9割以上を得て地滑り的勝利（3月）。
	フィリピンの大統領選挙でアロヨ大統領が再選される（5月）。
	カンボジアで、前年に行なわれた第3回国民議会選挙の結果に基づき、第2次フン・セン首班連立政権発足（7月）。
	シンガポールでリー・クアン・ユーの長男リー・シェン・ロンが第3代首相に就任（8月）。
	インドネシアの国民投票による初の正副大統領選で、スシロ・バンバン・ユドヨノを第6代大統領に選出（9月）。
	カンボジアのシハヌーク国王が退位、息子のノロドム・シハモニが新国王に即位（10月）。
	スマトラ沖地震による津波でインドネシア（アチェ州）、タイ、ミャンマー、マレーシアなどで22万人以上の犠牲者が出る（12月）。
2005	フィリピンで法務省国家捜査局の前副局長が、前年の大統領選挙で開票結果を自分に有利に操作するようアロヨ大統領が選挙管理委員会幹部に働きかけた電話の盗聴記録を暴露。国民の間に大統領批判の声が広がる（6月）。
	ヘルシンキで自由アチェ運動（GAM）とインドネシア共和国政府が和平協定に調印し、アチェ独立を目指した内戦が終結（8月）。
	ミャンマー政府が首都をヤンゴンからネピドーに移転（11月）。
2006	タイでタクシン首相の不正蓄財疑惑を発端に首相退陣を求めて「民主市民連合」が結成され、黄色いシャツを着て街頭デモを始める（2月）。

フィリピンでクーデタを企んだ容疑で軍の将官が逮捕されて、非常事態が宣言され1週間後に解除（2月〜3月）。反対派は、大統領が人気回復をもくろんで行なった茶番劇と非難。

東ティモールで待遇に不満を抱いた西部出身の軍人などが暴動（4月）。派遣要請を受けたオーストラリアなどの治安維持軍の介入で終結へ（5月〜6月）。

ジャワ島中部のジョグジャカルタ地方の地震で3000人以上の死者が出る（5月）。

ベトナム国会が、チャン・ドゥック・ルオン前主席の引退に伴い、グエン・ミン・チェット共産党政治局員を新国家主席に選出（6月）。

マレーシアでマハティール前首相がバダウィ首相を縁故びいきや建設プロジェクト中止などに関して強く批判し、論争となる（6月）。

タイで軍部がクーデタ。憲法を改正しスラユット陸軍大将が暫定首相に就任、外遊中だったタクシン前首相はそのまま事実上亡命（9月）。

カンボジアのフンシンペック党がラナリット党首を解任（10月）。

インドネシアのアチェ特別州知事選挙で旧独立派の候補が圧勝（12月）。

2007　フィリピンのセブで第12回ASEAN首脳会議。ASEAN共同体を5年早めて2015年までに形成することを決定（1月）。

ベトナムがWTOに加盟（1月）。

東ティモールで再び暴動（8月）。

ミャンマーで燃料価格引き上げに対する僧侶の抗議行動をきっかけに拡大した反政府デモを武力で鎮圧。取材中の日本人ジャーナリスト長井健司が射殺される（9月）。

フィリピンでパンパンガ州知事が、大統領宮殿から地方自治体首長たちに公金を用いた贈賄が行なわれたことを暴露（10月）。

シンガポールで開かれた第13回ASEAN首脳会議がASEAN憲章を採択・署名、さらに「ASEAN経済共同体のための青写真」（ロードマップ）にも署名（11月）。

クアラルンプルで、「清潔で公正な選挙のための連合」（マレー語の通称はBersih）が組織した大衆デモが行なわれる（11月）。

タイの総選挙で旧タクシン派の「人民の力」党が勝利。党首のサマック前バンコク都知事を首班とする内閣を組織（12月）。

2008　東ティモールで反政府化した軍人グループがラモス・ホルタ大統領らを襲撃（2月）。

マレーシアの総選挙で与党連合の国民戦線（BN）が大幅に後退（全219議席中198議席から全222議席中140議席へ）（3月）。

ミャンマーでサイクロンの被害により約4000人が死亡（4月）。

カンボジアで第4回国民議会選挙、カンボジア人民党が123議席中90議席を得て第1党の地位を確保（7月）。

	マレーシアの国会議員補欠選挙で野党「国民正義党」（PKR）を率いるアンワル・イブラヒム元副首相が当選（8月）。
	タイで反タクシン派の「民主市民連合」デモ隊が首相府などを占拠（8月）。
	サブプライム問題を発端とする住宅バブル崩壊を背景に、アメリカの投資銀行リーマン・ブラザーズが倒産し、金融危機が世界に広がる（9月）。
	カンボジアで第3次フン・セン首班連立政権発足（9月）。
	タイで反タクシン派のデモ隊が、政府の臨時庁舎となっていた国内線用ドームアン空港の旅客ターミナルを占拠（11月）。
	タイの憲法裁判所が先の総選挙での選挙違反を理由に旧タクシン派の与党「人民の力」党に解党を命じる判決。反タクシン派の「民主党」を中核とするアピシット内閣が成立（12月）。
	ASEAN憲章が発効（12月）。
	日本・ASEAN包括的経済連携協定（EPA）が発効（12月）。
2009	マレーシアのバダウィ首相が辞任し、ナジブ・ラザク前副首相が第6代首相に就任（4月）。
	インドネシアの国会選挙でユドヨノ大統領を支持する民主党が第1党に躍進（4月）。
	タイとカンボジアの国境で両国の軍隊が砲火を交わし双方に犠牲者が出る（4月）。
	タイでタクシン元首相派の「反独裁民主戦線」デモ隊がASEANサミット会場に乱入してサミットを中止に追い込む。バンコク首都圏に非常事態宣言を出してデモ隊を排除しようやく沈静化（4月）。
	アウンサン・スーチー女史が軟禁されているヤンゴン市内の自宅に侵入した米国人男性が逮捕され、女史も自宅軟禁の条件を守らなかったとして起訴される（5月）。
	韓国の済州島で開かれた韓国とASEAN10ヵ国による特別首脳会議が、投資の保護や自由化のルールを定めた「投資協定」に調印し、韓国・ASEAN自由貿易協定（FTA）の全分野が発効（6月）。
	インドネシアの正副大統領選挙で、ユドヨノ大統領が再選される（7月）。
	インドネシアの西スマトラ州パダン沖の地震で1000人を超す死者が出る（9月）。
	ASEANが「人権に関する政府間委員会」をジャカルタの事務局内に設置（10月）。
	タクシン元タイ首相がカンボジア政府の顧問に任命され、同国を訪問。両国が大使を召還（11月）。
	フィリピンで、地元政治家の抗争を背景に11月に57人が惨殺される事件があったミンダナオ島マギンダナオ州に戒厳令を布告、1週間で解除（12月）。
2010	中国・ASEAN自由貿易協定（FTA）が発効（1月）。
	議会解散を要求してバンコク市の繁華街を占拠したタクシン派（赤シャツ）のデモ隊に対してタイのアピシット首相がバンコクと周辺地区に、非常事態宣言を発令。治安部隊とデモ隊が衝突し多数が死傷（4月）。

フィリピンで大統領選挙（5月）。ベニグノ・アキノ3世上院議員が、エストラーダ元大統領らを退けて当選し、6月末にアロヨに代わり新大統領に就任。

バンコクで街頭を再び占拠していた反政府派のデモ隊に治安部隊が突入、反政府派幹部はデモ終了を宣言（5月）。

ミャンマーで20年ぶりに総選挙。軍事政権の与党「連邦団結発展党」（USDP）が議席の8割を獲得。選挙後に野党指導者アウンサン・スーチーが7年半ぶりに自宅軟禁から解放される（11月）。

ジャカルタのタマン・ミニ公園で孔子廟の落成式典、ユドヨノ大統領も参列(12月)。

2011
ミャンマーで総選挙の結果に基づき召集された国会が正副大統領を選出（2月）。

ミャンマーの国家平和発展評議会（SPDC）が新政府に政権を委譲。国名も「ミャンマー連邦共和国」（Republic of the Union of Myanmar）に変更（3月）。

タイとカンボジアがプレアビヒア寺院遺跡付近の国境未画定地域での停戦に合意（4月）。

シンガポールの総選挙で野党の労働者党（WP）が前回選挙の1議席から6議席に躍進。与党の人民行動党（PAP）の得票率は60.1％で、過去最低を記録（5月）。

タイとカンボジアの国境紛争につき、国際司法裁判所がカンボジアの申し立てにより審理を開始（6月）。

南沙諸島周辺で中国がベトナムの漁船に威嚇射撃。ベトナムで反中国デモが広がる（6月）。

アメリカとフィリピンがスールー海域で海軍合同演習を行なって中国を牽制（6月）。

タイの総選挙でタクシン元首相の妹インラックの率いる野党タイ貢献党が国会の定数500議席のうち265議席を得て勝利。アピシット首相の率いる与党民主党は159議席にとどまり敗北（7月）。

クアラルンプルで「清潔で公正な選挙のための連合」（Bersih）が1万5000人前後を集めてデモを行ない、警官隊と衝突、1600人以上の逮捕者が出る（7月）。

ミャンマーのティン・セイン首相と野党指導者アウンサン・スーチーが会談し、国家の発展のため協力し合うことで合意（7月）。

タイで史上初めての女性首相インラックを首班とする新政権が発足（8月）。

マレーシアのナジブ首相が、国内治安法（ISA）を翌年新法に換えると発表（9月）。

タイのチャオプラヤー川流域で異常気象による大雨などのために洪水、アユタヤやバンコク首都圏で甚大な被害。工場を持つ日系企業数百社の操業にも深刻な影響（10月〜11月）。

ミャンマーの野党「国民民主連盟」（NLD）が政党として再登録し、年内にも行なわれる国会補選に参加することを決定（11月）。

索引

1945年憲法(インドネシア)
　……………………125, 138, 139, 141, 240
1950年憲法(インドネシア)
　…………………………129, 138, 140, 141
1月15日事件(マラリ)………………161, 243
5月13日事件……………………………159, 242
ASEAN共同体 …………………………202, 249
ASEAN憲章 ……………………203, 249, 250
ASEAN自由貿易地帯(AFTA)………201, 246
ASEAN宣言(バンコク宣言)…………149, 242
CIA………………………………121, 132, 140
IMF8ヵ国……………203, 242, 245, 246, 247
NLD→国民民主連盟
PNB→国民投資有限会社
SLORC→国家法秩序回復評議会
WTO(世界貿易機関)……202, 247, 248, 249

【ア行】

アイディット、D.N. …………………138, 139
アウンサン ……106, 107, 108, 119, 120, 131
アウンサン－アトリー協定 …………………131
アウンサン・スーチー
　………………188, 220, 221, 246, 250, 251
アギナルド、エミリオ …………………58, 93, 94
アキノ、コラソン ………………180, 181, 222, 245
アキノ、ベニグノ…130, 150, 179, 180, 244, 245
アキノ3世、ベニグノ ……………………222, 251
アザハリ、A.M. ………………………………146
アジア経済危機 ………195, 202, 203, 205, 208,
　　　　　　　　　　　　　214, 219, 223, 247
アチェ ………12, 33, 34, 44, 72, 140, 183,
　　　　　　　　　　　215, 216, 237, 248, 249
アナン(・パンヤーラチュン) …………223, 246
アピシット(・ウェーチャーチーワ)…226, 250, 251
アブドゥルラフマン・アルカドリー …………42
アヘン ……………………52, 53, 54, 132
アユタヤ ……………………31, 32, 61, 251
アラカン ………………………46, 120, 237
アレハンドリノ、カスト …………………130

アロヨ、グロリア・マカパガル
　……………………148, 221, 222, 248, 251
アンコール ………………………20, 31, 32
暗黒の5月 ………………………………223, 246
アンダーウッド・シモンズ関税法 ……………78
アンタサリ ………………………………………42
アンナン ……………………57, 103, 122, 238
イギリス・ビルマ戦争(英緬戦争)…46, 237, 238
イスラム国家(ダルウル・イスラム)………139
イスラム同盟(サレカット・イスラム)
　………………………………99, 100, 101
稲作 ……………………3, 13, 14, 19, 26, 30, 71, 162,
　　　　　　　　　　　　164, 165, 166, 169, 172
イブラヒム・ヤーコブ …………………113, 117
イマム・ボンジョル ……………………………44
イロイロ ……………………………………52, 58
インド化 ………………………………………26
インドシナ銀行 ………………………………67
インドネシア協会 ……………………………99
インドネシア国民軍(TNI)…………………126
インドネシア民主党(PDI)…………………182
インドネシア連邦共和国
　………………………127, 128, 129, 138, 239
インパール攻略作戦 ……………………………120
インマス(INMAS 集団的集約化)…………168
インラック(・チナワット)………………226, 251
ウィルヘルミナ女王 ……………………………98
ウー・ソー ……………………………107, 131
ウー・ヌ …………………106, 119, 131, 152
ウー・バ・スウェ ……………………………152
ヴォー・グエン・ザップ ……………………122
ウォーレス、アルフレッド・R ………………97
英印軍 ……………………107, 120, 122, 126, 127
エストラーダ、ジョゼフ
　……………………221, 222, 247, 248, 251
エドワード7世医学校 …………………………111
援蔣ルート ……………………………115, 119
円高 ……………………………195, 196, 245
エンリレ、J.P. …………………………………180

索引

オケオ …………………………………… 26, 27
オスメーニャ、セルヒオ ………… 95, 129, 130
オン・ビン・ジャアファル …………………… 133

【カ行】
海峡植民地 … 37, 46, 48, 54, 55, 66, 73, 80, 85, 86, 110, 111, 112, 113, 132, 237
海峡ドル ………………………………… 66, 67, 68
戒厳令 ………… 129, 149, 150, 179, 243, 250
外資規制(緩和) ………………… 192, 193, 195
海底電線 ………………… 22, 50, 51, 62, 237
海底光ケーブル ……………………………… 227
外島反乱 ………………………… 139, 140, 141
開発統一党(PPP) ……………………………… 182
ガスリー社 …………………………………… 185
ガタパーチャ ……………………………… 51, 55
カティプーナン ……………………………… 93
ガルニエ事件 ………………………………… 56
カレン民族同盟 …………………………… 131
環太平洋火山帯(または造山帯) ……… 12, 13
カンプチア民族統一戦線 …………… 154, 242
カンボジア王国 ………………… 123, 191, 239
カンボジア救国民族統一戦線 …… 190, 244
カンボジア人民共和国 ………………… 190, 244
北カリマンタン国民軍(TNKU) …… 147, 241
北カリマンタン人民軍(PARAKU) ……… 148
北ボルネオ
　……48, 110, 111, 134, 146, 147, 238, 241
北ボルネオ会社 ……………………… 48, 238
恐慌(世界大恐慌)
　………79, 85, 86, 87, 89, 90, 107, 109, 238
共産党(インドシナ) ………… 104, 105, 121, 239
共産党(インドネシア) ……100, 101, 128, 138, 139, 141, 142, 143, 215, 241, 242
共産党(カンプチア)→クメール・ルージュ
共産党(中国) ………………… 113, 119, 124
共産党(南洋) ………………………………… 113
共産党(ビルマ) … 120, 121, 131, 132, 152, 239
共産党(フィリピン) ………… 96, 130, 149, 242
共産党(ベトナム) ……… 104, 189, 244, 245, 249
共産党(マラヤ) … 113, 116, 117, 133, 217, 239

強制栽培制度 ………… 39, 40, 41, 71, 98, 237
キリノ、エルピデ …………………………… 129
金本位制 …………………………… 65, 66, 68
銀本位制 ……………………………………… 68
金融再建庁(BPPN または IBRA) ……… 207
金融自由化
　………………………… 195, 203, 204, 245
グアム・ドクトリン ………………………… 154
グエン・アイ・クォック(ホー・チ・ミン) ……… 103
グエン(阮)王朝 ………… 34, 57, 101, 122
グエン・タイ・ホック ………………… 103, 104
クダー ………………… 36, 48, 134, 238, 245
クメール・イサラ(自由クメール) ……… 123, 124
クメール・ルージュ …………… 154, 155, 190, 243
クラーク空軍基地 …………………… 181, 246
クラ地峡 …………………………… 27, 29, 46
クランタン ……………………………………… 48
クリオーリョ ……………………………………… 92
経営代理制度 ………………………………… 82
経済開発庁(EDB、シンガポール) ……158, 187
警察行動 ………………………… 127, 128
契約クーリー ……………………………………… 72
ケソン、マヌエル ……………………………… 95
ゲ・ティン・ソビエト ………………………… 104
工業団地 ………………… 145, 158, 187, 229
構造調整融資(SAL) ………………… 194, 195
ゴー・ケン・スイ ……………………………… 145
ゴー・ディン・ジェム ……… 153, 154, 240, 241
コーチシナ ………… 56, 57, 76, 122, 237, 238
コーチシナ共和国 …………………… 122, 123
ゴー・チョク・トン …………………… 218, 246
コーヒー ……… 40, 41, 52, 70, 71, 72, 73, 83
国際稲研究所(IRRI) ……… 163, 164, 165, 167
国際通貨基金(IMF)…195, 205, 206, 223, 224
国内治安法(ISA)
　………………… 159, 187, 216, 217, 218, 251
国民開発政策(マレーシア) ………………… 160
国民国家
　……3, 63, 69, 91, 110, 112, 117, 135, 137
国民正義党(PKR) …………………… 218, 250
国民戦線(バリサン・ナショナル、BN)
　………… 146, 159, 217, 218, 247, 248, 249

国民党(インドネシア)
　………… 100, 101, 138, 139, 140, 141, 142
国民党(タイ) ………………………… 223, 246
国民党(中国)
　………… 112, 113, 120, 121, 122, 124, 131
国民党(ベトナム) ……………………………… 103
国民投資有限公司(PNB) ……………… 184, 185
国民ビジョン政策(マレーシア) ……………… 160
国民民主連盟(NLD)
　………………… 188, 189, 220, 221, 246, 251
国民連合戦線(NUF) ………………………… 152
国民労働組合会議(NTUC) ………………… 145
国連カンボジア暫定統治機構(UNTAC)
　……………………………………… 191, 246
国連東ティモール暫定行政機構(UNTAET)
　……………………………………… 215, 247
国家開発企画庁(BAPPENAS)(インドネシア)
　………………………………………………… 158
国家経済開発庁(NEDB)(タイ) …………… 158
国家経済開発庁(NEDA)(フィリピン) …… 158
国家経済社会開発庁(NESDB)(タイ) …… 158
国家平和発展評議会(SPDC)
　………………………… 220, 221, 247, 251
国家法秩序回復評議会(SLORC)
　………………… 188, 189, 220, 245, 246, 247
黒旗軍 ……………………………………………… 57
コプラ ………………………………………… 52, 77
コミンテルン ………… 96, 104, 105, 113, 121
ゴム ……… 51, 70, 71, 72, 73, 74, 77, 79, 82,
　　　83, 84, 85, 87, 88, 89, 118, 133,
　　　　　　140, 175, 176, 184, 185
ゴルカル(ゴロンガン・カルヤ)(職能グループ)
　………………………… 140, 181, 182, 214, 243
ゴワ ……………………………………………… 42
コンバウン(王朝) ………… 32, 46, 67, 74, 238
ゴンブルサ事件 ………………………………… 92

【サ行】

サイゴン条約(第1次) ………………………… 56
サイゴン条約(第2次) ………………………… 57
サイム・ダービー社 …………………… 184, 185

サクダル党 ……………………………………… 95
砂糖 ……… 20, 40, 52, 58, 59, 71, 72, 77, 78,
　　　　79, 85, 87, 88, 89, 94, 175, 176
サバ ……… 48, 142, 145, 146, 147, 148, 238, 241
サバナ気候 ……………………………………… 14
サマック(・スントラウェート) ……… 225, 249
サムドラ・パサイ …………………………… 21, 33
サヤー・サン ………………………………… 107
サラワク ……… 48, 110, 111, 134, 142, 145,
　　　　　146, 147, 148, 237, 238, 241
サラワク人民遊撃隊(PGRS) ……………… 148
サラワク人民連合党(SUPP) ………… 145, 146
サリット(・タナラット) ………… 150, 151, 157
30人志士 ……………………………………… 119
サント・トマス大学 ……………………… 94, 95
サンヤー(・タンマサック) ………………… 151
シアク …………………………… 34, 44, 237
シーサワンウォン ……………………………… 122
指導される民主主義 ………………… 140, 141
シハヌーク、ノロドム ……… 122, 123, 124, 154,
　　　　　　191, 239, 240, 246, 248
シハモニ、ノロドム ………………… 191, 248
シャイレンドラ ……………………………… 30, 31
社会主義陣線(バリサン・ソシアリス) … 145, 146
社会主義へのビルマの道(BWS) ………… 152
社会党(インドネシア) ……… 138, 139, 140, 141
社会党(ビルマ) ……………………………… 120
社会党(フィリピン) …………………… 96, 130
ジャヤカルタ→スンダ・クラパ ………… 35, 36
ジャワ銀行 ……………………………………… 65
ジャワ戦争 ……………………………………… 39
ジャワ奉公会 ………………………………… 118
自由アチェ運動(GAM) ………… 183, 216, 248
自由選挙のための全国運動(NAMFREL) … 180
自由貿易協定(FTA) ……………… 211, 217, 250
ジュネーブ(和平)協定 ………… 124, 153, 240
シュリヴィジャヤ ……………… 29, 30, 33, 43
ジュロン造船所 ……………………………… 158
蒸気船 …………………………… 22, 50, 52, 237
小農(スモールホルダー) …… 70, 76, 85, 87, 90
職能グループ→ゴルカル

食糧生産集約化(インドネシア)……… 167, 168
ジョホール……………… 33, 36, 48, 54, 61, 148
シンガポール自治政府……………… 144, 240
シンガポール進歩党………………………… 144
シンガポール宣言………………… 201, 202
新経済政策(NEP)……………… 160, 185, 242
人口センサス……………………………………… 69
新社会運動(KBL)………………………… 179
新人民軍(NPA)…………………… 149, 242
人民解放軍(HMB)………………………… 130
人民革命党(ラオス)………………………… 246
人民革命党(PRP)(ビルマ)………………… 120
人民行動党(PAP)
　…… 144, 145, 147, 187, 219, 240, 241, 251
人民治安軍(TKR)………………… 126, 127
人民治安団(BKR)………………… 125, 126
人民党(カンボジア)……… 191, 246, 247, 249
人民党(タイ)…………………… 109, 110, 238
人民党(ブルネイ)………………………… 146
人民の力(フィリピン、LABAN)………… 179
「人民の力」党(PPP)…………… 225, 249, 250
真臘(チェンラ)…………………………… 31
スールー……………… 35, 48, 58, 59, 146, 148,
　　　　　　　　　　　　　　149, 237, 238, 251
スエズ運河……………… 22, 50, 61, 92, 237
ズオン・バン・ミン………………………… 154
スカルノ…… 101, 117, 118, 125, 126, 128, 138,
　　　　　　140, 141, 142, 143, 146, 147, 148,
　　　　　　　　　　215, 240, 241, 242, 248
スコータイ………………………………… 32
錫……………………… 54, 55, 60, 71, 72, 73,
　　　　　　　　　　77, 83, 85, 89, 133, 184
スチンダー(・クラパユーン)……… 223, 246
スディルマン…………………… 119, 126, 127
スハルト …… 98, 127, 138, 140, 141, 142, 143,
　　　　　　148, 157, 161, 162, 181, 182, 183,
　　　　　　　　186, 206, 207, 214, 242, 245, 247
スビック湾海軍基地………………… 181, 246
スペイン銀貨………………………… 64, 65
スペイン・ドル…………………… 64, 66, 67
スマトラ・マレー義勇軍……… 113, 117, 118

スラユット(・チュラノン)……… 225, 249
スランゴール………………………………… 48
スルタン・アグン…………………………… 39
スンダ・クラパ→ジャヤカルタ
青年仏教徒連盟…………………………… 106
青年マレー同盟(KMM)…………… 113, 117
セイン・ウィン…………………………… 189
石油 ……… 71, 72, 73, 77, 118, 143, 160, 169,
　　　　　　　175, 184, 186, 187, 192, 193, 197,
　　　　　　　　　198, 211, 220, 242, 243, 245
全マレーシア・イスラム党(PAS)
　………………………… 159, 217, 218, 247
ソウ・マウン……………………………… 188
ソムチャイ(・ウォンサワット)………… 225
ソン・ゴク・タン………………………… 123

【タ行】
タイ愛国党……………………………… 224, 248
第1次インドシナ戦争…… 122, 123, 239, 240
大越(ダイヴィエト)……………………… 34
タイ全国学生センター(NSCT)………… 151
タイディングス－マクダフィ法………… 129
第2次インドシナ戦争……………… 153, 154
タイピン→ラルート
タウングー……………………………… 32, 46
タキン・ソー…………………………… 152
タキン・タントゥン……………… 121, 131, 152
タキン党………………… 107, 108, 119, 120
タクシン(・チナワット)
　…… 224, 225, 226, 235, 248, 249, 250, 251
タ・トゥ・タウ…………………………… 105
タノーム(・キッティカチョーン)
　………………………… 150, 151, 224, 243
タバコ………………………… 71, 72, 77, 85
ダルウルイスラム………………………… 182
タルク、ルイス…………………… 130, 240
タン・シュエ…………………………… 220
タン・チェン・ロック……………… 133, 134
タン・マラカ…………………………… 100
地方貿易商人……………………… 52, 54
チャクリー改革…………………… 55, 63

チャートチャイ(・チュンハワン)……223, 246
チャム族…………………………………29
チャワリット(・ヨンチャイユット)………223, 247
チャンパ(占城)………………27, 29, 34
チュアン(・リークパイ)……223, 224, 246, 247
チュラーロンコーン→ラーマ5世
直接投資…………79, 81, 196, 197, 198, 204
ティーボー………………………………46
ディエンビエンフー………………124, 240
ディポヌゴロ……………………39, 40, 237
ティン・ウ………………………………188
ティン・セイン…………………………221, 251
鉄道………50, 59, 60, 61, 82, 188, 237
テト攻勢…………………………154, 242
テナセリム………………………………46, 237
デフェンテル、C.R.ファン………………98
デマック…………………………………35, 43
デリ……………………………44, 72, 85
デリ会社…………………………………85
テルナテ…………………………………41
デル・ピラール、マルセロ………………93
ドイモイ……………………172, 189, 245
統一マレー国民組織(UMNO)
………133, 134, 144, 146, 147, 159, 186, 217
独立準備委員会………………118, 125
独立準備調査会………………………118
土地2法…………………………………85
隣組…………………………………118
トニー・タン……………………………219
トレンガヌ……………………………48, 54
トンキン………………57, 76, 122, 237, 238
東京(トンキン)義塾……………………103
トンキン湾事件……………………154, 241
トンズー(東遊)運動…………………102

【ナ行】
ナサコム(NASAKOM)…………………142
ナショナリスタ党(NP)……129, 130, 149, 179
ナフダトゥル・ウラマ(NU)……………138, 139
ニーンハイス……………………………85
西イリアン解放…………………141, 142, 241

日タイ攻守同盟…………………………115
ヌグリ・スンビラン………………………48
ネ・ウィン
………106, 119, 120, 152, 153, 188, 241, 245
ネーデルランド商事会社(NHM)………40, 85
熱帯雨林………………………14, 71, 72
熱帯モンスーン…………………………14
ネピドー………………………………220, 248

【ハ行】
ハーグ(円卓)協定………………128, 239, 240
バーニー、ヘンリー……………………53
ハウトマン………………………………35
バウリング、ジョン……………53, 54, 237
バウリング条約……………………53, 55, 75
バオダイ(保大)……122, 123, 124, 153, 239
パガン………………………………31, 32
バダウィ、アブドゥラ……217, 218, 248, 249, 250
バタビア………35, 39, 59, 65, 96, 99, 101, 118
8月革命(ベトナム)……………………121, 122
ハッタ、モハマド
………101, 117, 118, 125, 126, 128, 140
パテート・ラオ(ラオス愛国戦線)
…………………123, 124, 155, 239, 241
パドゥリ………………………40, 43, 44
パナマ運河………………………59, 61, 62, 238
パハン……………………………………48
ハビビ、B.J.………………………214, 215, 247
バ・モー………………………106, 107, 119, 120
バリ………12, 13, 14, 20, 21, 33, 44,
118, 202, 228, 243, 248
パリ協定(カンボジア和平)……………191, 246
パリ協定(ベトナム和平)……………154, 243
ハリソンズ・クロスフィールド社………185
バルガス、ホルヘ・B……………………116
パレンバン………………………29, 30, 34, 43
バンコク宣言→ASEAN宣言
バンジャルマシン………………………42, 237
反独裁民主戦線…………………225, 226, 250
反ファシスト人民自由連盟(AFPFL, パサパラ)
…………………………120, 121, 131, 152

反ファシスト組織（AFO）……………120, 121
半分の民主主義……………………152, 223
ピアストル………………………………67, 68
ピープルズ・パワー（革命）…150, 179, 180, 221
東インド会社（イギリス）…………36, 46, 52, 53
東インド会社（オランダ、VOC）
　……………………………35, 39, 41, 42, 43
東インド協会……………………………99
東インド共産主義同盟…………………100
東インド社会民主主義同盟……………100
東ティモール独立革命戦線（フレテリン）…182
非常事態（インドネシア）……………141
非常事態（タイ）…………………226, 250
非常事態（フィリピン）…………222, 249
非常事態（マラヤ）………133, 134, 239, 240
非常事態（マレーシア）……159, 217, 241, 242
ビジョン2020……………………………185
比島行政府………………………………116
ピナトゥボ火山……………………181, 246
ピブーンソンクラーム……………109, 110, 150
ビマス（BIMAS、集団的指導）………167, 168
秘密結社………………………………54, 73, 93
ビルマ国民軍（BNA）……………120, 131
ビルマ式社会主義計画党（BSPP、マサラ）
　…………………………………152, 153, 188
ビルマ人団体総評議会（GCBA）
　…………………………………106, 107, 108
ビルマ統治法………………………107, 238
ビルマ独立義勇軍（BIA）…………119, 120
ビルマ防衛軍（BDA）…………………120
ビルマ連邦国民連合政府（NCGUB）……189
ビルマ連邦社会主義共和国……………152
非連合マレー諸州……………48, 110, 132, 238
ファン・チャウ・チン…………………103
ファン・ボイ・チャウ…………………102
ファン・モーク…………………………126
フィリピン・アメリカ戦争（米比戦争）……58, 94
フィリピン革命………58, 92, 93, 94, 116, 238
フィリピン・コモンウェルス
　……………………94, 95, 96, 116, 129, 238
フィリピン通商法………………………129

プートラ（民衆総力結集運動）………117
フエ条約（第1次）…………………57, 238
フエ条約（第2次）…………………57, 238
フク団（フクバラハップ、抗日人民軍）
　………………96, 129, 130, 131, 149, 239, 240
フセイン・オン……………………160, 183, 184
仏印処理…………………………115, 121, 122, 239
仏印進駐（日本軍の）………………115, 121, 239
ブディ・ウトモ……………………………99
扶南…………………………………26, 27, 29, 31
ブミプトラ（政策）…158, 159, 160, 162, 183,
　　　　　　　　　　184, 185, 217, 242, 243
プラザ合意……………………195, 196, 204, 245
プラパート（・チャルサティエン）………150, 243
フランス・シャム条約…………………57, 238
フランス領インドシナ連邦（仏印）
　………………………………57, 68, 101, 238, 239
プリーディー（・パノムヨン）……………109
ブリッグス、ハロルド…………………134
プリブミ（優先政策）………………160, 162
プリンシパリア…………………………93
プルタミナ（PERTAMINA）………192, 242
ブルック（王国、家）………………48, 238
ブルック、ジェームズ………………48, 237
プルナス（PERNAS）……………………183
ブルネイ人民党（PRB）…………146, 147
プルリス……………………………………48
プレアビヒア寺院遺跡…………225, 226, 251
プレーム（・ティンスーラーノン）
　…………………………152, 223, 224, 226, 244
フレテリン→東ティモール独立革命戦線
プローム……………………………………46, 60
プロパガンダ運動………………………93
ブンクル（ベンクーレン）……………36
フンシンペック党………………191, 246, 247, 249
フン・セン………………………191, 247, 248, 250
ペイン・オルドリッチ関税法…………78
ペグー………………………………………46
ペソ………………………………64, 65, 130
ペタ（郷土防衛義勇軍）…………118, 125, 126
ヘッジファンド…………………204, 205, 206

ベトナム維新会 …………………………… 102
ベトナム光復会 …………………………… 102
ベトナム国 ………………… 123, 153, 239
ベトナム参戦国首脳会議 ………………… 149
ベトナム人民軍 ……… 122, 123, 124, 240, 243
ベトナム独立同盟(ベトミン) …… 121, 122, 124
ベトナム民主共和国
　………… 122, 124, 153, 239, 240, 241, 242
ペトロナス(PETRONAS) ………… 184, 192, 243
ペナン ……………… 36, 54, 73, 132, 237
ペニンシラーレス ………………………… 92
ペラ ……………… 48, 54, 112, 113, 133
ベル通商法→フィリピン通商法 ………… 129
ヘン・サムリン ………………… 190, 191, 244
ホアビン …………………………………… 25
ホー・チ・ミン ………… 103, 104, 121, 122, 123
北爆 …………………………………… 154, 242
ホクリー・バス会社争乱事件 …………… 144
ボニファシオ、アンドレス …………… 93, 94
ボネ …………………………………… 42, 237
ポル・ポト(サロト・サル)
　………………………… 155, 190, 191, 243, 247
ポンティアナック ……………………… 42, 43

【マ行】

マーシャル、デビッド …………………… 144
マカッサル ……………………………… 39, 42
マギンダナオ ………………… 59, 237, 250
マグサイサイ、ラモン …………… 129, 130
マサガナ99 …………………………… 167
マジャパヒト …………… 20, 21, 31, 33, 44
マシュミ(インドネシア・イスラム教徒協議会)
　…………………………………………… 118
マシュミ(党) …………… 138, 139, 140, 141
マゼラン ………………………………… 35, 61
マタラム(古__王朝) ……………………… 30
マタラム(新__王朝) ……… 33, 36, 39, 42, 43
マッカーサー、ダグラス …………… 116, 129
マックス・ハーフェラール ……………… 41
マディウン事件 ………………… 128, 239
マナド ………………………………… 41, 42

マニラ麻 ………………… 52, 58, 77
マニラ市立学校 ………………………… 94
マハティール ……… 112, 160, 183, 184, 185, 186,
　　　217, 244, 245, 247, 248, 249
マラッカ→ムラカ
マラッカ海峡 ………… 21, 29, 33, 36, 71, 237
マラヤ・インド人会議(MIC) ……… 133, 134
マラヤ華人公会(馬華公会、MCA) …… 133, 134
マラヤ抗英人民軍(MPABA) …………… 133
マラヤ抗日人民軍 ……………… 117, 133
マラヤ人民解放軍(MPLA) ……………… 133
マラヤ錫浚渫会社 ………………………… 184
マラヤ大学 ……………………………… 112
マラヤ・ドル …………………………… 66, 67
マラヤ連合 ………………… 132, 133, 239
マラヤ連邦 ……… 112, 132, 133, 134, 145,
　　　147, 217, 239, 240, 241
マラヤワタ製鉄株式会社 ………………… 158
マルク(モルッカ) …………………… 35, 41
マルコス、フェルディナンド …… 129, 148, 149,
　　　150, 163, 179, 180, 186, 192, 243, 245
マレー・カレッジ ………………………… 112
マレーシア・インド人会議(MIC) …… 133, 159
マレーシア華人公会(馬華公会、MCA)
　……………………………… 133, 147, 159
マレーシア計画 ………………………… 183
マレーシア鉱業会社 …………………… 184
マレーシア国民運動党(グラカン) ……… 159
マレーシア対決 ………………… 143, 148
マロロス ……………………………… 93, 116
緑の革命 ……… 19, 162, 163, 164, 166, 167,
　　　168, 169, 170, 171, 172, 175
ミナハサ ………………………………… 41, 42
南機関 …………………………… 119, 120
南ベトナム解放民族戦線 …… 153, 154, 241, 242
民営化 ……………………………………… 195
民主カンプチア ………………… 155, 190
民主カンプチア(連合政府) …………… 191, 244
民主行動党(DAP) ……………………… 159
民主国民連合(UNIDO) ………………… 179
民主市民連合(PAD) ……… 225, 226, 248, 250

民主党(インドネシア)……………182, 216, 250
民主党(タイ)……223, 224, 226, 246, 250, 251
ミンドン王……………………………………67
ムサ・ヒタム………………………………186
ムハマディヤ………………………………138
ムラカ(マラッカ)…21, 33, 35, 36, 54, 132, 237
ムルデカ会談………………………………144
メガワティ・スカルノプトリ…………215, 248
メスティーソ…………………58, 78, 92, 94
モロ州…………………………………59, 238
モロ民族解放戦線(MNLF)……………149, 244

【ヤ行】

輸出指向工業(化)
　　　　　　………158, 162, 190, 193, 196, 245
ユドヨノ、スシロ・バンバン
　　　　　　………………215, 216, 248, 250, 251
輸入代替工業(化)……87, 157, 158, 160, 192

【ラ行】

ラーマ3世……………………………………53
ラーマ4世……………………………………75
ラーマ5世→チュラーロンコーン
　　　　　　……………55, 56, 68, 108, 109, 237
ラーマ6世………………………………108, 109
ラーマ7世………………………………109, 110
ラーマ8世…………………………………110
ラーマ9世………………………………151, 223, 246
ラーマン、アブドゥル
　　　　　　………134, 145, 146, 147, 159, 240, 241
ライト、フランシス………………………36
ラウレル、ホセ・パシアノ……………116
ラウレル-ラングレー協定…………130, 240, 243
ラオ・イサラ(自由ラオス)…………………123
ラザク、アブドゥル
　　　　　　………112, 159, 160, 183, 218, 243
ラザク、ナジブ……………………218, 250, 251
ラッタナコーシン(チャクリー)(王朝)……32, 53
ラッフルズ、スタムフォード……………36, 37
ラッフルズ・カレッジ……………………111
ラナリット…………………191, 246, 247, 249

ラバ、ヘス…………………………………130
ラモス、フィデル………180, 181, 203, 221, 246
ラモス、ベニグノ………………………………95
ラルート(タイピン)…………………………54, 55
蘭印ギルダー…………………………………65, 66
蘭印軍(KNIL)………………115, 125, 126, 128
ラングーン・カレッジ……………………105, 107
ラングーン大学……………………………106
ラーンサーン王国…………………………32
リー・クアン・ユー……112, 145, 147, 187, 218,
　　　　　　　　　　　　　219, 240, 245, 246, 248
リー・シェン・ロン…………………………219
リーマン・ショック……………208, 210, 222
リサール、ホセ………………………………93, 94
立憲革命(タイ)……………56, 108, 109, 110
リビエール事件………………………………57
リベラル党(LP)………………………129, 149
リム・チン・シオン……………………145, 146
リム・ユー・ホック……………………………144
両頭制……………………………………106, 107
リンガルジャティ協定……………………127
倫理政策…………………………………98, 99
冷蔵作戦…………………………………146
レガスピ……………………………………35
レンヴィル協定……………………………128
連合党…………………………………152
連合マレー諸州(FMS)…48, 110, 111, 132, 238
連邦団結発展党(USDP)…………220, 221, 251
連盟党…………………………134, 159, 240
労働者党(WP)……………………219, 251
労働戦線……………………………144
労務者(ロームシャ)…………………118
ローガン、J.R.………………………97
ローニー、ニコラス…………………52
ロハス、マヌエル………………129, 130
ロン・ノル……………154, 155, 242, 243

【ワ行】

ワヒド、アブドゥルラフマン……215, 247, 248
われらのビルマ協会……………………108
ワン・アジザー……………………………218

加納啓良 かのう・ひろよし
東京大学名誉教授
1948年、東京都生まれ。1970年、東京大学経済学部卒。1971〜80年、アジア経済研究所勤務。1980〜91年、東京大学東洋文化研究所助教授。1991年から同教授。2012年3月に東京大学を定年退職し、同6月に名誉教授。
インドネシアを中心に東南アジアの経済・社会・歴史を研究。1976〜78年、1987〜88年、1998〜99年の3回にわたりインドネシアに長期滞在して調査研究に従事。その他、毎年数回はインドネシアを訪問。

【主な著作】
『インドネシア農村経済論』(勁草書房、1988年)
『中部ジャワ農村の経済変容──チョマル郡の85年』
　(編著、東京大学出版会、1994年)
『東南アジア農村発展の主体と組織──近代日本との比較から』
　(編著、アジア経済研究所、1999年)
『インドネシアを齧る』(めこん、2003年)
『現代インドネシア経済史論』(東京大学出版会、2004年)
『インドネシア検定』(監修・執筆、めこん、2010年)

東大講義　東南アジア近現代史

初版第1刷発行　2012年10月10日

定価｜2,500円＋税

著者｜加納啓良

発行者｜桑原晨
発行｜株式会社めこん
〒113-0033 東京都文京区本郷3-7-1｜電話 03-3815-1688｜FAX 03-3815-1810
ホームページ｜http://www.mekong-publishing.com

ブックデザイン｜臼井新太郎装釘室(臼井新太郎＋佐野路子)
印刷・製本｜太平印刷社

ISBN978-4-8396-0261-1 C0022 ¥2500E
0022-1209261-8347

JPCA 日本出版著作権協会
http://www.e-jpca.com/

本書は日本出版著作権協会(JPCA)が委託管理する著作物です。本書の無断複写などは著作権法上での例外を除き禁じられています。複写(コピー)・複製、その他著作物の利用については事前に日本出版著作権協会(電話 03-3812-9424　e-mail:info@e-jpca.com)の許諾を得てください。